Wolfs West-Spione

Umschlag: Jürgen Holtfreter
Satz: Eigensatz
Belichtung: MSP Satz + Grafik Verlag GmbH, Berlin
Druck und Bindung: Tribüne Druck GmbH, Berlin
Printed in the Federal Republic of Germany

EP 420
ISBN 3-88520-420-7

ELEFANTEN PRESS
Postfach 360 440
W-1000 Berlin 36

Die Deutsche Bibliothek – CIP Einheitsaufnahme

Richter, Peter:
Wolfs West-Spione : ein Insider-Report / Peter Richter ; Klaus Rösler. - Berlin : Elefanten Press, 1992
(EP ; 420)
ISBN 3-88520-420-7
NE: Rösler, Klaus:; GT

Peter Richter
Klaus Rösler

Wolfs West-Spione

Ein Insider-Report

ELEFANTEN PRESS

Inhalt

Insel im Sturm

Der 15. Januar 1990 ist ein kühler und regenfeuchter Tag. Noch vor 16 Uhr bricht die Dämmerung herein, und eine Stunde später ist es stockdunkel. Vor dem riesigen Gebäudekomplex zwischen Frankfurter Allee und Normannenstraße im Berliner Stadtbezirk Lichtenberg stehen jedoch Tausende Demonstranten im gleißenden Licht der Scheinwerfer und Lampen, die stets unbehinderte Sicht auf die Außenmauern des Ministeriums für Staatssicherheit gewährleisten sollten. Noch vor einigen Wochen hätten sich die Menschen nicht gewagt, hier länger als irgend nötig zu verweilen – und wenn, sie wären schnell durch die aufmerksamen Wachtruppen zum Weitergehen aufgefordert worden.

Heute ist es anders. Der Umbruch des Herbstes 1989 hatte dazu geführt, daß bereits im Dezember die örtlichen Verwaltungen des MfS in allen Bezirksstädten der DDR besetzt und anschließend von Polizeikräften gesichert wurden, um die Operationsmöglichkeiten der Staatssicherheit einzuschränken. Da war es nach Auffassung aller Beobachter nur eine Frage der Zeit, wann wir in der Berliner Zentrale dieses Schicksal teilen würden. Für diesen 15. Januar hatte das Neue Forum zu einer Demonstration aufgerufen, zu der Steine mitgebracht werden sollten, um damit symbolisch die Zugänge zum Ministerium zuzumauern und so seine Weiterarbeit zu unterbinden.

Das Geschehen entwickelt sich jedoch in ganz anderer Weise, denn wie in den Bezirksstädten verlangen die Demonstranten Zugang zu den Diensträumen, wollen sie die verhaßte Unterdrükkungszentrale endlich von innen sehen, vielleicht ihre Akte suchen und die MfS-Mitarbeiter zur Rede stellen. Das Wachpersonal, bestehend aus Volkspolizisten, gibt diesem Druck bald nach. Auch die im Innern agierenden Vertreter der Bürgerrechtsgruppen – sie hatten seit Wochen Zugang zu allen Diensteinheiten des Ministeriums – sehen keinen Grund, den Demonstranten den Zutritt zu verweigern, und das um so mehr, als vor dem Tor allmählich eine bedrohliche Situation entsteht.

Wir, die Angehörigen des früheren MfS bzw. des Amtes für Nationale Sicherheit, wie es seit Amtsantritt der Modrow-Regierung heißt, befinden uns nur noch in geringer Zahl in den Arbeitsräumen. Wir sind seit langem entwaffnet und seit dem Wochenende zuvor bis auf einen kleinen Rest beurlaubt. Am Freitag und Sonnabend hatten wir unseren meist langjährigen Arbeitsplatz für immer verlassen, die letzten persönlichen Gegenstände – Bücher, Bilder, Blumen usw. – mitgenommen. Nun war ein Kapitel unserer Biographien abgeschlossen. Die meisten von uns verfolgten das Geschehen des Montags am Fernsehapparat – und wer es bis dahin nicht wahrhaben wollte, wußte nun, daß es kein Zurück mehr gab.

Die Besetzung der MfS-Zentrale Normannenstraße war zu erwarten gewesen; daher tut niemand etwas, um sie zu verhindern. Das Wachregiment war schon vor einiger Zeit abgezogen worden; die wenigen in den Dienstobjekten verbliebenen Mitarbeiter schreiten nicht ein. Die Demonstranten wenden sich dem protzigsten Bau auf dem Gelände zu, dem erst vor einigen Jahren fertiggestellten Versorgungstrakt. Einige jedoch erweisen sich als erstaunlich ortskundig und marschieren zielstrebig zum Gebäude der inneren Spionageabwehr. Deren bisher streng gesicherte Arbeitsräume sind plötzlich auf den TV-Schirmen zu sehen, wie sie ganz offensichtlich gezielt durchstöbert werden. Der stellvertretende Leiter dieser Hauptabteilung II, Oberst Wiegand, hatte sich bereits im Dezember 1989 in die Obhut des Bundesnachrichtendienstes begeben. Ausgestattet vielleicht mit seinen Lageskizzen dürften die BND-Agenten mehr gefunden haben als Parteitagsbroschüren, Konservenbüchsen und leere Dienstformulare.

All das verläuft ohne nennenswerte Gewalt, ohne Blutvergießen, beinahe friedlich. Ein Geheimdienst, der fast vierzig Jahre lang Angst und Schrecken verbreitet hatte, fällt zusammen wie ein Kartenhaus. Es zeigt sich, daß er bereits seit langem ein Koloß auf tönernen Füßen war, der weder eine Basis in der Bevölkerung noch den erwarteten Rückhalt in den eigenen Reihen besaß. Wer Augen hatte zu sehen und Ohren, um zu hören, der begriff, daß es dieses System nicht mehr wert war, verteidigt zu werden – zu zerrüttet war die Wirtschaft, zu unzufrieden war das Volk, zu starr und unbelehrbar die Führung von SED und Staat. Radikale Änderungen waren dringend vonnöten, und das Volk war in seltener Einmütigkeit entschlossen, diese herbeizuführen.

Dem konnten die meisten Mitarbeiter der Staatssicherheit durchaus zustimmen. Bis auf fanatische Hardliner, die entweder das Gespenst der Konterrevolution an die Wand malten oder die Ereignisse engstirnig nur als temporäre Erscheinungen verstanden, sahen wir in der großen Mehrheit keinen Anlaß mehr, die dringend nötige Katharsis zu verhindern. Wir wollten durchaus Veränderungen. Allzulange hatten wir gezögert und damit dem Regime objektiv zu seinem langen zerstörerischen Leben verholfen. Die Bereitschaft jedoch, es gewaltsam zu schützen, war verlorengegangen. Daraus erklärt sich auch nicht zum geringsten der friedliche Verlauf der kommenden Ereignisse. Selbst jenes Organ, das von SED und DDR-Staat zur eigenen Machtsicherung herangezüchtet worden und zu einem gigantischen Apparat gewuchert war, versagte faktisch seinen Befehlsgebern die Gefolgschaft. Zwar konnte es sich nicht zu eigenem aktiven Handeln entschließen, aber es griff dem Rad der Geschichte auch nicht in die Speichen.

Und mehr noch: Mit einer Reihe von Personen, mit denen das Ministerium seit langem – wenn auch auf sehr ungleicher Basis – zusammengearbeitet hatte, wurden stillschweigende Übereinkünfte gefunden, die die Gewaltlosigkeit *von beiden Seiten* her sicherstellten. Natürlich spielte dabei lange auch die Hoffnung eine Rolle, das Ministerium – in welcher Form auch immer – zu erhalten, denn so weit ging die Selbstverleugnung nicht, daß wir sogar bereit waren, unsere eigene Dienst- und Arbeitsstelle zu opfern. Nun aber spielte selbst das keine Rolle mehr; dazu war die Entwicklung zu weit fortgeschritten. Während auf der einen Seite ein bewußtes Schüren des »Volkszorns« vermieden wurde, sorgte das AfNS dafür, daß Hunderttausende offizielle und inoffizielle Mitarbeiter des Ministeriums ihre Tätigkeit ohne nennenswerten Widerstand für immer beendeten. Dieses Handeln, das sich in beiden Lagern heute mit dem Vorwurf des Verrats auseinanderzusetzen hat, war wesentlich für den friedlichen Verlauf des Wendeprozesses.

Ein Beispiel für dieses insgeheime und zum Teil sicher auch unbewußte Einverständnis ist der Umgang zwischen Bürgerbewegung und Hauptverwaltung Aufklärung an diesem 15. Januar 1990.

Zwar verirren sich auch einige Grüppchen der Demonstranten in den 16stöckigen Eckbau an der Frankfurter Allee und Ruschestraße; sie ziehen sich jedoch zurück, als sie erfahren, daß es sich hier um den Spionagedienst der DDR handelt. Die Hauptverwaltung Aufklärung blieb eine Insel im Sturm auf die Stasi-Zentrale an der Normannenstraße.

Warum diese Vorzugsbehandlung? Und war eine solche Rücksichtnahme berechtigt?

Das Verhalten der Bürgerrechtler entsprach den Vereinbarungen zwischen ihnen und der Leitung der HVA, das auch von der Anfang Januar 1990 gebildeten Arbeitsgruppe Sicherheit des Zentralen Runden Tisches getragen wurde. Die Bürgerrechtler hatten bereits im Dezember Gespräche mit Vertretern der Aufklärung aufgenommen. Sie trafen dabei auf einen Mann, der vom ersten Moment an einen gewinnenden Eindruck machte, beredsam war und offensichtlich ohne Einschränkung Auskunft geben wollte. Es war der stellvertretende Leiter der Auswertungsabteilung der HVA, Oberst Dr. Heinz Busch. Aufgrund genannter Eigenschaften hatte ihn die Generalität, die – in der Hoffnung auf eine nahtlose Weiterarbeit im angestrebten und von der Modrow-Regierung auf Empfehlung ihres Beraters Markus Wolf, des früheren Chefs der DDR-Spionage, zugesagten »neuen« Auslandsnachrichtendienst – im Hintergrund bleiben wollte, für diese heikle Aufgabe ausgewählt. Busch entledigte sich ihrer mit Bravour. Er trat den Bürgerrechtlern offensichtlich unbefangen entgegen, mit ausgesuchtem Zuvorkommen und ohne jene Feindseligkeit, die andere MfS-Offiziere im Umgang mit ihren einstigen »operativen Vorgängern« nur schwer verbergen konnten. Er erläuterte, daß die HVA keinerlei Anteil an den Verbrechen des MfS habe, daß ihre Arbeit immer auf die Erhaltung des Friedens gerichtet gewesen sei und daß es nun gelte, die derart verdienstvollen Quellen vor dem Zugriff der anderen Seite zu schützen. Das verstanden die Bürgerrechtler. Ihre humanistische Grundhaltung und wohl auch der Respekt vor den Kundschaftern in den westlichen Ländern veranlaßten sie, der HVA weitgehende Handlungsfreiheit zu lassen. Sie glaubten auch, daß die Aufklärung in das Unterdrückungssystem nicht integriert gewesen sei.

Busch beeindruckte seine Gesprächspartner – wohl auch deshalb, weil er vieles von dem, was er sagte, ehrlich meinte. Er hoffte zwar auf eine Fortsetzung der nachrichtendienstlichen Arbeit, wollte sie aber auf eine andere Grundlage gestellt sehen. Eine Sicht, die seine Chefs wohl nicht teilten. Für sie war er vorgeschoben, geeignet für den Zweck des Zeitgewinns und wohl auch der Täuschung. Busch erkannte das zu spät, begriff aber im Januar, daß der Glaube an die Schaffung eines »neuen« Auslandsnachrichtendienstes Illusion war.

Er zog *seine* Konsequenz. Als er am 15. Januar vor dem Runden Tisch erneut die Interessen der HVA vertreten und sich auf diese Weise nun vor der gesamten Republik dekonspirieren sollte, wechselte er die Seite. Jetzt ist er ein Betreuungsfall des Bundesnachrichtendienstes.

Seinen Part am Runden Tisch übernahm daraufhin Oberst Ralf Devaux, ein Stellvertreter des Wolf-Nachfolgers Werner Großmann. Er war für die Dienste der Bundesrepublik ebenfalls kein Unbekannter, hatte er doch jahrelang die »legale Residentur« der HVA bei der Ständigen Vertretung der DDR in Bonn geführt. Devaux kam nicht mehr zu Wort vor dem Runden Tisch. Die Ereignisse an der Normannenstraße eskalierten und führten zur Unterbrechung der Beratungen. Und danach war das Schicksal des MfS besiegelt – und damit auch seines Spionagedienstes, der Hauptverwaltung Aufklärung.

Aus heutiger Sicht waren alle Überlegungen des Herbstes 1989, noch etwas von der DDR-Aufklärung zu retten, lediglich Wunschträume. Zu sehr war die HVA in den zurückliegenden Jahren in den Verband der MfS-Diensteinheiten mit ihrer auf die Bespitzelung des »inneren Feindes« gerichteten Hauptaufgabe integriert worden, als daß sie sich guten Gewissens ganz und gar vom Gesamtministerium distanzieren konnte. Seit sie Mitte der 50er Jahre zur Hauptverwaltung Aufklärung *im* Ministerium für Staatssicherheit wurde, war sie mit dessen Schicksal auf Gedeih und Verderb verbunden.

Wir profitierten von dem, was die Bereiche der Abwehr taten. Wir hatten Zugang zu den Erkenntnissen der Abwehr-Diensteinheiten und nutzten natürlich diese Möglichkeit für unsere operative Arbeit. Und wir revanchierten uns dafür, indem wir geeignete Informationen der Abwehr übergaben. In der HVA war die von Mielke und der Abwehr praktizierte »flächendeckende Überwachung« nahezu des gesamten Volkes gewiß nicht sonderlich geschätzt und wurde von ihr schon gar nicht forciert. Denn nicht selten behinderte uns dieses Mißtrauen gegen jeden und alles in unserer eigenen Arbeit, die sich ganz anderer Methoden bedienen mußte, wollte sie erfolgreich sein. Aber wir hatten uns der falschen Sicherheitsdoktrin auch nie entgegengestellt, sondern von ihren Resultaten genommen, was uns nützte. In dem Bestreben, die eigene – für notwendig und nützlich erachtete – Arbeit möglichst effektiv tun zu können, haben wir Kompromisse geschlossen und Zugeständnisse gemacht, die im Endeffekt dazu führten, daß die HVA heute neben andere Diensteinheiten des MfS auf die Anklagebank gesetzt wird.

Und doch ist Differenzierung vonnöten! Denn die Grundaufgaben der HVA waren natürlich andere als die der Abwehrbereiche. Es ging tatsächlich um eine Tätigkeit, die in nahezu allen Staaten dieser Erde nichts Besonderes darstellt, obwohl sie stets und in jedem Falle gegen die Interessen eines anderen Landes verstößt, mit dem man in der Regel normalen, wenn nicht gar freundschaftlichen Kontakt pflegt. Daß sich die Staaten in dieser Weise ausforschen, wird gegenwärtig von allen noch augenzwinkernd akzeptiert; ungemütlich verspricht es nur für die daran beteiligten Staatsbürger des jeweils eigenen Landes zu werden, sobald man ihrer habhaft wird. Diese geheimdienstliche Tätigkeit richtet sich nach außen und hat – sofern der Dienst konsequent ist (was man in den meisten Fällen aber nicht voraussetzen kann) – nichts mit der Spitzeltätigkeit nach innen zu tun. Die HVA konnte sich vom unmittelbaren Mittun tatsächlich weitgehend fernhalten, gab es doch im MfS Bereiche, die sich dieser spezifischen Aufgabe eigenverantwortlich – und auch eifersüchtig gegenüber jeder Kompetenzeinschränkung – widmeten. Aber hatten wir nicht auch Amtshilfe geleistet, ohne Scheu kooperiert und vieles stillschweigend akzeptiert – weil sich so die Arbeit bequemer machen ließ? Waren wir nicht – gewiß vor dem Hintergrund der erbitterten Auseinandersetzung zweier feindlicher Systeme – unvertretbare Kompromisse eingegangen und damit schuldig geworden?

Die HVA war keine Insel im Ministerium für Staatssicherheit; dazu gab es zu viele Brücken und Übergänge zwischen ihr und den Abwehrbereichen. Insofern fragen heute viele, ob sie es »verdient« hatte, daß die Sturmwellen des Massenprotestes sie verschonten. Vielleicht kann der Rückblick auf fast 40 Jahre des Auslandsgeheimdienstes der DDR eine Antwort geben.

Geheimes in der Tschaikowskistraße

An einem Dezembertag des Jahres 1951 traf sich in Berlin eine kleine Gruppe vom Sekretariat des ZK der SED sorgfältig auserwählter Kommunisten, von denen die meisten über eine oftmals langjährige Erfahrung in der geheimen Arbeit für die Partei verfügten. Sie hatten die Aufgabe, einen neuen, streng konspirativ arbeitenden Informationsdienst zu schaffen, der den unverfänglichen Namen »Institut für wirtschaftswissenschaftliche Forschung« (IWF) tragen sollte.

Stellt man diese Entscheidung in den politischen Kontext jener Zeit, so erkennt man unschwer, daß die Bildung dieses geheimen DDR-Nachrichtendienstes, also des Vorläufers der Hauptverwaltung Aufklärung, ein typisches Produkt sowjetischer Machtpolitik war und voll in der Logik des immer heftiger werdenden Kalten Krieges lag. Sie stand am Ende einer Phase der deutschen Nachkriegsgeschichte, in der es durchaus noch einmal eine Chance auf Vereinigung der gerade entstandenen deutschen Staaten gegeben hatte.

Es ist mittlerweile gesicherte Erkenntnis der Historiker, daß die westdeutsche Politik in der zweiten Hälfte der 40er Jahre mitnichten die Vereinigung Deutschlands im Auge hatte, sondern zunächst und vor allem die Integration der linkselbischen Besatzungszonen und der späteren Bundesrepublik Deutschland in das westliche System. Verbürgt ist Adenauers Ausspruch, er wolle lieber das halbe Deutschland ganz als das ganze Deutschland halb – was soviel hieß, daß er jeglichem Neutralitätsgedanken abhold war. Für ihn hatte eine »Politik der Stärke« Priorität, die dem von ihm erstrebten (Teil-)Deutschland politische Freiheit und wirtschaftliche Prosperität geben sollte – und damit zugleich einen Sog schaffen, durch den der östliche Rest über kurz oder lang an Westdeutschland angeschlossen werden könne. Freiheit und Wirtschaftswachstum aber waren nur im engen Verbund mit den westlichen Siegermächten zu erreichen; außerdem boten diese auch die militärische Sicherheit vor den stets ins Kalkül gezogenen Attacken der Stalinschen Sowjetunion.

Anders hingegen die DDR und die hinter ihr stehende Großmacht. Beide konnten mit *diesem* Ergebnis des zweiten Weltkrieges nicht zufrieden sein. Der auf den kleineren Teil des früheren Kriegsgegners Deutschland begrenzte Einfluß und die schon nicht mehr nur latente Gefahr der Einbeziehung der drei westlichen Besatzungszonen des besiegten Staates in die neue Ost-West-Frontstellung verschlechterten die strategische Situation der UdSSR und waren somit Ausgangspunkt ihrer Versuche, mit allen zu Gebote stehenden Mitteln eine solche Entwicklung zu verhindern. Das war nur »auf kaltem Wege« möglich; Diplomatie und Druck sollten die Instrumente sein.

Die DDR startete in diesem Sinne 1950 eine ganze Reihe von Initiativen, die von vielen ihrer einzelnen Träger subjektiv durchaus ehrlich gemeint gewesen sein mögen, objektiv aber Bestandteil der auf die allmähliche Einbeziehung ganz Deutschlands in ihren Machtbereich abzielenden sowjetischen Politik waren. Erinnert sei an Wilhelm Piecks Erklärung vom 3. Januar 1950, einen Kongreß der Nationalen Front in Westdeutschland einzuberufen, erinnert sei an das Deutschlandtreffen der Jugend zu Pfingsten in Berlin, erinnert sei auch an den Deutschen Nationalkongreß, der im August des gleichen Jahres stattfand. In ihrer Agitation erhob die SED die Herstellung der Einheit Deutschlands zu einem »Beschluß«; all ihre Aktivitäten sollten Schritte zu dessen Umsetzung sein.

Die Bundesrepublik konnte derartigen Aktivitäten – aufgrund ihrer oben beschriebenen Grundhaltung – zunächst nur wenig entgegensetzen. Sie zog sich auf die vom amerikanischen Hohen Kommissar McCloy im Februar 1950 entwickelte Idee freier gesamtdeutscher Wahlen zurück und stellte sie den östlichen Vorschlägen immer wieder entgegen – wohl wissend, hiermit eine Achillesferse des stalinistischen Systems zu treffen. Lange ignorierte die DDR im Verein mit der Sowjetunion diese Forderung; erst im November des gleichen Jahres formulierte Ministerpräsident Otto Grotewohl im Zusammenhang mit dem Vorschlag zur Bildung eines Gesamtdeutschen Konsultativen Rates vorsichtig auch »die Vorbereitung der Bedingungen zur Durchführung einer gesamtdeutschen Wahl für eine Nationalversammlung« als dessen Aufgabe.

Daß sich die DDR überhaupt so sehr auf die westdeutschen Vorstellungen einließ, ist wohl nur mit sowjetischem Druck zu erklären. Es gibt Spekulationen, daß Moskau möglicherweise schon damals und nicht erst mehr als ein Jahr später mit der berühmten Stalin-Note dem Gedanken etwas abgewinnen konnte, seine eigenen Machtpositionen in Ostdeutschland zugunsten eines Verzichts der Bundesrepublik auf absolute Westbindung zu beschränken. Den Kommunisten in der DDR konnte das kaum recht sein, und so dürften sie über die Ablehnung ihrer Vorschläge durch die Bundesrepublik im Januar 1951 nicht allzu viel Verbitterung empfunden haben. Sie beeilten sich denn auch, auf dem 6. Plenum des ZK der SED im Juni 1951 den wiedererstandenen deutschen Imperialismus zur »Hauptgefahr für den Frieden« zu erklären. Die DDR müsse allseitig gefestigt werden; der Kampf gegen den Imperialismus sei entschieden zu verstärken. Das verlange erhöhte Anstrengungen von allen Parteimitgliedern, um die Arbeiterklasse und alle Werktätigen zur Wachsamkeit zu erziehen, vor allem aber um alle Illusionen über die Entwicklung der BRD auszuräumen.

Auf politischer Ebene liefen dennoch die Bemühungen, die Bundesrepublik so weit wie möglich von der entstehenden westlichen Allianz fernzuhalten, unvermindert weiter. Belege dafür waren offizielle Schreiben an den Deutschen Bundestag und den Bundespräsidenten mit entsprechenden Vorschlägen. Ungeachtet dessen wurden aber im Hintergrund die Sturmriemen für eine neue Runde im Kalten Krieg bereits festgezurrt. Die Zusammenkunft der eingangs genannten konspirativen Runde im Dezember 1951 bewies an einem relativ untergeordneten Beispiel, daß der DDR-Führung bei aller verbalen Unterstützung sowjetischer Wiedervereinigungsideen der Sinn eher nach Abgrenzung und damit dem eigenen Machterhalt stand.

Die Entwicklung der zwei Jahre nach Gründung des in der Sowjetischen Besatzungszone entstandenen deutschen Staates hatte ihrer Führung verdeutlicht, daß das Land ständig sehr unterschiedlichen politischen Einflüssen ausgesetzt war. Einerseits die Dominanz der Sowjetunion, der sie ihre Politik in allen Belangen unterordnen mußte. Andererseits aber der andere deutsche Staat, mit dem es nicht nur offene Grenzen, sondern auch auf vielen Ebenen – politischen wie privaten – noch intensive Kontakte gab. Der Informationsfluß allein durch die Kanäle der Partei war lückenhaft und unzuverlässig. Nicht selten erhielt die Führung falsche oder unzureichende Informationen; die Besatzungsmächte, aber auch die junge BRD nutzten diese Schwächen aus, um Meldungen zu lancieren, die politische Entscheidungen in gewünschte Richtungen präjudizieren konnten. Ganz besonders die Diskussionen um die Wiedervereinigung und später über den Generalvertrag der Bundesrepublik mit den Westmächten führten nicht selten zu Verunsicherung in der SED-Führungsriege, die vor allem auf mangelnde Information zurückzuführen war.

Nicht zuletzt deshalb entstand hier die Idee zur Schaffung eines neuen Apparates, der dieses Informationsdefizit beseitigen konnte. In der zweiten Jahreshälfte 1951 begann insgeheim die Rekrutierung geeigneter Mitarbeiter. Neben erfahrenen SED-Kadern, die später die Leitungsfunktionen übernehmen sollten, suchte man besonders junge Parteimitglieder, die bereits durch Engagement für die SED aufgefallen waren. Gleichzeitig wurden auch konzeptionelle Arbeiten geleistet, und Ende 1951 konnte auf der genannten Zusammenkunft eine erste Bilanz gezogen werden.

Dort saßen dann schon jene Männer beisammen, die jahrzehntelang die Geheimdienstarbeit der DDR im Ausland und insbesondere im »Hauptoperationsgebiet BRD« bestimmen sollten: Markus Wolf, Robert Korb, Gerhard Heidenreich, Richard Stahlmann, Willy Wöhl, Herbert Hentschke, Peter Scheib. Leiter war Anton Ackermann, damals Staatssekretär im Ministerium für Auswärtige Angelegenheiten. Diese Zuordnung verwies darauf, daß der neue Nachrichtendienst zunächst als verborgenes Organ der Außenpolitik gedacht war und nach strengen Regeln der Konspiration aufgebaut werden sollte.

Die meisten der führenden Köpfe der gerade geborenen DDR-Aufklärung hatten ihre Erfahrungen entweder in der illegalen Arbeit der KPD oder im Exil in der Sowjetunion gesammelt; einige waren auch in die Umsetzung der Stalinschen Politik aktiv einbezogen gewesen. So arbeitete Korb einige Zeit als Sekretär der Komintern/Kominform in Moskau; er besaß exzellentes Faktenwissen über die kommunistische Bewegung und außenpolitische

Vorgänge der 20er und 30er Jahre. Stahlmann hatte in zahlreichen Ländern illegal gearbeitet, unter anderem in China und in Nordeuropa. Hentschke war während des zweiten Weltkrieges sowjetischer Partisan im Kampf gegen die deutsche Wehrmacht. Scheib hatte im Thälmannschen Zentralkomitee als Parteiorganisator gewirkt. Zu diesen Kadern gehörte auch Heidenreich, einer der Mitbegründer der FDJ, der über ausgezeichnete Beziehungen zu Honecker und über diesen zu Ulbricht verfügte. Er war zusammen mit Wöhl für die Rekrutierung der künftigen Geheimdienstler zuständig. Zu den jüngeren gehörten auch Werner Großmann, der es 1987 zum Nachfolger von Markus Wolf bringen sollte, und einige der späteren langjährigen Leiter wichtiger Bereiche der Hauptverwaltung Aufklärung.

Eine der ersten Maßnahmen, die diese Gruppe einleitete, war die Organisierung eines Lehrganges. In der Tschaikowskistraße im Berliner Bezirk Pankow versammelten sich im April 1952 etwa 30 auserwählte Parteimitglieder, um nach politischer Unterweisung das Einmaleins der Geheimdienstarbeit zu pauken. Daß es sich um eine solche handelte, war ihnen zwar definitiv nie gesagt worden; sie merkten es aber bald an den Umständen ihrer Schulung. Denn alle Eleven erhielten Decknamen. Sie blieben bis zum Ende des Lehrgangs im dunkeln über die spätere Aufgabe. In Ansätzen fanden Sprachkurse statt, wurde etwas über politische und ökonomische Geografie vermittelt, auch das Allgemeinwissen erweitert. Zum Ausbildungsprogramm gehörten sogar gutes Benehmen, Tischsitten und Umgangsformen, wie sie in der »bürgerlichen Gesellschaft« gepflegt wurden.

Die Hauptsache der Ausbildung betraf aber den Marxismus-Leninismus. Innerhalb eines halben Jahres wurden Philosophie, Geschichte der Arbeiterbewegung, kapitalistische und sozialistische Ökonomie und die Lehre vom Aufbau des Sozialismus/Kommunismus gebüffelt. Namhafte Lehrer kamen unter anderem aus der Parteispitze – wie Hermann Matern und der später in Ungnade gefallene Fred Oelßner. Auch die enge Nachbarschaft zum Amtssitz von Staatspräsident Wilhelm Pieck – er grenzte unmittelbar an die beiden Villen, in denen sich Schulgebäude und Internat der Geheimdienstschule befanden – mochte den Lehrgangsteilnehmern etwas von der Bedeutsamkeit ihrer späteren Aufgabe signalisiert haben. Sie waren voller Stolz, einen solchen elitären

Schulbetrieb zu erleben und fühlten sich durchdrungen von der Vorahnung, einmal an bedeutender Stelle im Kampf für den Sozialismus und gegen den Imperialismus eingesetzt zu werden. Wir Teilnehmer sogen alles begierig auf, was uns geboten wurde und hatten keinerlei Zweifel an der Richtigkeit unserer Sache. Hinzu kam die Erwartung, daß die uns zugedachte Aufgabe weitaus interessanter und lebendiger zu werden versprach als die bisher von den meisten verfolgten Funktionärskarrieren.

Als sich dann im Frühherbst 1952 der Kurs seinem Ende zuneigte, waren auch auf politischer Ebene die Entscheidungen gefallen, die der SED-Führung grünes Licht für den Beginn der konspirativen Arbeit nach außen ermöglichten. Am 10. März belebte die Stalin-Note noch einmal die Wiedervereinigungsdiskussion. Denn der KPdSU-Generalsekretär hatte überraschend vorgeschlagen, Deutschland als einheitlichen Staat wiederherzustellen. Dazu sollten alle Besatzungsmächte innerhalb eines Jahres das Land verlassen, demokratische Rechte und Freiheiten gewährleistet werden und politische Parteien und Organisationen die Möglichkeit freier Betätigung erhalten. Die Sowjetunion gestand sogar eine deutsche Verteidigungsstreitmacht und eine Rüstungsproduktion zu, allerdings mit dem Vorbehalt: »Deutschland verpflichtet sich, keinerlei Koalitionen oder Militärbündnisse einzugehen, die sich gegen irgendeinen Staat richten, der mit seinen Streitkräften am Krieg gegen Deutschland teilgenommen hat.«

Zahlreiche Historiker sind sich einig, daß damals diese Chance zur deutschen Einheit hätte ausgelotet werden müssen. Doch im Westen waren die Weichen bereits in eine andere Richtung gestellt. Die vertragliche Einbindung der Bundesrepublik in das entstehende westliche System wurde vorbereitet. Ganz folgerichtig hat daher Adenauer die von der Sowjetunion verlangte Neutralisierung Deutschlands strikt abgelehnt. »In der Ablehnung einer deutschen Neutralisierung ist der Bundestag fest. Sie würde Deutschland nicht nur unfrei, sondern auch hilflos machen«, dozierte er damals. Bereits vorher hatten die drei Westmächte die sowjetischen Vorschläge abgeschmettert, vor allem ihren Kernpunkt, den Verzicht Deutschlands auf eine Beteiligung an Bündnissen, die sich auch gegen die Sowjetunion richten könnten. Am 26. Mai 1952 wurde der »Vertrag über die Beziehungen zwischen der Bundesrepublik Deutschland und den Drei Mächten«, der sogenannte Deutschland-

Vertrag unterzeichnet. Damit war der Grundstein gelegt für den späteren NATO-Beitritt Deutschlands und seine Integration in die Europäische Gemeinschaft.

Natürlich hatte es Stalin den westlichen Alliierten und Adenauer leicht gemacht, sich mit dieser Position durchzusetzen. Sie, die in der Kernfrage einer Wiedervereinigung bei gleichzeitiger Neutralisierung Deutschlands wenig überzeugend argumentieren konnten, zogen sich daher schnell auf die Problematik freier Wahlen zurück, die zur Schaffung eines solchen Einheitsstaates notwendig gewesen wären. Dazu stellten sie entsprechende Vorbedingungen, die weder die Sowjetunion noch die SED zu erfüllen bereit waren. Dennoch hatte die UdSSR in einer zweiten Note im April Kompromißbereitschaft signalisiert. Aber die Westmächte legten daraufhin nur die Latte höher. »In den letzten Jahren hat sich der Ostteil Deutschlands in eine Richtung entwickelt, die immer mehr von dem Hauptweg des Fortschritts abweicht. Dies ist ein Hauptgrund dafür, warum eine unparteiische Untersuchung erforderlich ist, bevor Wahlen stattfinden können«, verlangten sie in ihrer Antwort.

Die DDR-Führung hatte zwar keine Alternative, als sich der sowjetischen Initiative anzuschließen, doch ihre propagandistische Begleitmusik – so in einer Erklärung des damaligen DDR-Ministerpräsidenten bereits am 24. März 1952 – bewies, daß sie eindeutig auf Konfrontation setzte: »Die verfassungsfeindlichen Handlungen des Bonner Kanzlers Adenauer, der hinter dem Rücken des deutschen Volkes mit den Oberkommissaren Verhandlungen über den Abschluß eines versklavenden und kriegerischen Generalvertrages führt, die Verfolgung der Anhänger des Friedens und der Demokratie in Westdeutschland zeugen von der Entwicklung zu einer offenen Militärdiktatur.«

Mit der 2. Parteikonferenz vom 9. bis 12. Juli 1952 stellte die SED dann endgültig die Weichen für den Aufbau des Sozialismus. Darin eingebettet war die Schaffung eines Auslandsnachrichtendienstes, die sich bereits in der ersten Jahreshälfte 1952 schrittweise vollzogen hatte und nun in die entscheidende Phase trat.

Das »Institut für wirtschaftswissenschaftliche Forschung« (IWF) nahm jetzt in Berlin seine regelmäßige Arbeit auf. Es hatte seinen Sitz in einem Gebäude am Rolandufer der Spree, in der Nähe des Neuen Rathauses. Die Mitarbeiter dieser Tarninstitution waren Absolventen des genannten Pankower Lehrganges – junge Leute von Mitte 20 bis 30 Jahren mit ersten Meriten als Funktionäre der SED und der FDJ. Sie waren von den Erfahrungen des Weltkrieges geprägt und hatten zumeist in ihren Elternhäusern eine Erziehung genossen, die sie für die Propaganda der sowjetischen Besatzungsmacht und der SED aufgeschlossen hatte. Auf Zentralschulen für sowjetische Kriegsgefangene oder Kreis- und Landesparteischulen der SED war ihnen die neue, »einzige wissenschaftliche« Weltanschauung vermittelt worden. Oft aus objektiven Gründen von geringer Allgemeinbildung, fanden sie im theoretischen Angebot des Marxismus-Leninismus einen geistigen Halt, an dem sich ihr festgefügtes, aber oft simplifizierendes Weltbild orientierte. Zweifel waren nicht erlaubt und kamen vor diesem Hintergrund auch kaum auf. Zudem bestätigte die Entwicklung im Westen Deutschlands viele der propagandistischen Aussagen – und was nicht ins gelernte Bild paßte, wurde schon damals verdrängt. Männer solchen Geistes prägten im wesentlichen fast 40 Jahre lang die DDR-Spionage. Bis zuletzt fiel es vielen von ihnen schwer, neue Signale, die gerade sie intensiv erhielten, aufzunehmen und zu verarbeiten.

Zu diesen jungen Kadern stießen die bewährten antifaschistischen Kämpfer. Sie bildeten die Leitung des Instituts und profitierten dabei von ihren praktischen Erfahrungen im illegalen Kampf, mit denen sie zum einen Eindruck machten, andererseits aber auch eine oft praktizistische Enge erkennen ließen. So war der welterfahrene, intellektuell aber eher schlichte Richard Stahlmann dafür bekannt, daß er seine Zöglinge mit der Erkenntnis verblüffte: »Weißt du, wer unser größter Feind ist? – Das Telefon! Sage niemals am Telefon etwas Konkretes, weder Zeit noch Ort, noch Namen!« Sie vermittelten ohne Zweifel viele Erfahrungen, prägten aber den Aufklärungsapparat von Anfang an durch ihre »revolutionäre Wachsamkeit«, d. h. ihr Mißtrauen und ihre Scheu vor einem unkonventionellen, pragmatischen, von ideologischen Scheuklappen weitgehend freien Vorgehen. Was damals keine Folgen hatte, da die Spionage ganz unbefangen betrieben wurde und es den Widerspruch zur ideologischen Aufgabenstellung noch nicht gab, sollte sich später als schwere Hypothek für die Entwicklung des DDR-Auslandsnachrichtendienstes erweisen.

Die wichtigsten Arbeitsbereiche des IWF waren: Die politische Aufklärung in Bonn und West-Berlin; hierfür war mit Alfred

Schönherr zum Beispiel ein Kommunist zuständig, der während der Nazizeit zwölf Jahre im Zuchthaus gesessen hatte. Die Wirtschaftsaufklärung, geleitet von Gustav Szinda, der sich als Partisan der Roten Armee ausgezeichnet hatte. Die Spionageabwehr, die bereits Markus Wolf übernahm. Die Militärspionage und die Bearbeitung ausländischer Missionen, für die im wesentlichen Horst Jänicke, bis 1987 Stellvertreter Wolfs, verantwortlich zeichnete. Sie alle leisteten mit ihrem Mitarbeiterstab, der bald auf 200 Personen anwuchs, die Anfänge der Nachrichtenbeschaffung. Diese begann – ganz unspektakulär – mit bürokratischer Kleinarbeit, wobei man sich auf die Erkenntnisse der zuvor schon ziemlich aktiven Parteiaufklärung stützen konnte. Zunächst wurden alle Bonner und Westberliner Politiker einschließlich ihrer Mitarbeiter und Assistenten sowie alles über sie erreichbare Wissen von Belang auf Karteikarten erfaßt; ebenso die Beziehungen, die zwischen ihnen bestanden, die Informanten, die Kontakt zu ihnen hatten, und anderes mehr. Die Räumlichkeiten der Behörden in Bonn und West-Berlin, aber auch der westalliierten Besatzungsorgane wurden ausgekundschaftet. Und all das verband sich schon mit der Beschaffung erster Informationen, oft noch improvisiert und unprofessionell – aber der Weg zu einem effizienten Auslandsnachrichtendienst war damit beschritten.

So erwuchs den bereits seit längerem arbeitenden Geheimdiensten der gerade entstandenen Bundesrepublik ein ernst zu nehmender Gegner, von dem diese aber zunächst überhaupt nichts merkten. Fast ein Jahr arbeitete das IWF, ehe der Bonner Verfassungsschutz Kenntnis von der östlichen Spionagebehörde erhielt. Und auch dazu bedurfte es noch eines Überläufers. Im April 1953 trat Johann Krauß, der im IWF in der Wirtschaftsaufklärung gearbeitet hatte, zu einem alliierten Dienst über und wurde dann auch dem Bundesamt für Verfassungsschutz zur Verfügung gestellt. Er berichtete seinen Vernehmern vom neugeborenen DDR-Geheimdienst und löste sogleich Hektik und nervöse Betriebsamkeit aus. Er hatte außerdem 38 Karteikarten von Personen in der Bundesrepublik mitgenommen; und sie alle wurden prompt verhaftet. Damit handelte der Verfassungsschutz außerordentlich unprofessionell. In Unkenntnis der Arbeitsweise des IWF beschuldigte er auf diese Weise auch solche, die zwar in der Kartei auftauchten, jedoch noch gar nicht wegen einer konspirativen Mitarbeit angesprochen worden waren.

Günther Nollau, späterer Chef des Bundesamtes für Verfassungsschutz, der den Fall intensiv untersucht hatte, stellte ernüchtert fest: »Die bloße Aufnahme des Namens einer Person in diese Kartei war jedenfalls kein Beweis für eine Agententätigkeit.« Eine Erkenntnis übrigens, die heute, bei der Bewertung der MfS-Datenträger, schon wieder auf taube Ohren stößt.

Nollau mußte eingestehen, daß das Vorgehen seines Dienstes in der »Vulkan-Affäre«, wie sie im Verfassungsschutz genannt wurde, kein Ruhmesblatt war: »Was ein schöner ›Erfolg‹ hätte sein können, die Kompromittierung eines östlichen Dienstes durch einen Überläufer, wurde nun durch die Fehler bei der Vernehmung des Überläufers und durch die vorschnelle Verwertung seiner subjektiv wahrheitsgemäßen Aussagen zu einer Blamage.«

Und die nächste folgte auf dem Fuße! Denn nach der Dekonspirierung ihres Dienstes leitete die DDR in einer blitzartigen Nachtaktion die Dezentralisierung des IWF ein. Lastwagen fuhren am Rolandufer vor, alle Materialien wurden verladen, die Mitarbeiter mußten aufsitzen, und eine stundenlange Fahrt durch das nächtliche Berlin begann. Immer wieder schlugen die Fahrzeuge Haken, um mögliche Verfolger abzuschütteln. Schließlich fanden alle Abteilungen neue Unterkünfte, doch nicht mehr in einem Haus, sondern weit verbreitet im gesamten östlichen Stadtgebiet. Ein Teil der politischen Spionage kam zum Beispiel nur wenige hundert Meter vom alten Domizil unter – in der Klosterstraße. Die Militär- und Botschaftsaufklärung bezog in Schmöckwitz Quartier, Teile der Wirtschaftsaufklärung in Johannisthal usw. Diese Tatsache war dem Verfassungsschutz erneut entgangen. Er nahm lange an, mit dem Übertritt von Krauß sei die DDR-Spionage zerschlagen. Erst 1959 schreckte ihn wieder ein Überläufer auf. Hauptmann Max Heim berichtete, daß mittlerweile die »Hauptverwaltung Aufklärung« entstanden sei, mit einem schlagkräftigen Apparat und einem Informantennetz von – wie er sagte – 2.000 bis 3.000 Personen in der Bundesrepublik.

Auch wenn diese Zahl – offensichtlich aus den Registratur-Nummern abgeleitet – stark überhöht war, so ging doch die Dezentralisierung des jungen Geheimdienst-Apparates zugleich mit einer erheblichen Aufstockung einher. Er wurde zahlenmäßig vergrößert, seine Aufgabenstellungen erweitert.

Wesentlicher aber war, daß die bislang relativ selbständig arbeitende Behörde nun unter die Kontrolle verschiedener Seiten geriet. Zunächst nahm sich ihr der sowjetische Geheimdienst intensiv an. Die östliche Besatzungsmacht hatte auf ihrem Territorium von Anfang an starke konspirativ arbeitende Kräfte stationiert. Zunächst vor allem mit Aufgaben der Entnazifizierung betraut, erhielten sie später mehr und mehr Funktionen zur Überwachung der Entwicklungen sowohl in der sowjetischen Besatzungszone als auch im Westen Deutschlands.

Mit dem Entstehen eigener Geheimdienste der DDR trat dann deren Ausbildung und Unterstützung hinzu – eine durchaus eigennützige Beschäftigung, konnte doch der KGB schon bald auch von den Ergebnissen der ostdeutschen Spionagetätigkeit profitieren. Die sowjetischen Verbindungsleute aus Karlshorst saßen von nun an dabei, wenn politische Orientierungen und konkrete Aufgabenstellungen beraten und festgelegt wurden. Sie gewannen schnell eine dominierende Stellung – sowohl durch ihre langjährige geheimdienstliche Erfahrung als auch durch das nicht selten offen zur Schau getragene und in der Zusammenarbeit betonte Selbstbewußtsein, das sich aus dem gewonnenen Krieg herleitete. Wie stets im Leben gab es dabei diese und jene, das heißt, mit nicht wenigen konnte konstruktiv zusammengewirkt werden, mit anderen aber war kein Miteinander möglich, sondern nur die strenge Unterordnung unter ihre Weisungen. Alle aber hatten die Erziehung in Stalinschem Geist genossen und glaubten an die Prinzipien der »tschekistischen Arbeit«, die in ihren Grundzügen zwar vom Begründer des Sowjet-Geheimdienstes, der »Tscheka« (Abkürzung für »Außerordentliche Kommission zur Bekämpfung von Konterrevolution und Sabotage«), Feliks Edmundowitsch Dzierzynski, stammten, später aber durch Stalin und seine Adepten verschärft und ihrem Machtanspruch entsprechend maßgeschneidert wurden. Das nun übertrugen sie auf das neue Betätigungsfeld im Osten Deutschlands, und so erhielt die Geheimdienstarbeit fast von Anfang an eine Ausrichtung, die maßgeblich zu den späteren Irrwegen beitrug. Jede einzelne Abteilung des »Instituts für wirtschaftswissenschaftliche Forschung« bekam einen sowjetischen Verbindungsmann, der überwiegend mit dem jeweiligen Abteilungsleiter verkehrte. Dieser übergab dem KGB-Vertreter auch die Durchschriften aller vermeintlich wichtigen Informationen. Dabei interessierte weniger ihre Quelle als der Inhalt, und es war konspiratives Prinzip, auch bei dieser Zusammenarbeit die Kenntnis über die Herkunft des Materials eng begrenzt zu halten. Inwieweit dies eingehalten wurde, hing natürlich auch vom konkreten Umgang der »Genossen« von KGB und IWF ab. In der Regel wurden aber Klarnamen der Quellen und andere Hinweise, die auf ihre Spur führen könnten, dem KGB nicht schriftlich übergeben. Seine Offiziere erhielten auch nicht die operativen Vorlagen, die nun prinzipiell von allen Aktionen angefertigt und zur Bestätigung eingereicht werden mußten.

Neben dem sowjetischen Geheimdienst verstärkten in dieser Zeit auch die für die innere Abwehr geschaffenen Dienste in der DDR ihre Kontrolle über den Aufklärungsapparat. Bereits am 8. Februar 1950, vier Monate nach DDR-Gründung, hatte die Volkskammer den Beschluß gefaßt, die bis dahin bestehende Hauptverwaltung zum Schutz der Volkswirtschaft aus dem Innenministerium auszugliedern und zu einem selbständigen Ministerium für Staatssicherheit zu machen. Das IWF war ihm ausdrücklich nicht zugeordnet worden, sondern unterstand – wie dargestellt – dem Außenministerium. Die ersten Erfolge der neuen Behörde weckten jedoch schon bald Begehrlichkeiten im MfS. Immerhin konnten schon damals aussagekräftige Informationen über Denk- und Verhaltensweisen westdeutscher Politiker und von Spitzenvertretern der Besatzungsmächte, Originale von Vorstandsbeschlüssen der Parteien der Bundesrepublik, Muster technischer Neuentwicklungen und vieles andere mehr beschafft werden. Das Wissen über derartige Interna versprach Macht und Einfluß. Die Bemühungen um größeren Einfluß auf den Aufklärungsapparat nahmen zu, und der Fall des Überläufers Krauß war ein willkommener Anlaß, diese weiter zu forcieren.

Mehr oder weniger versteckt wiesen sowohl der erste Staatssicherheitsminister Zaisser als auch später seine Nachfolger Wollweber und Mielke darauf hin, daß der Aufklärung Abwehrerfahrungen fehlten, daß ihre Mitarbeiter nicht wachsam genug seien, daß sie sich zu leicht vom Westen »aufweichen« ließen und man ihnen den Ernst des Klassenkampfes erst noch begreiflich machen müsse. So war es Aufklärern in vielen Fällen verboten, in Betriebe zu gehen, weil die Abwehr darin eine Störung ihrer Arbeit sah. Mancher Ingenieur oder Technologe war nämlich bereit, für die HVA in Westdeutschland oder dem Ausland zu arbeiten, nicht jedoch als Spitzel gegen seine eigenen Kollegen tätig zu werden.

Die Differenzen zwischen Aufklärung und Abwehr gingen mitunter sogar so weit, daß Aufklärer festgesetzt wurden, wenn sie nach Meinung der Abwehr ihre Kompetenzen überschritten. So war es kein Einzelbeispiel, daß einmal ein hauptamtlicher Mitarbeiter der HVA bei Nachfragen in einem Neubrandenburger Betrieb zunächst eingesperrt wurde und dann – aber erst nach scharfem Protest – unverrichteter Dinge wieder in seine Dienststelle zurückkehren mußte.

Die Spezifik ihrer Arbeit verschaffte den Aufklärern tatsächlich ein weiter gefächertes Weltbild, als es die Abwehrexperten besaßen. Die HVA-Mitarbeiter diskutierten auch schon mal außerhalb der ideologischen Grenzen, die ansonsten immer wieder gezogen wurden, glaubten nicht jede Schwarzweißmalerei über »Nissenhütten im Ruhrgebiet« und die »gewaltigen Streikbewegungen«, die zwar in der Sache stattfanden, aber ständig überbewertet wurden. Sie wollten sich im Gegenteil von den ideologischen Schranken befreien, sich selbst ein Bild von jenem »Operationsgebiet« machen, das Gegenstand ihrer täglichen Arbeit war. Ihr Wunsch jedoch, einmal selbst in den Westen zu reisen, sogenannte Regimestudien an Ort und Stelle zu betreiben, stieß auf wenig Gegenliebe und verstärkte nur das Mißtrauen gegen die Aufklärer.

Der permanente Druck und der Verweis auf die sowjetische Praxis, wo die Aufklärung ebenfalls Bestandteil des KGB war, führten schließlich zum Erfolg. Ende 1955 wurde das Institut für wirtschaftswissenschaftliche Forschung dem MfS einverleibt. Markus Wolf, bereits 1953 zum Nachfolger Ackermanns als Leiter der Spionagebehörde avanciert, erhielt die Funktion eines stellvertretenden Ministers für Staatssicherheit, was wie Machtzuwachs aussah, tatsächlich aber seine Selbständigkeit beschränkte. Er selbst mag das damals, jung und unerfahren wie er war, so nicht empfunden haben.

Die Konzeption, die das MfS hinsichtlich der Aufklärung verfolgte, lief nunmehr zu einem beträchtlichen Teil auf Unterstützung der Parteipropaganda hinaus. Der Nachrichtendienst sollte vor allem Beweise dafür liefern, wie schlecht es den Menschen in der »bourgeoisen BRD« und den kapitalistischen Staaten Westeuropas gehe, wie sehr sie unterdrückt und ausgebeutet würden, wie ihre herrschenden Klassen zum Kriege rüsteten. Besonders der ZK-Sekretär der SED, Albert Norden, nutzte bei seinen Auftritten

Aufklärungsmaterial, mit dessen Hilfe er zwar tatsächlich manches ans Licht brachte, was im Westen gern verschwiegen worden wäre, das aber immer wieder dadurch entwertet wurde, daß es platten propagandistischen Zwecken diente. Es ist sicher dem Instinkt von Markus Wolf zu verdanken, daß er dieser Linie weitgehend widerstand und bemüht war, die eigentlichen Aufgaben eines Auslandsnachrichtendienstes vor die Schützenhilfe für die »Abteilung Gefechtslärm«, Ulbrichts Propagandaapparat, zu stellen.

Das wurde ihm nicht leicht gemacht, denn mit der Einordnung der Aufklärung in das MfS waren der damalige Minister Wollweber wie auch sein Stellvertreter Mielke, der das Amt 1957 ganz übernahm, sogleich bemüht, den Einfluß der Abwehr auf den Spionageapparat auszubauen. Führende Abwehrspezialisten rückten in Leitungsfunktionen der Aufklärung: Hans Fruck, bis dahin Leiter der Bezirksverwaltung Groß-Berlin des MfS, wurde Stellvertreter Wolfs und blieb es bis zu seinem Ausscheiden aus Altersgründen. Alfred Scholz, Heinz Hoske und Otto Knye – allesamt bewährte Abwehrleute – erhielten wichtige Funktionen. Aus dem Parteiapparat des ZK der SED kam der Parteisekretär der nunmehrigen Hauptverwaltung Aufklärung. Sie alle sorgten für die straffe Eingliederung der Spionage in das Sicherheitssystem der jungen DDR. Von nun an war die Aufklärung Bestandteil des Sicherheitsapparates, der seine Hauptaufgabe in der Schaffung von Ruhe und Ordnung vornehmlich nach innen sah.

Zwar gelang es Wolf und seinen Aufklärern, die meisten der zugeteilten Abwehrleute von den andersartigen Erfordernissen der nach außen gerichteten Arbeit zu überzeugen und ihnen klarzumachen, daß für eine solche Tätigkeit enge Blickwinkel und einfältige Vorstellungen nicht ausreichten, doch die Diskrepanz zwischen den von Wollweber und später Mielke in den Vordergrund gestellten Doktrinen der inneren Sicherheit und den Notwendigkeiten nach außen gerichteter Aufklärung blieb. Dies führte nicht selten zu Entscheidungen und Kompromissen, die nicht zu rechtfertigen waren und sind. Damals jedoch war uns das nicht bewußt.

Die Entstehungsgeschichte der DDR-Spionage einschließlich ihrer Unterordnung unter die Sicherheitsbedürfnisse der SED nach innen ist kaum verständlich ohne einen Blick auf die parallele Entwicklung zunächst in den westlichen Besatzungszonen und später der Bundesrepublik Deutschland. Hier hatte der Aufbau von

Sicherheitsapparaten nach außen wie nach innen ebenfalls frühzeitig begonnen. General Reinhard Gehlen, Chef der Abteilung Fremde Heere Ost des Nazi-Generalstabs, bot sich, einen großen Teil seiner Mitarbeiter und sichergestellte Unterlagen der früheren Spionagetätigkeit gegen die Sowjetunion den Amerikanern an, die ihn nach einer kurzen Schamfrist, in der er sogar mit einem Gefängnis Bekanntschaft machte, auch akzeptierten. Sie vereinbarten mit dem Ex-Nazi-General ein – wie er es nannte – »Gentlemen's Agreement«, das im Grundsatz besagte: »Es wird eine deutsche nachrichtendienstliche Organisation unter Benutzung des vorhandenen Potentials geschaffen, die nach Osten aufklärt bzw. die alte Arbeit im gleichen Sinne fortsetzt. Die Grundlage ist das gemeinsame Interesse an der Verteidigung gegen den Kommunismus.« Im Juli 1946 nahm die »Organisation Gehlen« ihre Tätigkeit auf; ihr Credo verkündete der Chef später selbst: »Ich beabsichtigte daher von Beginn meiner Tätigkeit an, in den Jahren, die vergehen mußten, bis eine neue deutsche Regierung wieder existieren würde, die Voraussetzungen für einen Gesamtdienst zu schaffen, der auf allen Gebieten das Potential des Gegners aufzuklären hatte.« Gehlen nahm schon ein Jahr später in Pullach Quartier, der früheren »Rudolf-Heß-Siedlung«, wo zeitweilig der Führer-Stellvertreter und später auch NS-Reichsleiter Martin Bormann residiert hatten, ehe 1945 die US-Army dort ihre Postzensurstelle einrichtete. Dieses Domizil hat der Bundesnachrichtendienst bis heute nicht verlassen. Schon ein Jahr später hatte der »Org« (Kürzel für »Organisation Gehlen«) 200 Bedienstete; Gehlen veranlaßte, daß sie sich samt ihren Familien im »Camp Nikolaus« (nach dem Bezugsdatum am 6. Dezember 1947) niederließen. Eigene Kindergärten und Schulen, ein Krankenhaus, ein Kasino gehörten zum Komplex – Mielke ahmte das später für sein MfS bewußt oder unbewußt weitgehend nach.

Das Bundesamt für Verfassungsschutz kam etwas später zur Welt. Bei den Vorbereitungen zur Bildung der Bundesrepublik im Jahre 1949 wurde auch vereinbart, »eine Stelle zur Sammlung und Verbreitung von Auskünften über umstürzlerische, gegen die Bundesrepublik gerichtete Tätigkeiten einzurichten.« Im November 1950 verfügte die Bundesregierung die Errichtung des Bundesamtes für Verfassungsschutz in Köln, nachdem zuvor schon entsprechende Behörden in den Ländern geschaffen worden waren.

Ihr erster Präsident wurde Otto John, ein Gewährsmann der Engländer, auf den noch zurückzukommen sein wird. Schon sein Stellvertreter hatte aber einst unter Canaris gedient.

Mit der Bildung des »Amtes Blank«, den Anfängen der Bundeswehr, kam schließlich noch ein militärischer Geheimdienst hinzu. Seine Initiatoren, die mit dem Widerstand des 20. Juli in Verbindung gestanden hatten, waren Gehlen ein Dorn im Auge. Er sorgte dafür, daß Personen aus seiner Umgebung auch hier bald das Sagen hatten. Als 1956 der Militärische Abschirmdienst (MAD) eingerichtet wurde, hieß dessen erster Chef Gerhard Wessel, Stellvertreter Gehlens unter Hitler wie den Amerikanern.

Es ist heute sicher müßig darüber zu philosophieren, wer im einstigen Nachkriegsdeutschland seine Dienste als erster etablierte und wer nachzog. Es lag offensichtlich in der Logik jener Zeit des Kalten Krieges, daß keiner glaubte, auf die Camouflage verzichten zu können und daher all seine Anstrengungen nur darauf richtete, den anderen beim Auskundschaften von Geheimnissen zu übertreffen. Das Mißtrauen war groß und in mancher Hinsicht wohl durchaus berechtigt. Die Westmächte mußten nach allem, was sie über Stalin wußten, durchaus vor ihm auf der Hut sein. Und im Osten sah man mit beträchtlicher Sorge, wie sich im Westen nazistische Strukturen wieder restaurierten, indem ihre Repräsentanten schon bald alte Positionen zurückgewannen. Gerade die Verwendung der »alten Experten« in den Geheimdiensten der Bundesrepublik – Gehlen war der Prototyp – führte manchen zu der Auffassung, es sei erforderlich, dagegen in gleicher Weise anzukämpfen, Organe zu schaffen, die konspirativ in diese eindringen und sie weitgehend neutralisieren.

Der Krieg und seine für die Menschen schrecklichen Folgen hatten die Sehnsucht nach echten Alternativen zum Vergangenen hervorgebracht. Zwei Gesellschaftsmodelle waren in den Wettstreit getreten – einerseits ein bürgerliches System, das sich auf seine besten Traditionen der Demokratie und der Sozialstaats, angereichert durch urchristliches Gedankengut, zu besinnen versuchte, und andererseits der Marxismus-Leninismus, schon damals jedoch vom Virus des Stalinismus infiziert. Der Krieg mit seiner Verrohung aller Sitten und die danach nicht selten geübte Sieger- und Rachejustiz führten aber dazu, daß die Anfänge des Neuaufbaus mit zahlreichen schwerwiegenden Hypotheken belastet wurden. Die

Grenzziehungen und in ihrer Folge Umsiedlungen und Vertreibungen von Millionen Menschen, die im Ansatz steckengebliebene Ahndung der Kriegsverbrechen, das Großmachtgebaren der Sieger bargen den Keim für immer neue Auseinandersetzungen. Hinzu kam im Osten die Deformierung der sozialistischen Idee durch den Stalinismus. So ging der Wettbewerb der Systeme, der nach den bitteren Erfahrungen der Vergangenheit nur noch friedlich ausgetragen werden durfte, bald in einen harten Schlagabtausch über. Wegen seiner Unerbittlichkeit erinnerte er bald an einen Krieg, wenn auch nicht in Formen der »heißen« Auseinandersetzung. Der Kalte Krieg bestimmte die 50er Jahre; die Schaffung zweier deutscher Staaten war ebenso sein Resultat wie ähnliche Spaltungen in Korea, Palästina, später Vietnam. Die Menschen mußten sich für die eine oder andere Seite entscheiden – oft ohne es in ihrem Innersten zu wollen – und danach handeln. Daß die junge DDR damals durchaus als eine echte Alternative angesehen wurde, war also auch das Ergebnis von Fehlentscheidungen auf westlicher Seite. Die schnelle Rehabilitierung ehemaliger Nazis und die Restauration alter Machtverhältnisse gehörten dazu. Diese Entwicklungen bestätigten die ideologischen Klischees, die in der Parteischulung der SED vermittelt wurden, und ließen ihre Empfänger aufgeschlossen werden auch für viele andere simplifizierende Thesen wie denen von der Diktatur des Proletariats, der ständigen Verschärfung des Klassenkampfes oder vom gesetzmäßigen Niedergang des Imperialismus.

In diesem Kontext wurden auch Ereignisse wie der 17. Juni 1953 von vielen der so Indoktrinierten nicht anders gesehen als es die Parteiführung vorgab. Die durchaus vorhandenen Hinweise einer westlichen Einflußnahme wurden so zur alleinigen Ursache des Arbeiterprotestes erklärt; es war mithin der vom Westen gesteuerte »konterrevolutionäre Putschversuch«, dessen Niederschlagung mit Hilfe der sowjetischen Armee wir für richtig hielten. Die eigene Anschauung, die wir Aufklärer vom Rolandufer bei unseren Besuchen im Stadtzentrum zu verarbeiten hatten, die Meinungen und Auffassungen, die wir hörten, bestärkten uns darin, die Deutung der Partei sei richtig.

Hinzu kam, daß in jenen Jahren der Kampf der DDR um diplomatische Anerkennung begann. Zahlreiche deutschlandpolitische Ereignisse, darunter die Außenministerkonferenzen der vier

Mächte, wurden genutzt, um dieses Anliegen, das auf Durchsetzung der deutschen Zweistaatlichkeit zielte, zu verfolgen. Anfänglich waren Chancen auf Verwirklichung dieser Absicht durchaus vorhanden; nicht wenige Politiker in Bonn wie West-Berlin, aber auch im Ausland, ließen sich zu inoffiziellen und dennoch konstruktiven Gesprächen herbei. Sie respektierten die militärische Stärke der UdSSR und sahen auf lange Sicht keine Möglichkeit, die DDR aus dem sowjetisch dominierten Ostblock herauszubrechen. Adenauers Hoffnung, der westliche Sog werde bereits jetzt den Anschluß der DDR bewirken, trog. Er mußte im Gegenteil befürchten, daß – vor allem nach der Etablierung einer bundesdeutschen Botschaft neben der schon bestehenden Vertretung der DDR in Moskau – über kurz oder lang der zweite deutsche Staat diplomatisch anerkannt werden würde, und dem wollte er einen Riegel vorschieben. Das Instrument war die im Dezember 1955 erstmals in ihren Grundzügen formulierte Hallstein-Doktrin, die den Abbruch der bundesdeutschen Beziehungen zu allen Staaten vorsah, die die DDR anerkannten. Danach wurde in den Folgejahren gehandelt, und es dauerte bis in die 70er Jahre, ehe die DDR diese diplomatische Blockade durchbrach. Für die Mitarbeiter der DDR-Aufklärung galt es aber stets als vornehmste Pflicht, mit ihrer Arbeit die Hallstein-Doktrin zu durchlöchern.

So verstand sich der ständige wachsende Spionageapparat der DDR als *das* Auge und Ohr des jungen Staates zur Welt. Diplomatische Berichte aus westlichen Hauptstädten gab es nicht. Von Konferenzen und Tagungen waren offiziell lediglich durch die sowjetische Brille gesehene Informationen zu erhalten. Und aus der Bundesrepublik sickerten allenfalls die ideologisch befrachteten Wertungen aus dem zunächst noch legalen, dann nur noch illegal arbeitenden KPD-Apparat ein. So war es aus der Sicht der DDR-Regierung eine zwingende Notwendigkeit, sich auf andere Weise zu informieren – und die immer effizienter arbeitende Hauptverwaltung Aufklärung des MfS erfüllte diese Aufgabe. Sie nutzte die spezifischen Möglichkeiten im geteilten Deutschland und entwikkelte Methoden, mit denen sie viele Jahre erfolgreich war.

Der doppelte Mann

Ernst Lemmer ließ sich nicht lange bitten. Der CDU-Politiker, der in der Sowjetischen Besatzungszone seine Karriere begonnen hatte und nun im Vorstand der Westberliner Union saß, liebte den Plausch mit interessierten Zuhörern. Im Ratskeller des Schöneberger Rathauses plauderte er über die Lage in seiner Partei. Differenzen zwischen ihren Flügeln, politische Pläne und Perspektiven, aber auch über Gedankengänge der westlichen alliierten Kommandanten. Mit am Lemmer-Stammtisch saßen ein Arzt aus dem Ostberliner Bezirk Weißensee und ein Kleinunternehmer aus Wedding. Beide würden noch am Abend Bericht erstatten – getrennt und ohne voneinander zu wissen. Empfänger ihres Reports: das Institut für wirtschaftswissenschaftliche Forschung.

So unspektakulär waren die Anfänge der Arbeit des DDR-Spionagedienstes. Man ging dorthin, wo die Informationen noch ziemlich spontan flossen und versuchte so viel wie möglich mitzubekommen. Westberlin war dafür ein ergiebiges Pflaster, aber auch nach Bonn fuhren Späher, um sich im Umfeld der Regierungsgebäude, Botschaften und alliierten Einrichtungen Informanten zu suchen. Und die Vertreter der führenden BRD-Parteien fanden damals auch wenig dabei, mit Abgesandten aus dem Osten wenigstens inoffiziell zu verkehren; für etliche gehörte es geradezu zum guten Ton, über einen entsprechenden Draht in den Osten zu verfügen. Ehemalige Offiziere der Hitler-Wehrmacht, die in sowjetische Kriegsgefangenschaft geraten waren und dann aktiv im »Nationalkomitee Freies Deutschland« mitgearbeitet hatten, suchten alte Gefährten in der Bundesrepublik auf und erfuhren, wie man im Westen über die Wiederbewaffnung dachte. Degussa-Ingenieure oder Chemiker der ostdeutschen Betriebe schauten bei Bekannten im Ruhrgebiet vorbei, um zu hören, auf welche Weise und mit welchem Programm das »Wirtschaftswunder« anlief. Auf den ersten internationalen Messen in Wien, Leipzig oder Brno wurden Kontakte zu Messeorganisatoren und Ausstellern hergestellt, die in den Jahren darauf viel Interessantes über politische und ökonomische Entwicklungen in ihren Ländern zu berichten wußten. In jenen Jahren konnte mancher Aufklärer ein fast persönliches Verhältnis zu seinem unwissentlichen – mitunter aber sogar wissentlichen – Informanten herstellen.

Und das galt nicht nur für Gespräche, die in aller Öffentlichkeit verliefen, sondern auch für interne Kontakte, bei denen einiges über den Tisch ging, das auch nach damaligen Maßstäben eigentlich unter Verschluß bleiben sollte. Die schon skizzierte politische Entwicklung in Deutschland mit ihren Widersprüchen und besorgniserregenden Aspekten auch auf westlicher Seite machte es manchem leicht, sich über seine Verunsicherung auszusprechen. Wer nach einer politischen Alternative zu den Restaurationserscheinungen in der Bundesrepublik suchte oder wer einfach nur dem anderen deutschen Staat eine faire Chance geben wollte, war zur Lieferung von Informationen ohne jeden Druck, auf absolut freiwilliger Basis bereit. Am Rande von Verwandtenbesuchen und auch offiziellen politischen Gesprächen vollzog sich ein informeller Nachrichtenfluß, und dieser wurde oft noch dadurch begünstigt, daß die Abgrenzung zwischen den beiden Staaten noch nicht so krasse Formen wie später angenommen hatte, daß ja schließlich »Deutsche mit Deutschen« sprachen.

Journalisten, die auf Profilierung bedacht waren, streckten ihre Fühler aus und lieferten manche Information, für die sie auf entsprechende Gegenleistung hoffen konnten. All das trugen die Aufklärer zusammen und filterten ein zutreffendes Bild über die politische Situation in Deutschland heraus.

Die sowjetischen KGB-Leute beneideten ihre deutschen Kollegen nicht selten ob dieser guten Bedingungen, die infolge der offenen Grenze auch für das Verbindungswesen galten. Gleichzeitig aber erhöhten sie ihre Forderungen nach zuverlässigen Informationen und konnten damit schon von den Anfangserfolgen von IWF und HVA gehörig profitieren.

Doch Markus Wolf und seine Mitarbeiter dachten nicht nur an den gegenwärtigen Tag. Sie entwickelten bald eine langfristige Strategie für die Zukunft, die bis in die jüngste Zeit hinein wirkte. Dabei erfanden sie durchaus nichts Neues, sondern besannen sich auf den Kern jeder Spionagetätigkeit, der sich mit den drei Begriffen Herauswerben, Einschleusen und Abschöpfen umschreiben läßt. Diese drei Grundmethoden wurden durch die HVA lediglich generalstabsmäßig eingesetzt und dabei immer weiter perfektioniert.

Dies begann damit, daß vielleicht nicht bewußt, aber ansonsten gänzlich ungerührt die ersten negativen Resultate der Politik der SED in der DDR ausgenutzt wurden. Denn schon in den 50er Jahren, vor allem nach dem 17. Juni 1953, setzte ein Übersiedlerstrom aus der DDR nach Westberlin und ins Bundesgebiet ein. Schnell erkannte die HVA die damit verbundenen operativen Möglichkeiten. Nicht wenige dieser Umsiedler konnten sich nämlich sehr effektvoll als politische Flüchtlinge darstellen; andere zogen bald Profit aus der Wirtschaftswunderzeit. Solche Möglichkeiten der beruflichen und sozialen Eingliederung wurden bewußt genutzt, indem einige der fähigsten inoffiziellen Mitarbeiter (IM) der HVA den Auftrag erhielten, mit geeigneter Legende in den Westen zu gehen und sich dort – mit Hilfe von Verwandten und soweit möglich auch der Zentrale – eine Existenz aufzubauen, die später für Spionagetätigkeit auswertbar war. So gelang es, einige der Spitzenquellen späterer Jahre schon damals auf den Weg zu schicken. Die bekanntesten wurden wohl Christel und Günter Guillaume, die 1956 in die Bundesrepublik übersiedelten, sich dort in der SPD bis in Positionen hochdienten, die operativ ihresgleichen suchten, und erst 1974 enttarnt wurden. Aber es gab zahlreiche weitere Spione, die als Übersiedler ihre Karriere begannen. Manche von ihnen haben bis in die 80er Jahre hinein gearbeitet, und einige werden ihr Geheimnis mit ins Grab nehmen.

Natürlich dauerte es nicht lange, bis die gegnerische Abwehr hinter diese Methode kam und sich dagegen zu schützen begann. Verwiesen sei nur auf die Notaufnahmelager, in denen durch die Geheimdienste der westlichen Alliierten, aber auch den Verfassungsschutz und den Bundesnachrichtendienst peinliche Befragungen angestellt wurden, um den Übersiedlern auf den Zahn zu fühlen.

Und auch den westlichen Abwehrleuten half die große Zahl der Übersiedler – gab es doch dadurch kaum eine Straße oder einen Betrieb im Osten, aus denen nicht Informanten ausfindig gemacht werden konnten, die über andere Auskunft zu geben vermochten.

Die Guillaumes hatten diese Klippe umschifft, indem sie ohne Lageraufenthalt sofort bei Christel Guillaumes Mutter Erna Boom in Frankfurt/Main Quartier nahmen. Manch anderer mit Spionageauftrag ausgestatteter »Republikflüchtige« aber konnte von den Organen der Bundesrepublik aufgeklärt werden, und das erwies sich als wirksames Hemmnis auf dem Weg in operativ interessante Positionen.

Dennoch hielt die HVA an der vom KGB vertretenen These fest, daß nur die eigenen Bürger gute Kundschafter seien, man sich letztlich nur auf sie zuverlässig stützen könne. Daher wurden Methoden ausgeklügelt, wie sich DDR-Bürger sicherer im Operationsgebiet bewegen könnten. Die Lösung schien: Sie müssen über Personaldokumente verfügen, die jeder Kontrolle standhalten. Das aber war nur zu erreichen, wenn bei der Überprüfung eines solchen Papiers dahinter ein völlig harmloser Bundesbürger sichtbar wurde. Und so ging man dazu über, die im Geheimdienstgeschäft schon lange praktizierte Doppelgänger-Variante nach allen Regeln der Kunst zu perfektionieren.

Immer wieder kommt es vor, daß Personalpapiere verlorengehen – durch Verunreinigung, Diebstahl, Nachlässigkeit usw. Spricht also ein Bürger bei seiner Meldestelle nach einem solchen Malheur vor, dann bekommt er zumeist ohne große Formalitäten einen neuen Ausweis ausgestellt. Voraussetzung ist allerdings, daß er über alle Daten verfügt, die zu einer solchen Antragstellung benötigt werden – für das Original kein Problem, für den Doppelgänger schon eher. Denn er muß nicht nur die Biographie der betreffenden Person genau kennen, sondern auch ihr verwandtschaftliches Umfeld, ihre früheren Wohnsitze, Arbeitsstellen und vieles mehr. Mitunter dauerte es Jahre, ehe ein Übersiedlungskandidat sein Pendant so genau kannte, daß er in dessen Haut schlüpfen konnte. Und er hatte ihn zuvor mitunter um den halben Erdball verfolgt, ja oft zu ihm selbst Kontakt aufgenommen. Solcher Aufwand lohnte natürlich nur, wenn man wußte, daß die zu kopierende Person die Absicht hatte, die Bundesrepublik für immer zu verlassen. Wollte sie in die DDR übersiedeln – was selten genug vorkam, dann mußte sichergestellt werden, daß sie einen Umzug innerhalb der Bundesrepublik vortäuschte, ehe sie die Grenze nach Osten überschritt. Am Umzugsort tauchte dann der Doppelgänger auf und übernahm die Rolle der ausgereisten Person. Bei Abmeldungen ins Ausland erwies sich der Doppelgänger als baldiger Rückkehrer, der aber – aus verständlichen Gründen – an einem anderen Ort als zuvor seinen Wohnsitz nahm. Waren derartige Absichten bekannt, dann konnte ein geeigneter Aufklärer ganz gezielt auf eine solche Doppelgängerrolle hin ausgebildet werden, was des ungeheuren Aufwands wegen jedoch nur selten praktiziert wurde.

In der Regel wurde weitaus unkomplizierter vorgegangen. Für illegale Reisen von IM aus der DDR ins Bundesgebiet genügte einfach das Duplikat des Passes eines realen bundesdeutschen Bürgers, das beim heutigen Stand der Technik relativ leicht hergestellt werden konnte. Das gilt übrigens auch für die sogenannten fälschungssicheren Ausweise, die den Technikern der HVA nur solange ein Geheimnis waren, solange sie die Technologie ihrer Herstellung nicht kannten. Natürlich durfte bei einer Reise mit solch einem Doppelgänger-Paß nichts Unvorhergesehenes passieren. Das ARD-Fernsehen schilderte einmal in einem »Tatort«-Krimi über die DDR-Spionage einen Verkehrsunfall, bei dem die Familie des Opfers über das traurige Ereignis informiert werden sollte – und da stand plötzlich der vermeintlich Verunglückte quicklebendig vor den Polizisten.

So bestechend die Doppelgänger-Variante aussieht und so gut sie sich vielleicht in einem Spionageroman macht, so problematisch ist sie jedoch für die tatsächliche operative Arbeit. Denn sie funktioniert nur, wenn die eigentliche Originalperson nicht plötzlich ins Blickfeld wie auch immer gearteter Interessenten gerät. Selbst wenn jemand nach Argentinien, Brasilien oder Uruguay ausgewandert ist, kann man nicht sicher sein, ob ein entfernter Verwandter nicht plötzlich auf die Idee kommt, Ahnenforschung zu betreiben und auch nach jenem Verwandten zu fahnden, von dem er dann überrascht erfährt, daß er gar nicht auf dem amerikanischen Subkontinent lebt, sondern nur einige Kilometer entfernt in einer deutschen Stadt. Vielleicht kommt der Betreffende auch einmal auf Besuch in seine alte Heimat und stößt auf Spuren seiner selbst aus jüngster Zeit, was ihn gewiß stutzig machen wird. Vielleicht benötigt er auch wegen Scheidung, Heirat oder aus anderen Gründen Personalpapiere, die er zu Hause anfordert, was die Meldebeamten ins Grübeln bringen dürfte.

Jede Datenerfassung – und diese haben heutzutage Konjunktur – birgt die Gefahr der Enttarnung, und es ist unmöglich, alle diese

Eventualitäten unter Kontrolle zu halten. Bei wochen-, monate-, gar jahrelangen Aufenthalten in der Fremde ist es unvermeidlich, daß die sogenannten kleinen Personalien ab und zu erfaßt werden, und niemand weiß, was mit ihnen weiter geschieht. Zwar beschaffte die HVA regelmäßig die aktuellen Fahndungsbücher und konnte so überprüfen, ob Doppelgänger darin auftauchten. Anhand der Schlüsselnummern war sogar feststellbar, warum möglicherweise gefahndet wurde. Aber all das forderte viel Kraft, und es war immer wieder abzuwägen, ob der Aufwand für die Abdeckung nicht größer wurde als der Nutzen aus der darauf basierenden eigentlichen operativen Arbeit.

Daher wurde die Doppelgänger-Variante auch nie zur Hauptmethode der Tarnung eines IM im Operationsgebiet. Im Gegenteil, viele HVA-Mitarbeiter nutzten für ihre »Inoffiziellen« lieber fiktive Papiere. Sie waren in der Qualität der Fälschung so perfekt, daß lediglich gründliche Tiefenuntersuchungen zur Enttarnung ihres Benutzers führen konnten. Außerdem war möglich, viertel- oder halbfiktive Dokumente herzustellen, bei denen ein Teil der Angaben richtig war und nur ein anderer Teil falsch. Sie verschafften in der Regel größere Sicherheit.

Die Spionage der HVA stand in einem besonderen Zwang, immer neue Finten der Camouflage auszudenken, weil ihr andere Möglichkeiten der Beschaffung nachrichtendienstlicher Informationen lange Zeit verwehrt schienen. Alle bedeutenden Geheimdienste der Welt arbeiten mit sogenannten legalen Residenturen, d. h. speziellen Mitarbeitern, die an Botschaften, Gesandtschaften, Handelsvertretungen oder Firmenfilialen angeschlossen sind. Dadurch oft diplomatische Immunität genießend, bearbeiten diese Spione im Frack die politischen, militärischen und wirtschaftlichen Kreise des jeweiligen Gastlandes. Ein großes Risiko gehen viele dieser Aufklärungsbeamten nicht ein; sie beschränken sich oft darauf, Gesprächspartner »abzuschöpfen« und aus diesem Wissen – kombiniert mit offiziellen Erkenntnissen – dann mehr oder weniger kluge Analysen zu erarbeiten.

Aufgrund der Hallstein-Doktrin waren der DDR solche Möglichkeiten lange Jahre versagt, und sie mußte sich voll und ganz auf die illegale Linie konzentrieren. Das war eine ständig neue Herausforderung vor allem an die Konspiration der Arbeit, was sich ohne Zweifel günstig auf die Professionalität und Perfektion der HVA-

Operationen auswirkte. So war schon in den 50er Jahren das weltweit bekannte nichtentzifferbare Chiffriersystem auch der DDR verfügbar, in das die Abwehrorgane der Bundesrepublik letztlich nur durch Überläufer eindringen konnten und dann auch nur auf deren Wissen begrenzt blieben. Das Verbindungssystem über Funk wurde ausgebaut, und noch heute dürften – nun vielleicht schon unbrauchbar – Funkgeräte in diversen Verstecken zwischen Fehmarn und Bodensee lagern.

Unerschöpflich waren die Ideen zur Schaffung unentdeckbarer Transportcontainer (TBK) zur Materialübermittlung. Die klassische Form der Tasche oder des Koffers mit versteckten Seitenfächern oder doppeltem Boden verlor zwar nie ihre Bedeutung, doch wurden hochbrisante Materialien nicht selten auch an verborgenen, intimen Stellen des Körpers versteckt. Mit der Mikrofilmtechnik wurden die Container immer kleiner. Manschettenknöpfe oder Feuerzeuge, Puderdöschen oder Zahnpastatuben waren bald beliebte Varianten, aber auch den gegnerischen Abwehrleuten entgingen solche Möglichkeiten nicht. Zeitweilig setzte man auf Vernichtungscontainer, die belastende Beweise beseitigen sollten, indem bei unsachgemäßer Öffnung eine Brand- oder Säurekapsel zersprang und das Material zerstörte. Profis unter den Aufklärern trugen jedoch ihr Material am liebsten ganz normal bei sich, mitunter sogar offen unter dem Arm, weil man gerade das am wenigsten erwartete. Ein häufig genutztes Verfahren der Nachrichtenübermittlung waren »Tote Briefkästen« in Zügen, sogenannte Zug-TBK. Hierzu wurde der zwischen beiden deutschen Staaten recht rege Reiseverkehr ausgenutzt, indem man in Waggons der Deutschen Reichsbahn an festgelegten, unauffälligen Stellen Material deponierte, das nach der Grenzpassage entnommen werden konnte.

Eine große Rolle spielte im nachrichtendienstlichen Geschäft der HVA auch die langfristige Planung von Operationen. Sie hatte da ihren Sinn, wo sie nicht zum Dogma wurde und die unbedingt erforderliche Improvisation einschränkte. Unter den spezifischen Bedingungen der DDR stand immer dringlicher die Aufgabe, Kundschafter im Lager des Gegners selbst zu entwickeln. Einmal durch langfristige Arbeit, durch die IM in interessante Objekte der Politik (Regierung, Parteien, Großorganisationen usw.), der Wirtschaft (Verbände, Konzerne, Forschungszentren, Rüstungsbetriebe

u. ä.), des Militärs (Stäbe, Kommandostellen, Kasernen) und natürlich der gegnerischen Geheimdienste eingeschleust wurden, zum anderen durch die »Herauszuwerbung« solcher Personen aus diesen Objekten. Für die Einschleusung wurden sogenannte Perspektiv-IM entwickelt. Dies waren junge Leute in der Ausbildung, die bereits fest angeworben wurden und ihren weiteren beruflichen Weg immer in Abstimmung mit der Zentrale verfolgten. So wurde aus dem Physikstudenten vielleicht eines Tages der Etagenchef eines Rüstungskonzerns, aus dem Sprachschüler ein Dolmetscher auf internationalen Tagungen. Solche Perspektiv-Agenten gingen durchaus oft ihren eigenen Weg; die Kunst ihrer Führung bestand darin, die persönlichen Vorstellungen mit den Interessen der HVA in Übereinstimmung zu halten. Die Zentrale unterstützte natürlich ihren Nachwuchsmann auf seinem Weg nach oben und lenkte ihn dabei behutsam entsprechend ihren Wünschen. Das war nicht immer einfach, denn besonders private Anliegen ließen sich mit dem nachrichtendienstlichen Erfordernis oft schwer in Übereinstimmung bringen. Der Spion in spe wollte heiraten, doch die Auserwählte hatte wenig Verständnis für sein konspiratives Tun. Die Agentin wünschte sich ein Kind, schied dadurch aber für lange, wenn nicht für immer aus der operativ ergiebigen Position aus. Nicht wenige Verbindungen sind so wieder zerrissen. Gelang es aber, solche Probleme im Einvernehmen zu bewältigen, dann stärkte das wiederum die gegenseitige Beziehung, die sich möglicherweise über Jahrzehnte hin als haltbar erwies.

Ebenso erfolgversprechend, aber ähnlich langwierig war die Methode des »Herauswerbens«. Damit konnten bei Spitzenobjekten in der Regel keine ehemaligen DDR-Bürger beauftragt werden, sondern für solche Karrieren waren Leute zu finden, die eine lupenreine Vergangenheit in der Bundesrepublik hatten. Auf der Suche nach ihnen nutzte die HVA zunächst den Besucherverkehr, der sich vor allem nach dem Mauerbau am 13. August 1961 in streng kontrollierten Bahnen vollzog. Und die DDR-Aufklärung hatte vollen Zugriff auf diese Daten. In der Hauptabteilung VI des MfS wurden alle grenzüberschreitenden Bewegungen registriert und im Computer gespeichert; auf Antrag konnten dort interessierende Informationen, wie Reiseziele, Reisetermine, mitreisende Personen, Kfz-Kennzeichen und ähnliches, über einen längeren Zeitraum hin abgerufen, aber auch Aufträge erteilt werden, auf welche Personen beim Grenzübertritt besonderes Augenmerk zu richten sei. So kam es, daß schon lange vor Einreise eines West-Besuchers in den Büros der HVA nachgedacht wurde, ob sich bei ihm eine Ansprache lohne und wie man gegebenenfalls vorgehen könne. Nicht wenige Bundesbürger haben dann ja auch die Erfahrung gemacht, daß fremde, aber oft recht freundliche Herren während ihres DDR-Aufenthaltes das Gespräch mit ihnen suchten. Fast regelmäßig dürfte es sich dabei um Aufklärer der HVA – oder der Armeeaufklärung im Ministerium für Nationale Verteidigung, einer Art Konkurrenzunternehmen der Aufklärung, oder eines anderen auf dem Territorium der DDR operierenden Geheimdienstes – gehandelt haben.

Diese Methode war zwar einfach und risikolos, jedoch auch nicht sehr effektiv. Die meisten der Angesprochenen rochen den Braten und lehnten freundlich dankend ab, zumal dann, wenn der Werber allzu plump auftrat. Einige gingen – in Sorge um ihre Rückkehr in den Westen – zum Schein auf die Avancen ein, um sich dann aber sofort ihrem Arbeitgeber oder gleich dem Verfassungsschutz zu offenbaren. Und wer dennoch mitmachte – einige aus Abenteuerlust, andere vielleicht sogar aus Überzeugung, viele nur wegen des zugesagten Nebenverdienstes –, konnte zumeist nicht in die wirklich sensiblen Bereiche gelangen, die für die HVA interessant waren. Denn allein durch ihren DDR-Kontakt waren ihnen oft bestimmte Aufstiegsmöglichkeiten verbaut. Wer enge Verwandte im Osten hatte oder allzu häufig in die DDR reiste, wurde leicht als Sicherheitsrisiko eingestuft.

Gerade in den 70er und 80er Jahren haben alle westlichen Staaten ihre Sicherheitsbestimmungen auf dem Personalsektor ausgebaut. Personalfragebögen enthielten obligatorisch Fragen nach Verwandten im Osten und Reisen hinter dem »eisernen Vorhang«. Die Angaben dazu wurden peinlich genau überprüft, was die Einstellungsfristen für Bewerber erheblich verlängerte. Und an besonders schutzwürdigen Stellen wurden Sicherheitsstufen eingeführt, bei deren Erreichen wieder neue Ermittlungen begannen. Lagen die Ergebnisse vor, zu deren Überprüfung auch Bürgen befragt wurden, fand ein Gespräch statt, in dem man versuchte, vermeintliche oder tatsächliche Widersprüche aufzuklären. Solche Gespräche wurden von erfahrenen Personalarbeitern geführt und waren mit zahlreichen Fangfragen gespickt. Günter

Guillaume wurde vor seiner Einstellung im Kanzleramt sogar von dessen damaligem Chef Horst Ehmke in die Mangel genommen. Diese zwei Stunden nannte Guillaume später die schwierigsten seiner Laufbahn, denn er wurde einer »Schockbefragung« (Illustrierte »Stern«) unterzogen. Der als Zeuge anwesende Geheimschutzbeauftragte des Kanzleramtes sagte später aus: »Der Herr Minister hat Herrn Guillaume mit Fragen regelrecht berannt, ohne Schonung!«

Dennoch ist es immer wieder gelungen, auch solche Hürden zu überspringen. Einmal dadurch, daß sich der Kundschafter durch entsprechendes Training auf diese Situation gründlich vorbereitet hatte und sie so überstehen konnte. Seine Selbstsicherheit, seine Anpassungsfähigkeit an die Erwartungen des Personalchefs bis hinein in Äußerlichkeiten konnten dazu beitragen. Mehr noch aber eine entsprechende Vorarbeit in der betreffenden Institution, durch die die Bewerbung auf schon vorhandenes Wohlwollen stieß. Dabei handelte es sich zumeist um die Empfehlung eines bereits dort Tätigen, möglichst mit solidem Ansehen. Diese sogenannte Blickfeldarbeit war daher ein wesentlicher Bestandteil des operativen Vorgehens der HVA.

Es wurde also immer notwendiger, Werbungen künftiger Spione an Ort und Stelle, im sogenannten Operationsgebiet – für die HVA war das in erster Linie die Bundesrepublik – vorzunehmen. Dazu brauchte man qualifizierte Werber, die zunächst ausschließlich aus der DDR selbst kamen. Hier wurden sie gründlich ausgebildet, auch mit psychologischen Kenntnissen versehen, und dann oft relativ langfristig eingesetzt. Sie mußten zunächst das Zielobjekt aufklären, von der territorialen Lage bis zum Personalbestand, und dazu rekrutierten sie Kräfte aus dessen unmittelbarer Umgebung. Diese gingen noch kein sehr großes Risiko ein, sollten sie doch nicht selbst ins Objekt eindringen, sondern lediglich über den Besucher- und Postverkehr, vielleicht auch über das Dienstreiseregime und interessante personelle Fakten berichten.

Die eigentliche Arbeit begann, wenn der Werber, mit all dem angesammelten Wissen versehen, auf den Plan trat. Er nahm eine oder mehrere geeignete Personen ins Visier und begann nun seinerseits mit deren intensivem Studium. Je mehr er über seine Zielpersonen wußte, um so sicherer konnte er den Erfolg einer Werbung prognostizieren. In vielen Fällen wurde auf eine Weiterarbeit verzichtet, weil die Erfolgschancen gering waren. Dort aber, wo gute Aussichten bestanden, mußte der Werber dafür sorgen, daß die Anbahnung eines Kontaktes total unverfänglich war, nicht den leisesten Verdacht erregte. Das erforderte viel Kleinarbeit, vor allem die exakte Kenntnis des Regimes im und um das Objekt, vor allem hinsichtlich der Personalfluktuation. Woher kamen neue Mitarbeiter? Wohin gingen Ausgeschiedene? Was konnten Kündigungsgründe sein? Aber auch: Wo wohnten die Angestellten? Auf welchem Wege kamen sie an ihren Arbeitsplatz, wie wieder nach Hause? Wo verbrachten sie ihre Freizeit? Gab es untereinander auch nach dem Dienst Kontakt? Wo und wie fand er statt? Zur Beantwortung solcher Fragen wurde geradezu akribisch vorgegangen. Mit Hilfe der von HVA-Aufklärern beschafften Telefon- und Adreßbücher der NATO und einem Stadtplan von Brüssel konnte beispielsweise genau festgestellt werden, wo die Bediensteten des Nordatlantikpaktes konzentriert waren; ihre Wohnungen wurden auf diese Weise sogar auf der Karte markiert. Und da hinein, wo die Markierungen am dichtesten waren, pflanzte der zuständige Leiter seinen Bleistift und sagte: »Hierhin zieht unser Werber!« Damit war sichergestellt, daß er auf ganz normale Weise – in Restaurants, beim Einkauf, in Behörden – Kontakte anknüpfen konnte, die für die Sicherheitskontrolleure nichts Ungewöhnliches hatten. Das alles war natürlich sehr aufwendig, und da der Werber aus der DDR kam, letztlich doch mit dem Risiko behaftet, daß Verbindungen der Zielperson zum Osten nachgewiesen werden konnten. Relativ zeitig wurde deshalb die Methode »Werber wirbt Werber« entwikkelt. Ihr Grundgedanke bestand darin, daß der Werber aus der DDR nicht unmittelbar auf ein interessierendes Objekt angesetzt wurde, sondern sich seinerseits geeignete Personen aus dessen Umfeld suchte, die dann als die eigentlichen Werber agieren konnten. Auch das setzte natürlich einen langen Aufenthalt des DDR-Werbers in der Bundesrepublik oder im Ausland voraus, wobei die Legende aber so unverfänglich war, daß er durch sie kaum in den Gesichtskreis der Abwehrorgane geriet.

Beispielsweise gelang es einem solchen Werber, vielleicht einem Lehrer aus der DDR, sich als Experte für pädagogisch wertvolles Kinderspielzeug auszugeben, der die Absicht verfolgte, mit seinen Ideen und Vorstellungen auf den europäischen Markt vorzudringen. Das ermöglichte ihm, sich am Einsatzort ein Untermieterzimmer zu nehmen und sich längere Zeit unauffällig im Operationsgebiet aufzuhalten. Nun suchte er zunächst sprachgewandte Mitarbeiter, die ihm helfen sollten, entsprechende Werbeschriften zu übersetzen. Das gelang relativ leicht, denn an Universitäten und Hochschulen gibt es viele Interessenten für Nebenbeschäftigungen – zumal dann, wenn sie gut bezahlt werden. Natürlich kam er mit solchen Bewerbern ins Gespräch, erkundete ihre Persönlichkeit, ihre politischen Einstellungen. Davon ausgehend vertiefte er bei dem einen oder anderen den Kontakt allmählich – durch die Einladung zu gemeinsamen Reisen in die damaligen sozialistischen Länder, dortige »zufällige« Begegnungen mit interessanten Personen usw. Es entstand ein Vertrauensverhältnis, das an einem bestimmten Punkt mit der Offenbarung des Werbers konfrontiert werden konnte. Das war dann erfolgreich, wenn es sich um eine im grundsätzlichen politisch gleichgesinnte Person handelte, deren Hauptmotiv für die Unterstützung der HVA ideologische Nähe zum Osten war. Die Sympathien bei vielen linksgerichteten Bundesbürgern für die politischen und sozialen Ziele der DDR waren über lange Zeit nicht unerheblich, und auf dieser Basis gelang es immer wieder, geeignete Personen zu gewinnen. Daß materielle »Argumentationshilfen« hinzutraten, ist selbstverständlich, reichte aber für die Motivierung eines solchen Werbers im Operationsgebiet in der Regel nicht aus, denn für dessen Aufgabe wurde eine bestimmte innere Anteilnahme, eigenständiges kreatives Vorgehen benötigt. Hatte sich der Werbekandidat aus der BRD schließlich bereit erklärt, dann konnte er – von Herkunft und Entwicklung her völlig unverdächtig – damit beginnen, seinerseits gezielte Kontakte zu den Mitarbeitern des ins Auge gefaßten Ministeriums, der interessierenden Bundeswehreinheit, einer Botschaft usw. herzustellen. Der Werber aus der DDR stand ihm dabei weiter beratend zur Seite, und wenn dieser seine Aufenthaltslegende in der Bundesrepublik gut abgesichert hatte, dann bedeutete das auch keine Gefahr. Zu einer solchen Absicherung genügten schon Empfehlungsschreiben von Firmen, die mit seiner vorgeblichen Tätigkeit etwas zu tun hatten. Diese wurden zumeist von ganz anderen Personen beschafft, wobei der DDR ihre Behinderung in internationalen Handelsgeschäften paradoxerweise insofern zugute kam, als mancher Unternehmer einfach aus einem Gefühl der Fairneß heraus solche Erklärungen ohne weitere Prüfung zur

Verfügung stellte. Der Spielzeugexperte zum Beispiel konnte auf eine rege Korrespondenz mit Partnern in Norditalien verweisen, die als Empfehlung schon ausreichte und von niemandem genauer hinterfragt wurde.

Die operativen Erfolge der DDR-Aufklärung basierten also zu einem wesentlichen Teil auf der geschickten Nutzung der politischen Situation und einer intensiven und geduldigen Kleinarbeit, die oftmals Jahre in Anspruch nahm. Allein die Etablierung eines Werbers aus der DDR konnte ein bis zwei Jahre dauern; hinzu kam die Werbung des BRD-Werbers und dessen Bemühen um die eigentliche Quelle im Objekt. Nicht selten vergingen fünf Jahre, ehe die Gesamtoperation von Erfolg gekrönt war – ein aufwendiger und daher auch nicht allzu häufig beschrittener Weg.

Die Werbung eines Aufklärers auf der Basis politisch-ideologischer Gemeinsamkeiten war gewissermaßen der Königsweg der DDR-Spionage. Er funktionierte auch so lange, wie der ostdeutsche Staat ein gewisses Ansehen genoß und er international über seine inneren Verhältnisse hinwegtäuschen konnte. Jedoch schon in den 60er Jahren wurde das immer schwieriger, und vor allem das Eindringen in wichtige Objekte der Bundesregierung, der staatstragenden Parteien, aber auch der NATO und ähnlicher Gremien verlangte immer häufiger das Vorgehen »unter fremder Flagge«. Dies bedeutete, daß der Aufklärer seinem Gegenüber einen anderen als den tatsächlichen Auftraggeber vorspiegelte. Denn mancher Beamte, mancher Angestellte einer sensiblen Behörde war zwar aus Verärgerung über bestimmte politische Entscheidungen oder gar die Grundtendenz der Politik bereit, dagegen etwas auch mit konspirativen Mitteln zu tun, nicht aber für einen östlichen Geheimdienst. Voraussetzung auch einer solchen Werbung war Kenntnis über die latente Bereitschaft einer interessanten Person, vielleicht des Attachés einer Botschaft, Interna aus dem eigenen Arbeitsbereich zu verraten – entweder aus den genannten politischen Gründen oder um sich ein kleines Zubrot zu verdienen. Politische Gründe ergaben sich meist aus Differenzen zwischen einzelnen Staaten. So bot sich Ende der 60er Jahre, als Frankreich aus der militärischen Integration der NATO austrat, dieses Thema für Werbungen »unter fremder Flagge« an. Es war einsichtig, daß sowohl die Franzosen die Auffassung ihrer Bündnispartner über diesen Schritt kennenlernen wollten als auch die Amerikaner, aber auch die Deutschen, die Engländer und andere brennendes Interesse an den Motiven und möglichen weiteren Aktionen de Gaulles hatten. Die Vorspiegelung, ein Geheimdienst aus einem dieser Länder sei um politische, militärstrategische oder auch wissenschaftlich-technische Informationen (zum Beispiel zur von Frankreich entwickelten Force de frappe) bemüht, erstaunte niemanden und bot eine günstige Voraussetzung für die Werbung. Natürlich stellt ein solches Vorgehen hohe Anforderungen, einmal hinsichtlich einer telefonischen oder direkten persönlichen Verbindung, die keinerlei Hinweis auf die DDR zulassen durfte, vor allem aber in bezug auf eine glaubwürdige Aufgabenstellung. Sie mußte sich notgedrungen auf solche Fragen beschränken, die zum Beispiel für die Bundesrepublik interessant waren, während das spezifische Informationsinteresse der DDR nur mittelbar, über diesen Umweg befriedigt werden konnte. Das verlangte sehr intime Kenntnis der französischen wie der bundesdeutschen Politik und der Besonderheiten der deutsch-französischen Beziehungen. Und dennoch war nicht auszuschließen, daß der Partner mißtrauisch wurde und eigene Ermittlungen über die Person des Werbers anstellte – mit allen sich daraus ergebenden Gefahren.

Andererseits gab es in der Arbeit mit »fremden Flaggen« aber auch erleichternde Elemente. Da als Hintergrund fast immer ein Geheimdienst angegeben wurde, war für den Partner Konspiration selbstverständlich. Er fand nichts dabei, daß mit Decknamen, Deckadressen und Decktelefonen gearbeitet wurde, Treffs in Gaststätten stattfanden und Gelder bar übergeben wurden – alles Dinge, die für offizielle Kontakte nicht in Frage kamen oder zumindest ungewöhnlich waren. Überprüfungsmaßnahmen waren dadurch erschwert; der Angeworbene fast ausschließlich gezwungen, seinem Partner zu glauben. Die HVA war in ihrer Arbeit mit »fremden Flaggen« immer bemüht, einen möglichst progressiven Hintergrund zu wählen, auch wenn konservativere Kreise für die Aufklärung durch einen westlichen Geheimdienst eine oft glaubwürdigere Abdeckung boten. Doch die fortschrittlichere Variante ließ dem HVA-Werber mehr eigenen Spielraum, war ihm natürlich vertrauter als konservatives Denken – und außerdem war es leichter, von dieser Basis zu einer späteren Offenbarung des wahren Bezugspartners zu kommen. Dies war zwar immer das Ziel; es konnte jedoch meist nicht verwirklicht werden. Da, wo es dennoch gelang, entstand in der Regel eine sehr stabile, langdauernde Beziehung. Andererseits war die Methode der »fremden Flagge« aber mit einer besonderen Gefahr verbunden. Wenn der Partner zur Unzeit herausbekam, mit wem er es tatsächlich zu tun hatte, konnte es passieren, daß er sich dem Abwehrdienst seines Landes offenbarte und fortan als Doppelagent für beide Seiten arbeitete.

So bestechend also auch diese Methode zunächst aussieht, ist ihre Handhabung doch außerordentlich schwierig und verlangt vom Aufklärer nicht nur ein hohes Maß an Einfühlungsvermögen in die Denkweise seines westlichen »Kollegen«, sondern auch viel Phantasie und Flexibilität. Nicht oft ist es gelungen, diese Eigenschaften in der erforderlichen Weise zu mobilisieren, obwohl gerade in den 70er und 80er Jahren große Anstrengungen unternommen wurden, über »fremde Flaggen« an Informationen heranzukommen. Denn bereits damals war die Neigung im Schwinden, für den Nachrichtendienst eines Landes zu arbeiten, das in seiner Politik international anerkannte Grundprinzipien allzu leicht mißachtete.

Dennoch: Die professionellen Fähigkeiten der DDR-Spione führten zu einer Reihe von spektakulären, aber auch weniger bekannt gewordenen Erfolgen. Sie machten über lange Jahre den Nimbus der Hauptverwaltung Aufklärung aus und verdeckten damit die system-immanenten Schwächen und Mängel, die letztlich dazu beitrugen, daß auch dieser Dienst im Umbruch der Jahre 1989/90 zugrunde ging.

Guillaume und Genossen

Als in den frühen Morgenstunden des 24. April 1974 vor der Wohnung des Ehepaares Guillaume in Bad Godesberg die Polizei mit einem Haftbefehl des Generalbundesanwalts stand, reagierte Günter Guillaume erschrocken und überrumpelt mit jenem Satz, der den Ermittlungsbehörden einen Stein vom Herzen fallen ließ: »Ich bin Bürger der DDR und ihr Offizier ...« So töricht dieses Geständnis unter taktischem Gesichtspunkt war, so sehr verstand es Guillaume als Bekenntnis, mit dem er von vornherein über seine Motivation keinen Zweifel aufkommen lassen wollte.

Er reihte sich damit bewußt ein in jenen nicht unbeträchtlichen Teil von Informanten, die mit der HVA auf einer »gemeinsamen politisch-ideologischen Grundlage«, wie wir das nannten, zusammenarbeiteten. Vor allem einige Spitzenquellen, die über viele Jahr hinweg den DDR-Nachrichtendienst belieferten, gehören in diese Kategorie – darunter auch solche, die aus eigenem Antrieb, das heißt ohne jede Werbung, uns ihr Wissen präsentierten. Über die Motive für solches Handeln mag man streiten, aber trotz ihrer Mängel und immer offenkundigeren Fehlentwicklung war die DDR für viele im Westen doch eine Hoffnung, eine Ermutigung, eine Alternative zu dem, was sie im eigenen Land vorfanden und was ihren Idealen nicht entsprach. Vor allem in den 50er Jahren entschieden sich viele Weiterdenkende, die den Kurs Adenauers auf eine separate Entwicklung der Bundesrepublik ablehnten, geradezu im Interesse der deutschen Einheit und nicht selten auch mit der Zielvorstellung einer anderen als der praktizierten restaurativen Entwicklung für die heimliche Unterstützung der DDR.

Der erste spektakuläre Fall dieser Art war der Übertritt des Präsidenten des Verfassungsschutzamtes der Bundesrepublik, Otto John, in die DDR. Er hatte am 20. Juli 1954 im Westteil Berlins an einer Feierstunde für die Attentäter auf Hitler teilgenommen und sich anschließend unter bis heute nicht vollständig geklärten Umständen über die Grenze nach Ostberlin abgesetzt. Möglicherweise war dieses Gedenken für den später als sensibel und sogar weich geschilderten Mann der Auslöser, um das vorhandene Unbehagen über den Abstand zwischen den Idealen der Männer des 20. Juli, denen John nahestand, und der Entwicklung in der Bundesrepublik in Handeln umzusetzen. Diese Enttäuschung hat er in der DDR immer wieder geäußert, und auch das Urteil des Bundesgerichtshofs in Karlsruhe zitiert Johns Begründung für seinen Schritt, »die Entwicklung in der Bundesrepublik ziele auf Wiederbelebung des Nationalsozialismus und Militarismus, auf Krieg und militärische Aggression nach Ost und West, auf Verewigung der deutschen Spaltung, auf Ausschaltung der echten Demokraten und Beseitigung der Meinungsfreiheit«.

Dabei zeigte sich schnell, daß John keineswegs ein Anhänger des Sozialismus war. Ihm ging es offensichtlich darum, nach seinen negativen Erfahrungen mit dem westlichen Deutschland im Osten zu überprüfen, inwieweit hier seine Sehnsüchte verwirklicht würden. Die konkrete Anschauung hat ihn schnell ernüchtert. Schon nach knapp anderthalb Jahren kehrte er wieder in die Bundesrepublik zurück und nahm dort eine vierjährige Haftstrafe in Kauf. Verraten hatte er nichts. Seine Unterlagen waren vor der Fahrt in den Osten im Westberliner Hotel zurückgeblieben. Ihn trieb die Suche nach dem wahren neuen Deutschland. Er fand es weder im Westen noch im Osten.

Sein Beispiel belegt aber die Anziehungskraft, die der andere deutsche Weg damals noch besaß, und einige Male wurde das politische Bonn auch in den Jahren hernach durch die Offenbarung oder Enttarnung hochrangiger HVA-Informanten erschüttert. Am 21. August 1954 war der damalige Bundestagsabgeordnete Karlfranz Schmidt-Wittmack aus Hamburg in die DDR gekommen. Auch er begründete seinen Schritt damit, »daß das starre außenpolitische Festhalten des Kanzlers an der EVG (der damals geplanten Verteidigungsorganisation Westeuropas unter Einschluß der Bundesrepublik – d. Verf.) in keiner Weise den Interessen des Volkes entspricht«. Zu ihm hatten bereits zuvor Kontakte des IWF bzw. der HVA bestanden. Aufsehen erregte auch die Tatsache, daß der Foto-Großhändler Hanns-Heinz Porst, ein einflußreiches FDP-

Mitglied, seit 1953 für den DDR-Nachrichtendienst spioniert hatte. Für ihn waren ebenfalls politische Gründe maßgebend.

Später begannen sich die langfristigen, perspektivischen Maßnahmen der HVA auszuwirken. Die Übersiedlungen der 50er Jahre trugen erste Früchte – darunter besonders das Vordringen von Günter Guillaume bis in die Spitze des Bundeskanzleramtes zur Regierungszeit von Willy Brandt. Die Guillaumes waren 1957 in die SPD eingetreten und machten dort bald Karriere – Günter Guillaume über die »Ochsentour« durch die örtlichen Parteigremien in Frankfurt/Main, seine Frau Christel als Sekretärin beim Chef der Hessischen Staatskanzlei. Guillaume schaffte schließlich den Sprung auf eine Stelle im Bundeskanzleramt und konnte sich dort allmählich in zwar nach außen nicht sehr auffällige, aber doch für einen Geheimdienst äußerst ergiebige Positionen hocharbeiten. Zuletzt begleitete er Brandt auf wichtigen Reisen, durch seine Hände gingen Top-Materialien, die der Berliner Zentrale Auskunft über alle wichtigen Details der Bundespolitik gaben.

Die Guillaumes handelten aus Überzeugung. Günter Guillaume beschrieb später, wie er fast zwanzig Jahre konspirativen Lebens und Arbeitens in der Bundesrepublik durchhalten konnte: »Es war der Auftrag, der mich vor der Persönlichkeitsspaltung schützte, es war der Auftrag im Interesse der besten Sache der Welt, der alles zusammenhielt. Das Entscheidende ist, daß man selbst im Schlaf nicht vergißt, wer man wirklich ist: ein Kundschafter im Dienste von Frieden und Sozialismus.«

Es ist die Tragik der Guillaumes wie vieler anderer Aufklärer der DDR, daß ihr Einsatz zwar in der jeweils konkreten Situation nicht umsonst war, aber aus historischer Sicht ohne Wirkung blieb. Ihre Ideale und Utopien ließen sich in und mit dem Staat, dem sie dienten, nicht verwirklichen. Das Engagement mit ihrer ganzen Person erwies sich letztlich als sinnlos – und das nicht nur, weil es dieser Staat DDR überhaupt nicht verdiente, sondern auch wegen des Versagens ihrer Zentrale. Damit sind weniger die operativen Fehler gemeint, die – neben anderem – zur ihrer Enttarnung beitrugen, als vielmehr die Motive, zum Beispiel für das Belassen eines Spions an der Seite von Willy Brandt.

Sehr spät hat Markus Wolf Bedauern über diese Entscheidung geäußert; als Fehler versteht er sie wohl noch immer nicht. Dabei ist klar, daß der Rücktritt Brandts aus politischer Sicht erheblich mehr Schaden – und nicht nur für die DDR, sondern weit darüber hinaus – verursachte, als die Aufklärungsergebnisse Guillaumes Nutzen brachten. Diesen schätzt auch Wolf heute als begrenzt ein: »Vieles, was in der Politik diskutiert wird, kann man meist kurze Zeit später in anderer Form in der Presse nachlesen. Das war im Fall Guillaume nicht anders.« Um so unverantwortlicher war, jenen, die Brandt damals ohnehin lossein wollten, dafür auch noch die Munition zu liefern.

Daß Guillaume weiterarbeitete, war zwar zum gewissen Teil auch seine Entscheidung – Resultat des ihm anerzogenen antisozialdemokratischen Feindbildes, der alten sektiererisch-kommunistischen Auffassung, daß der »Sozialdemokratismus« eine größere Gefahr als der Konservatismus darstelle, aber bestimmt auch Ergebnis eigenen Ehrgeizes. Vor allem aber war es Folge einer Fehlentscheidung der HVA-Führung, die es sich nicht versagen mochte, das Ohr im »Allerheiligsten« der Bundesregierung zu haben, ungeachtet des geringen operativen Gewinns. Um so mehr konnte man mit einer solchen Position vor der eigenen »Partei- und Staatsführung« glänzen, und der schwoll denn auch gleich der Kamm! »Wir haben nicht die Absicht, Berichte unseres Geheimdienstes über die Lage in der Bundesrepublik Deutschland, in der Bonner Regierung, in der Führung der CDU/CSU oder des Bonner Verteidigungsministeriums zu veröffentlichen«, prahlte Erich Honecker in einer Rede zur Auswertung des IX. Parteitages der SED 1976 vor dessen Zentralkomitee. »Es besteht aber kein Zweifel, daß wir etwas besser informiert sind.« Der Nachrichtendienst als Selbstbefriedigungsinstrument für die Herrschenden?

Die Aufklärer im Westen arbeiteten dennoch weiter für die DDR, sahen darin eine Möglichkeit, ungeachtet der widersprüchlichen Politik dieses Staates etwas für den Frieden zu tun. Denn die Politik ihrer eigenen Regierungen bereitete ihnen noch größere Sorgen. Die Studentenbewegung 1968 in vielen westeuropäischen Ländern und das Ringen in den 70er Jahren um eine europäische Nachkriegsordnung waren Ausdruck des Sehnens vieler Menschen nach einem Ende des Kalten Krieges und damit sowohl nach einer demokratischen Entwicklung im Innern als auch nach Beendigung der Konfrontation zwischen den Systemen. Das verbesserte die operativen Möglichkeiten des Auslandsgeheimdienstes der DDR in beträchtlicher Weise. Die Reisetätigkeit nahm in jener Zeit sprunghaft zu; viele Jugendliche aus Westeuropa wollten den zweiten deutschen Staat kennenlernen, an dem sie viel auszusetzen hatten, der aber doch noch starke Faszination auf sie ausübte. Sie kamen als Wohlwollende und waren durchaus aufgeschlossen, wenn ihnen Möglichkeiten einer aktiven Tätigkeit für die Friedenssicherung oder gar eine Alternative zu ihrer bürgerlichen Gesellschaft aufgezeigt wurden. Sie lehnten oft die restriktive Politik gegen die DDR – Nichtanerkennung, Isolation, Wirtschaftsboykott, Embargo, ideologische Verketzerung – ab. Das Argument, als Aufklärer viel mehr für die eigenen Ziele tun zu können als durch spektakuläre Aktionen auf der Straße, leuchtete nicht wenigen ein. Sofern sie durch ihr Engagement nicht schon ins Blickfeld der heimischen Abwehrorgane geraten waren, eigneten sie sich für eine Kundschaftertätigkeit, zumal dann, wenn die Möglichkeit des Eindringens in wichtige Objekte bestand – und das war bei jungen Wissenschaftlern und Studenten möglicherweise der Fall. Natürlich waren die meisten nicht hochkarätig. Viele besetzten lediglich Positionen in der zweiten oder dritten Reihe, manche beobachteten das Geschehen gar nur vom Rande her. Aber gerade die Fülle der von ihnen übermittelten Informationen ermöglichte der HVA ein realistisches und stets aktuelles Lagebild.

Schon in der Vergangenheit hatte sich erwiesen, daß die Vielfalt der Informationsquellen schnellen und sicheren Aufschluß über politische, militärische und wirtschaftspolitische Positionen der anderen Seite ermöglichte. Ein Beispiel dafür war der 13. August 1961, als von den Staaten des Warschauer Vertrages die Entscheidung zum Bau der Mauer getroffen wurde. Sie war verhängnisvoll für die weitere Entwicklung in Deutschland und Europa, wie wir heute wissen. Die langfristigen Konsequenzen waren damals noch nicht absehbar, aber es standen unmittelbare Folgen zu erwarten. Immerhin war Westberlin auch in der Diktion des Westens zur »Frontstadt« ausgebaut worden, wurde die Teilstadt als »Symbol der Freiheit« angesehen. Ein so schwerwiegender Eingriff in ihre Lebensfähigkeit hätte durchaus zu einer Kurzschlußreaktion führen können, und tatsächlich standen sich am Checkpoint Charlie schon bald amerikanische und sowjetische Panzer gegenüber.

In dieser Situation rief Staatssicherheitsminister Mielke bei der HVA an und fragte, ob die USA zum Schießen bereit seien. Aufgrund sofort nach dem Mauerbau beschaffter Informationen konnte er beruhigt werden: Es gibt keinerlei Entscheidungen der westlichen Regierungen, nur große Ratlosigkeit und zum Teil sogar Erleichterung. Denn immerhin hatte die Fluchtbewegung der Jahre 1960/61 aus der DDR viele Unwägbarkeiten geschaffen, die nun offensichtlich gemindert waren. Die HVA konnte eine solche Antwort geben, weil alle ihre Westberliner Quellen schon in den ersten Stunden des 13. August berichtet hatten. Sie nutzten unter anderem dazu das sehr effektive Mittel des Infrarotsprechverkehrs, das es ermöglichte, ohne direkten Kontakt über die Mauer hinweg akustische Signale auszutauschen, die kaum geortet werden konnten. Nahezu stündlich wurde so die HVA von ihren Quellen über den neuesten Stand unterrichtet. Später kamen die Informationen aus den westlichen Hauptstädten hinzu; sie alle ließen keinen Zweifel, daß die Maßnahmen der DDR an ihrer Grenze hingenommen wurden.

Ein anderes Feld der Spionagetätigkeit, über das zwar nicht so häufig gesprochen wird, das aber dennoch existentielle Bedeutung für die DDR hatte, war die Wirtschaftsaufklärung. Schon bei der Bildung des Instituts für wirtschaftswissenschaftliche Forschung wurde der Bereich, dem der neugeborene Nachrichtendienst seinen Namen gab, zu einer der Säulen. Das war kein Zufall, denn nach dem Zweiten Weltkrieg lag die Wirtschaft im östlichen Teil Deutschlands schwer darnieder, zumal dieses Gebiet auch vor dem Kriege nicht zu den führenden Wirtschaftszonen des Reiches gehört hatte. Die Verbindungen zu den Industrieschwerpunkten an Rhein, Ruhr und Saar waren abgeschnitten, und zudem begann schon damals die ökonomische Diskriminierung der DDR. Aus der einen Abteilung der Anfangsjahre entwickelte sich schnell eine verzweigte Struktur mit vielfältigen Aufgabenstellungen. Bereits Mitte der 60er Jahre war die Wirtschaftsaufklärung so groß geworden, daß sie in mehrere Abteilungen aufgeteilt und unter dem Dach des »Sektors Wissenschaft und Technik« (SWT) zusammengefaßt werden mußte. Gleichzeitig baute der SWT-Bereich in einer Reihe von DDR-Fachministerien sogenannte legale Residenturen auf, die für einen engen Kontakt zum Auftraggeber sorgten und außerdem die Arbeitsbeziehungen des jeweiligen Ministeriums ins Ausland nutzten.

Leiter der Wirtschaftsaufklärung war Heinrich Weiberg, der sich aus einfachen Verhältnissen zum Ingenieur und späteren

Wirtschaftswissenschaftler hochgearbeitet hatte. Er wußte genau, was die junge DDR an wissenschaftlichen Erkenntnissen brauchte, und beherrschte exzellent das, was heute modisch als »Preis-Leistungs-Verhältnis« umschrieben wird. Ihm wird nachgesagt, daß er einmal einem Chemiker, der mit Fach-Chinesisch zu beeindrucken versuchte, kurz ins Wort fiel: »Was haben Sie zu bieten? Wie Seife gemacht wird, wissen wir alleine!«

Weibergs Experten waren auf allen wichtigen Gebieten von Wissenschaft und Technik tätig – in der Kernphysik, der Elektronik, der Biotechnologie, der Chemie und Kunststoffproduktion sowie natürlich der Militärtechnik. Als 1979 der SWT-Offizier Werner Stiller die Fronten wechselte, brachte er allein aus seiner Abteilung XIII Materialbegleitlisten mit, deren Kurztitel auf Informationen verwiesen, die in siebzehn Leitz-Ordner gepaßt hätten. Der Verfassungsschutz stellte denn auch nüchtern fest, daß er die Wirtschaftsspionage der DDR gründlich unterschätzt hatte. Nach Darstellung des Innenministeriums bewies die durch Stiller enthüllte Struktur vom SWT »nicht nur die überragende Bedeutung der Wirtschaftsspionage für die DDR, sondern setzt gleichzeitig voraus, daß entsprechende Aufklärungserfolge gegeben sein mußten, die eine solche organisatorische Verstärkung rechtfertigen«.

Verschwiegen wurde in jenem Bericht, daß die Beschaffung neuester Militärtechnik einer der Schwerpunkte der SWT-Tätigkeit war. Bereits Anfang der 60er Jahre hatte die DDR über die gesamte Technologie zur Herstellung von Legierungen für Raketenmäntel Kenntnis. Später beschafften die Späher der HVA das sogenannte NATO-Gewehr, eine moderne Handfeuerwaffe, dem allerdings die sowjetische Kalaschnikow kaum nachstand.

Eine der vier SWT-Abteilungen, die Abteilung V, war allein für die Auswertung des ungebremst fließenden Materials zuständig. Mitunter traf es kofferweise ein; die beschafften Muster füllten auch schon mal eine Wagenladung. Die Auswerter waren weder nach Zahl noch nach Ausbildung in der Lage, diese Fülle und die damit oft verbundene Spezifik des Inhalts zu bewältigen. In abgedeckten Außenstellen saßen Spezialisten, die die Aktenordner durchsahen. Viele Materialien wurden auch direkt an besonders verpflichtete Auswerter in Forschung und Industrie gegeben.

Mit seinen Beschaffungsaktionen tat der SWT – wenn auch mit besonderer Pefektion – weitgehend etwas, das zwischen großen

Konzernen und um marktbeherrschende Anteile kämpfenden Unternehmen schon lange gang und gäbe war: der Bereich betrieb Industriespionage. Diese verlangte oftmals nicht soviel Aufwand wie die Auskundschaftung politischer oder militärischer Vorgänge. In vielen Fällen genügte eine bestimmte Geldsumme, um in den Besitz eines Bauplans oder auch des Prototyps einer Neuentwicklung zu gelangen.

In der HVA selbst wurden die SWT-Mitarbeiter mitunter beneidet. Mit relativ geringem operativem Aufwand konnten sie Ergebnisse präsentieren, deren Wert sich meist auch noch exakt in Millionen Valuta-Mark ausdrücken ließ.

Die Arbeitsergebnisse des »Sektors Wissenschaft und Technik« waren für die ständig mit Schwierigkeiten kämpfende DDR-Wirtschaft von großer Bedeutung, konnten aber nicht einmal annähernd genutzt werden. Einerseits haben sie ihr über manche Durststrecke hinweggeholfen und einen Beitrag dazu geleistet, daß die DDR nach außen hin mehr zu leisten schien, als tatsächlich der Fall war. So konnten viele wissenschaftlich-technische Großtaten nur mit SWT-Hilfe erreicht werden. Herausragendes Beispiel ist die Kreation des 1-Megabit-Chips durch das Kombinat »Carl Zeiß« Jena. Aber zugleich wurde damit von den Forschungsinstituten und den Wirtschaftsunternehmen der Zwang genommen, sich selbst einen Kopf zu machen. Es war bequemer, schon vorgedachte Forschungsergebnisse aus westlichen Gefilden nur nachzuvollziehen als etwas Eigenes auszudenken oder auf das Beschaffte noch Selbstentwickeltes draufzusetzen. Insofern wirkten auch die Aufklärungsergebnisse vom SWT ambivalent. Kurzfristig verschafften sie der DDR-Wirtschaft eine Atempause; langfristig aber enthoben sie scheinbar von der Notwendigkeit, eigene Anstrengungen zum Erreichen des immer wieder beschworenen »Weltstands« zu unternehmen. Und dort, wo aus den Erkenntnissen der Wirtschaftsaufklärung tatsächlich hätten Entscheidungen abgeleitet werden können – über strategische Richtungen der Produktion, über die Beschränkung auf effektive Hochtechnologien auf der Basis traditioneller Stärken der ostdeutschen Wirtschaftsstruktur, über Schritte zur Behebung permanenter Defizite, zum Beispiel auf dem Energiesektor – sperrte sich die SED-Führung gegen jede Einsicht. Gegen die Dogmen des Politbüros kamen die stichhaltigsten Argumente nicht an.

Gerade diese Schwächen der DDR-Wirtschaft haben darüber hinaus zum Teil verhindert, daß die durch die HVA beschafften Materialien in einem adäquaten Umfang genutzt werden konnten. Zudem hätte die Wirtschaftskraft des 17-Millionen-Landes ohnehin nicht ausgereicht, all das in materielle Größen umzusetzen, was da auf dem Papier bekanntgeworden war. Die Tonnenideologie, die Gigantomanie, die auch hier walteten, schufen mehr Probleme, als sie Antworten auf herangereifte Fragen zu geben vermochten.

Die spektakulären – und von den Medien oft noch übertriebenen – Erfolge der HVA stärkten ihr Image als professionell perfekter und effizienter Geheimdienst. Das wurde zunehmend auch vom KGB anerkannt, und die HVA erhielt die Möglichkeit, auch auf Feldern aktiv zu werden, die bis dato die Domäne der sowjetischen Spionage waren. Unter anderem galt dies für die CIA. Ende der 70er Jahre war zwar eine Arbeitsteilung zwischen den Geheimdiensten der UdSSR und der DDR vereinbart worden, nach der die Spionage der einen Supermacht ausschließlich im Blickfeld der anderen bleiben sollte, aber schon nach kurzer Zeit wurde diese Entscheidung revidiert. Unter dem rabulistischen Motto »Hauptfeind ist die CIA, unsere Hauptobjekte sind die BRD-Geheimdienste« stieg die HVA wieder voll in die Bearbeitung des amerikanischen Dienstes ein. Sie konzentrierte sich dabei auf dessen Dienststellen und Objekte in der Bundesrepublik und Westberlin, wobei das personelle Interesse insbesondere den Zivilbeschäftigten unterschiedlichster Nationalität galt.

Zu diesen gehörte der Türke Hussein Yildirin. Er arbeitete in einer Autowerkstatt der Westberliner US-Mission. Aus Sympathie gegenüber der sozialistischen Idee, vermischt mit etwas Abenteurertum und dem Drang, sich in einem anderen Metier zu bestätigen, vor allem aber aus finanziellen Gründen arbeitete er mit der HVA zusammen und konnte ihr einen Hinweis auf James W. Hall geben, der Mitarbeiter des zentralen Objektes der fernmelde-elektronischen Spionage der USA auf dem Berliner Teufelsberg war. Hall brauchte Geld und war für ein lohnenswertes Geschäft zu einem hohen Risiko bereit. Er hatte Zugang zu Dokumenten der allerhöchsten Geheimhaltungsstufe – nicht nur hinsichtlich der amerikanischen Lauschangriffe auf deutschem Territorium, sondern auch zu allen wichtigen amerikanischen Geheimdienstoperationen gegen andere Länder, einschließlich der Verbündeten in der NATO.

So beschaffte er die »National Sigint Requirements List« (NSRL), den Zielkatalog aller amerikanischen Dienste für ihre weltweiten Operationen. Auf 4.000 Blatt waren da deren Informationsinteressen, aber auch die des State Department und anderer zentraler Regierungsbehörden zusammengefaßt – jeweils mit dem Vermerk, ob und wie durch Abhören des Funk- und Fernmeldeverkehrs die gewünschten Informationen beschafft werden könnten. Das Papier gehört zu den wenigen HVA-Dokumenten, die nicht vernichtet wurden. Es ist 1990 der Gauck-Behörde übergeben worden.

Ein weiteres sehr wertvolles Papier, das Hall, der unter dem Decknamen »Ronny« agierte, der DDR-Spionage übergab, war das »Canopy Wing«, die detaillierte Auflistung aller Möglichkeiten der elektronischen Kriegführung zur Neutralisierung der Führungszentren der Sowjetunion und des Warschauer Paktes. »Canopy Wing« sollte dartun, wie ein »Enthauptungsschlag« gegen den Osten geführt werden könne. Es war ein Maßnahmekatalog dafür, »dem sowjetischen Oberkommando die Fähigkeit zu nehmen, effektiv konventionelle Hochfrequenz-Verbindungen zur Führung und Kontrolle der Streitkräfte einzusetzen«. Dabei wurde nichts ausgespart. Unter anderem hieß es: »Es gibt ein Potential zur Durchführung von verdeckten und schwer beweisbaren Sabotageakten, wie zum Beispiel Außerbetriebsetzung von Übertragungs- und Stromleitungen oder die Anwendung von Kampfstoffen.«

Die Kenntnis derartig geheimer Dokumente versetzte die Staaten des Warschauer Paktes in die Lage, rechtzeitig Gegenmaßnahmen zu treffen; ihre Beschaffung war von unschätzbarem Wert. Entsprechend verfuhren die amerikanischen Behörden 1988 nach der Enttarnung des inzwischen nach Hause zurückgekehrten James W. Hall. Er wurde zu 40 Jahren Zuchthaus verurteilt. Wie peinlich der Fall für die USA war, zeigte, daß sie ihn selbst 1990 noch nicht zugeben wollten. Als die genannten Dokumente in der Presse auftauchten, versuchten sie das mit noch immer tätigen DDR-Spionen zu erklären. Obwohl Hall längst hinter Gittern saß, stellte sich der mittlerweile pensionierte Ex-CIA-Chef in der Bundesrepublik, Thomas Polgar, dumm: »Eine menschliche Quelle, möglicherweise in Stuttgart. Beim Hauptquartier der Amerikaner. Man wird da wohl jetzt eine gründliche Untersuchung einleiten müssen.«

Sicher wußten die Amerikaner, weshalb sie diese eklatante Niederlage nicht an die große Glocke hängten. Bekanntgewordene

Spionagefälle lösten in der Regel nicht etwa Panik unter den Agenten im Operationsgebiet aus, sondern spornten eher an, weckten Ehrgeiz, nicht schlechter zu sein als die Enttarnten oder gar die Schlappe auszugleichen. Der Überläufer Stiller berichtete, wie sich die Festnahme Guillaumes auf das HVA-Netz im Westen auswirkte: »Mehrere meiner Kollegen hatten festgestellt, daß nach dem Fall Guillaume sonst eher ruhigere Agenten wieder arbeiteten. Kontaktpersonen, deren Anwerbung als zweifelhaft gegolten hatte, ließen sich nun mit dem MfS ein ...«

Auch wenn die Dienste der Bundesrepublik die Ergebnisse der HVA nicht zuletzt deshalb übertrieben, weil sie damit die eigene Erfolglosigkeit begründen konnten, so spielte das Ansehen der DDR-Spionage – neben politisch-ideologischen Motiven – doch bei nicht wenigen Anwerbungen eine wichtige Rolle. Und es war wohl auch ausschlaggebend für die hochrangigen Überläufer, die die HVA bis in die 80er Jahre hinein registrieren konnte.

Beim Münchener Prozeß 1991 gegen die Gebrüder Alfred und Ludwig Spuhler bekannte sich ersterer, der seit 1968 beim Bundesnachrichtendienst arbeitete, zur bewußten Unterstützung des DDR-Dienstes, weil er begriffen hatte, »daß es dem Westen nicht um die Herstellung des militärischen Gleichgewichts ging. Vielmehr galt der Ausspruch eines amerikanischen Präsidenten: ›Wir werden sie an die Wand rüsten, bis sie quietschen!‹« Alfred Spuhler kannte die Maßnahmen des Westens zur »elektronischen Kampfführung« gegen die östlichen Länder und wollte einen Beitrag zur Neutralisierung der sich daraus ergebenden Gefahren leisten. Aus seinen eigenen Arbeitsergebnissen schlußfolgerte er, »daß die von westlicher Seite ständig geschürte Angst vor der militärischen Überlegenheit des Warschauer Pakts eine glatte Lüge war«.

Das bestätigten übrigens immer wieder in aller Öffentlichkeit auch westliche Politiker, indem sie auf die Methode der US-Administration verwiesen, vor der Beratung des Verteidigungshaushalts im Kongreß die militärische Überlegenheit der UdSSR zu beschwören. »Es ist immer die gleiche Lüge, die vorgebracht wird, wenn das amerikanische Volk überredet werden soll, für die Beibehaltung einer amerikanischen Überlegenheit zu zahlen«, sagte schon 1982 Daniel Ellsberg, unter der Präsidentschaft Kennedys dessen Militärberater. Und zwei Jahre später räumte die NATO selbst in einer Studie ein, daß sie in den Jahren zuvor die sowjetische Rüstung überschätzt habe. Alfred Spuhler, der seine Dienste selbst anbot, lieferte unter anderem an die HVA jene »Lageberichte Ost« des BND, die die westlichen Erkenntnisse über die damaligen sozialistischen Länder auflisteten. Sie enthielten wenig Schmeichelhaftes über den »realen Sozialismus«; schon deshalb dürfte die Aussage vor dem Münchener Gericht zutreffend sein, daß das SED-Politbüro diesen Berichten wenig Bedeutung beimaß. Sie paßten einfach nicht in den Streifen. Spuhler jedoch steht zu seiner Tat. Er sagte vor Gericht, daß er aus seiner Überzeugung heraus nichts zu bereuen brauche.

Letztlich ideologische Wurzeln hatte auch die mehrjährige Spionagetätigkeit von Lothar Lutze im Verteidigungsministerium. Er warb darüber hinaus sowohl seine Ehefrau Renate als auch das Ehepaar Wiegel für die HVA an. Lutze war zwar bereits als Elfjähriger mit seinen Eltern aus Thüringen in die Bundesrepublik gekommen, jedoch wirkten nach eigenen Angaben die Kindheitserlebnisse als Junger Pionier so stark nach, daß er sich schon in seiner Wehrdienstzeit bereit fand, die DDR-Aufklärung über Vorgänge an seinem Luftwaffen-Standort zu informieren. Zu einem Top-Spion wurde er Anfang der 70er Jahre, als er die Sekretärin im Verteidigungsministerium, Renate Übelacker, heiratete und diese ihn ebenfalls auf der Hardthöhe unterbrachte. Als Verschlußsachenbeauftragter der Rüstungsabteilung konnte er bis zu beider Festnahme 1977 ebenso brisantes Material liefern wie seine Frau als Chefsekretärin der Sozialabteilung. Beide schwiegen in ihrem Prozeß und wurden zu hohen Freiheitsstrafen verurteilt. Während sie bereits 1981 ausgetauscht werden konnte, mußte Lothar Lutze – auch auf NATO-Interventionen hin – seine zwölfjährige Haftstrafe absitzen.

Von anderem Kaliber waren die beiden Überläufer des Bundesamtes für Verfassungsschutz, Hansjoachim Tiedge und Klaus Kuron. Tiedge war Referatsgruppenleiter in der Abteilung Spionageabwehr des BfV; seine Aufgabe die Enttarnung von DDR-Spionen. Kuron war einer seiner Mitarbeiter, zuständig für die Führung von Doppelagenten, also solchen Spionen, die mit Wissen des Verfassungsschutzes für die DDR arbeiteten. Tiedge kam am 19. August 1985 in die DDR, ohne mit ihr zuvor politisch sympathisiert zu haben. Zu diesem Zeitpunkt verfügte die HVA aber schon drei Jahre lang über Informationen, die ihr Aufschluß über alle »Counterman«-Aktionen des BfV sowie über zahlreiche andere Maßnahmen der bundesdeutschen Spionageabwehr gaben – von Kuron. Unter anderem erfuhr die HVA so die Verfassungsschutz-Erkenntnisse über Reisewege ihrer inoffiziellen Mitarbeiter und hatte es leicht, diese Wege umzulenken, so daß beabsichtigte Fahndungsmaßnahmen ins Leere griffen.

Noch rätselt der Verfassungsschutz darüber, ob auch Tiedge schon einige Jahre vor seinem Übertritt für die HVA arbeitete oder ob die durch Kuron gewonnenen Erkenntnisse als die seinen dargestellt wurden, um die wertvolle Quelle im BfV zu schützen. Das eigene Wissen jedenfalls schrieb Tiedge in einer 245seitigen Doktorarbeit an der Berliner Humboldt-Universität nieder; ihr Titel lautet: »Die Abwehrarbeit der Ämter für Verfassungsschutz in der Bundesrepublik Deutschland«. Kuron seinerseits spielte bis zum letzten Tag des Auslandsnachrichtendienstes der DDR eine bedeutsame Rolle, auf die noch zurückzukommen sein wird.

So unterschiedlich die Motive der Männer und Frauen des Verfassungsschutzes, des Bundesministeriums für Verteidigung und des BND für eine Zusammenarbeit mit der HVA gewesen sein mögen – Anfänger oder Träumer waren sie gewiß nicht! Sie handelten meist aus Überzeugung, immer aus einem Gefühl des Vertrauens. Immerhin wußten sie durch ihre Arbeit, wem sie sich in die Hand gaben – und auch, was oder wen sie an die gegnerische Seite verrieten. Sie kannten die Praktiken beider Geheimdienste, waren Profis durch und durch, konnten auch die Risiken einschätzen – und entschieden sich für die Hauptverwaltung Aufklärung der DDR. Entsprach aber der HVA-Nimbus, dem sie erlagen, tatsächlich der Wirklichkeit? Wie gut war die DDR-Spionage tatsächlich?

Schweres Blei der »Tschekisten«

Der ganze Saal erhob sich wie ein Mann. »Die ruhmreichen Tschekisten – sie leben hoch! Hoch! Hoch!« Der Minister hatte das Startsignal zur lautstarken Huldigung gegeben, und keinen gab es, der sich ihr verweigerte. Bereits zuvor war in nahezu inhaltsgleichen Reden der Beitrag der »Gesamtrussischen Außerordentlichen Kommission zur Bekämpfung von Konterrevolution und Sabotage«, der sogenannten Tscheka, zur Oktoberrevolution und zur Abwehr aller seitherigen Angriffe auf die »Macht des Sozialismus« gewürdigt worden. Generaloberst Markus Wolf hatte höchstpersönlich eine rotlederne Kassette überreicht, in der sich einige wertvolle Aufklärungsinformationen befanden – vielleicht der BND-Jahresbericht oder die Ost-West-Studie der NATO. Diese rituelle »Schenkung« gehörte seit langem zum Szenario deutsch-sowjetischer »Kampf-Meetings« – ungeachtet dessen, daß der KGB die Informationen längst auf unspektakulärem Wege erhalten hatte.

Auf die Show aber durfte nicht verzichtet werden. Sie bot den sowjetischen Tschekisten und ihren deutschen Genossen Gelegenheit, neben Grußadressen auch Orden auszutauschen und eben immer wieder Hochrufe auszubringen: Die Waffenbrüderschaft von KfS – wie der KGB schamhaft eingedeutscht genannt wurde – und MfS sei unverbrüchlich! Tatsächlich bestand das schlimmste Manko des DDR-Nachrichtendienstes darin, daß er – wie fast alle anderen gesellschaftlichen Erscheinungen der DDR – aus einer stalinistisch geprägten Tradition hervorging. Lenin hatte im Dezember 1917 mit der »Tscheka« ein Organ geschaffen, das eine Revolution möglicherweise braucht, um den Sieg der Straße vor Gegenangriffen zu schützen, aber er hat nicht verhindern können, daß sich diese »Tscheka« bald verselbständigte, 1922 den nichtssagenden Namen »Staatliche politische Verwaltung« (GPU) zulegte, um bald danach zum blutigen Terrorinstrument Stalins gegen alle diejenigen zu werden, die er seine Feinde nannte.

Seitdem war das »Feindbild« ein Schlüsselbegriff geheimdienstlicher Arbeit in einem »sozialistischen« Land – ob er nun nach außen oder nach innen operierte. Es schloß ein, mißtrauisch gegenüber *allem* zu sein, was sich außerhalb unserer Grenzen tat oder was gar von außerhalb in irgendeiner Weise auf uns einwirkte. Wie dieses »Feindbild« noch ein Jahr vor der Wende in der DDR aussah, demonstrierte Erich Mielke in einer Rede am 17. Oktober 1988, als er auf einer Tagung der Aufklärungsorgane sozialistischer Länder den »strategischen Plan des Imperialismus zur Schwächung, Destabilisierung und Zersetzung des Sozialismus« entlarvte, der gekennzeichnet sei

»– durch die gezielte Verbindung von Wettrüsten, politischer und ökonomischer Druckausübung bzw. Erpressung sowie forcierter ideologischer Diversion und aller anderen Formen ihrer Wühl- und Zersetzungstätigkeit,

– durch die verstärkte Einflußnahme auf die sozialistischen Länder über den Ausbau der Wirtschafts- und der wissenschaftlich-technischen Beziehungen und die Einbeziehung in internationale, vom Westen beherrschte Organisationen auf diesen Gebieten,

– durch ein differenziertes und der Lage in den einzelnen sozialistischen Ländern angepaßtes Vorgehen,

– durch die Aktivierung innerer Feinde und oppositioneller Kräfte sowie

– durch die Schürung antisozialistischer und nationalistischer Stimmungen.«

Eine solche Weltsicht, die alles Übel nur von außen kommen sah, während die eigene Politik offensichtlich ohne Makel war, hatte selbstverständlich Konsequenzen auch für die Tätigkeit der HVA, wenn sie hier auch etwas differenzierter formuliert wurde. Doch die unkritische Übernahme fast aller sowjetischen Erfahrungen in der Geheimdienstarbeit durch Markus Wolf führte dazu, daß die DDR-Spionage von Anfang an mit dem Blei der Tschekisten belastet war und sich daraus einige ihre Strukturentscheidungen und konkreten Operationen erklären. Dabei darf allerdings nicht verschwiegen werden, daß die Form der Auseinandersetzung, wie sie auch von den westlichen Geheimdiensten geführt wurde, nicht gerade dazu einlud, die Samthandschuhe überzustreifen. Ursache und Wirkung stehen hier – auf beiden Seiten – in einem engen Zusammenhang; dennoch wurden seitens der HVA Kampfmittel benutzt, die weder dem humanistischen Anspruch des Sozialismus gerecht wurden noch operativ sinnvoll waren.

Für uns stellten sich derlei Gedanken in der Regel nicht. Die »tschekistische« Tradition war Bestandteil des Dienstes im Ministerium für Staatssicherheit, ihre Rituale machten wir – wenn auch mitunter innerlich lächelnd oder auch abgestoßen – mit; ansonsten aber war ein konkret umrissener Auftrag zu erfüllen, dessen Hintergrund sich kaum jemand von uns in vollem Maße vergegenwärtigte. Dies war bei den meisten weniger Verdrängung als einfach der Glaube, als Mitarbeiter einer offiziellen staatlichen Behörde, eines Ministeriums, eine legitime Arbeit zu verrichten und mit den dabei verwandten Methoden – im Nachrichtendienst denen der westlichen Gegner nicht unähnlich – kein Unrecht zu tun. Der Sinn mancher Maßnahme erschloß sich auch uns nicht, doch da standen wir in dieser Gesellschaft nicht allein. Der Begriff der Pflichterfüllung ist keiner aus dem sozialistischen Vokabular – wenn auch eingeräumt werden muß, daß das militärische Regime im MfS im Verein mit der Parteidisziplin (alle Stasi-Mitarbeiter waren Mitglieder der SED) eine besondere Kritiklosigkeit gegenüber Weisungen der Vorgesetzten erzeugte. So wurden auch Unternehmungen durchaus mit Engagement geplant und ausgeführt, die mit normaler nachrichtendienstlicher Arbeit nichts zu tun haben. Hierzu gehören ohne Zweifel die sogenannten aktiven Maßnahmen, Operationen der verdeckten politischen Einflußnahme auf Prozesse und Personen des jeweiligen Operationsgebietes mittels gezielter Lancierung von zutreffenden Fakten, aber auch von Desinformationen. Diese Art nachrichtendienstlicher Tätigkeit nahm in der sowjetischen Geheimdienstarbeit seit längerem einen hohen Rang ein. Im Jahre 1959 wurde im KGB eine spezielle Abteilung dafür geschaffen. Der junge Spionagedienst der DDR kannte solche Methoden zunächst nicht, aber nach sowjetischem Vorbild begannen in den 60er Jahren auch hier einschlägige Experimente, ehe 1968 die Abteilung X entstand, die seither fast ausschließlich für die »aktiven Maßnahmen« verantwortlich zeichnete. Der Verfassungsschutzbericht 1983 nannte als Ziel »aktiver Maßnahmen« durchaus zutreffend, »auf die Innen- und Außenpolitik vornehmlich westlicher Staaten Einfluß zu nehmen, ihre Beziehungen untereinander wie zu den Staaten der dritten Welt zu unterminieren und ihre politischen Repräsentanten und Institutionen zu diskreditieren, um langfristig die eigenen politischen Absichten zu fördern. Sie unterstützen auf diese Weise die außenpolitischen Zielsetzungen der Warschauer-Pakt-Staaten mit nachrichtendienstlichen Mitteln.« Heute werden solche Aktionen – wohl auch wegen ihrer nicht selten spektakulären Begleiterscheinungen – oft übertrieben dargestellt. Die zuständige Abteilung verfügte über nicht mehr als 80 Mitarbeiter, und insgesamt blieben ihre Ergebnisse begrenzt. Außerdem waren sie keineswegs eine Erfindung östlicher Geheimdienste.

Die Methoden dazu sind – auf beiden Seiten – vielfältig, gehen aber fast alle auf ein Grundmuster zurück: Ausgehend von tatsächlichen Begebenheiten, Äußerungen, Differenzen wird eine gefärbte Information produziert, die von der Wahrheit nur soviel abweicht, daß sie glaubwürdig bleibt, aber doch soviel Lüge enthält, daß sie das Denken und Handeln des Empfängers im gewünschten Sinne verändert. Als Multiplikator solcher Falsifikate dienen in der Regel die Medien, denen das Material auf verschlugenen Wegen zugespielt wird und die es nicht selten genüßlich verbreiten.

Die Geschichte des Kalten Krieges ist reich an solcherart Operationen. Sie sind der Versuch, Interessen auch dort durchzusetzen, wo das mit offenem Visier – zumeist wegen der Schwächen der eigenen politischen Position – nicht möglich ist. Der Verfassungsschutz griff zu diesen Methoden schon zu jenen Zeiten, als für ihn die Bekämpfung jeglicher »kommunistischer Umtriebe« noch absolute Priorität hatte. Der spätere BfV-Chef Nollau beschrieb in seinen Memoiren, wie auch er Ende der 50er Jahre die Herausgabe einer Publikation mit dem Titel »Der Dritte Weg« initiierte, die den Eindruck erwecken sollte, von »Reformkommunisten« geschrieben zu sein. Nollau hoffte, das »obskure Blättchen«, wie er es selbst nannte, »werde in der illegalen KPD zersetzend wirken und uns die Möglichkeit eröffnen, unter den Dissidenten, die wir kennenzulernen hofften, Informanten zu gewinnen«. Andere Dienste blieben mit ihren »verdeckten Operationen« – erinnert sei hier nur an die Rolle der CIA in der Schweinebucht-Affäre – nicht bei der politischen Einflußnahme stehen.

Daß die »aktiven Maßnahmen« seitens der sozialistischen Länder später das Niveau einer ausgesprochenen Konjunktur erreichten, verrät auch etwas darüber, wie wenig es ihnen möglich war, ihre Zielvorstellungen in der unmittelbaren politischen Auseinandersetzung zu realisieren; sie sahen sich immer wieder veranlaßt, zu tückischen Methoden zu greifen. In der UdSSR waren die Desinformationen ein inhärentes Mittel des außenpolitischen Wirkens der Kommunistischen Partei. Diese glaubte offenbar, daß die Lancierung getürkter Meldungen in die westliche Presse das kapitalistische System erschüttern könne und forcierte deshalb derartige Aktivitäten, wo immer es ihr in den Kram paßte. Die zuständige KGB-Diensteinheit hatte – wie Ende vorigen Jahres in Moskau offiziell mitgeteilt wurde – Amtsräume im Gebäude des Zentralkomitees; hier arbeitete sie der »Internationalen Abteilung« direkt zu. Der zeitweilige UdSSR-Außenminister Boris Pankin bezifferte die Zahl der KGB-Mitarbeiter im Außenamt auf etwa 50 Prozent. Sie hätten sämtliche Botschaften kontrolliert und die Mehrzahl der Botschafter in der Hand gehabt. Einer dieser Pseudo-Diplomaten soll nach Darstellung des britischen Autors John Barron erklärt haben: »Wir werden die öffentliche Meinung im Westen mit allen offenen und verdeckten Mitteln nach unserem Belieben manipulieren ... Wir haben die Mittel, um im Westen Dutzende von neuen Organisationen zu gründen und bestehende Tarnorganisationen zu stärken.« So weit ging die Verquickung der Abteilung X der HVA mit dem Parteiapparat der SED nicht, aber daß es Abstimmungen gab, wo ihre »aktiven Maßnahmen« die Parteipolitik unterstützen konnten und wo sie zu unterbleiben hatten, um nicht kontraproduktiv zu wirken, ist sicher.

Wenn die Desinformationstätigkeit der HVA nie den Stellenwert erreichte, der ihr im KGB zugewiesen wurde, so hing das vor allem mit der begrenzten Wirkung zusammen, die solche Maßnahmen in der Bundesrepublik und in Drittländern hatten. In einer pluralistischen Gesellschaft, die den Medien einen beträchtlichen Spielraum läßt, wirken Enthüllungen weit weniger als in geschlossenen Systemen mit ihrem Geheimhaltungstrieb. Daher war die DDR seitens der Westmedien erheblich manipulierbarer als umgekehrt. Für das Fernsehen der Bundesrepublik genügten beinahe die täglichen Werbesendungen, um beim DDR-Bürger einen nachhaltigen Eindruck von der Überlegenheit dieses reichen Landes zu hinterlassen. Machte es sich darüber hinaus zum Anwalt derjenigen, die in der DDR keine Stimme hatten, der Bürgerrechtler und kritischen Kirchenleute, dann wirkte das schon aufgrund des Fehlens entsprechender Informationen in den hiesigen Medien. Der krampfhafte Nachweis politischer Unredlichkeit westlicher Politiker in den Desinformationsprodukten der HVA dagegen lief oft ins Leere, da er im Grunde keine Neuigkeit darstellte.

Entsprechend lustlos war die Unterstützung »aktiver Maßnahmen« durch die beschaffenden Diensteinheiten der HVA. Schon die Bereitstellung für Fälschungen nutzbarer Informationen, mehr noch der Einsatz geeigneter Quellen stießen auf große Zurückhaltung – konnte doch beides die BRD-Abwehrorgane auf bestimmte Spuren führen und damit die operativen Positionen gefährden.

So gehörte es zu den Aufgaben der Abteilung X, den westeuropäischen Integrationsprozeß zu stören. Dafür boten sich zahlreiche Ansatzpunkte – sind doch die Differenzen zwischen den EG-Staaten aus den verschiedensten Gründen nicht gering –, man denke nur an die Beargwöhnung der großen Mitgliedsstaaten durch die kleinen. Aber wenn auch geeignetes Material vorlag, waren die zuständigen Abteilungen nicht bereit, es gewissermaßen für eine »Medien-Eintagsfliege« zu verpulvern und Quellen in Gefahr zu bringen. Außerdem krankten die »aktiven Maßnahmen« der HVA auch daran, daß sie meist im Nachtrab stattfanden. Wenn etwas geschehen war, wurde reagiert – und ehe das nach Erhalt aller Genehmigungen und bei Berücksichtigung aller operativen Prozesse dann tatsächlich sichtbar wurde, war das Thema oft vom Tisch.

Die westlichen Geheimdienste arbeiteten auf diesem Gebiet wesentlich effizienter. Erinnert sei nur an die große Meisterschaft, die vor allem der CIA entwickelte, um immer wieder die militärische Überlegenheit der Sowjetunion nachzuweisen. Wer die tatsächlichen Zahlen des sowjetischen Militärpotentials kannte – und die Geheimdienstler gehörten dazu –, sah nicht ohne Faszination, wie die Bedrohungsgefahr immer aufs neue beschworen wurde. Ob Studien des Pentagon, vor allem in der Regierungszeit Reagans, ob die Analysen der NATO oder die einschlägigen Papiere der Bundesregierung – sie alle gingen davon aus, daß der Warschauer Pakt auf allen Gebieten militärisch überlegen sei und dies nur durch eigene Rüstung kompensiert werden könne. Diese Manipulationen, die westliche Desinformations-Spielart, auf geeignete Weise zu konterkarieren, war auch eine Aufgabe »aktiver Maßnahmen«. Und nicht wenige renommierte Militärexperten nutzten in ihren Interviews und Zeitungsartikeln – bewußt oder unbewußt – Fakten und Argumente, die ihnen von Aufklärern sozialistischer Länder zugespielt worden waren. Hier bedurfte es nicht der Verfälschung des Materials, sondern im Gegenteil seiner wahrheitsgetreuen Darstellung – galt es doch, Lügen zu entkräften. Auch die HVA arbeitete in dieser Weise und legte Tatsachen offen, die die andere Seite gern verschwiegen hätte, um die Durchsetzung ihrer politischen Strategie nicht zu gefährden. Erinnert sei an die Verbreitung belastender Dokumente über die Verstrickung führender Persönlichkeiten der Bundesrepublik während der NS-Zeit, so des einstigen Bundespräsidenten Lübke oder des baden-württembergischen Ministerpräsidenten Filbinger. Genannt werden muß auch die Aufhellung manchen Skandals durch die bundesdeutsche Presse, die sich dazu nicht selten einschlägiger Materialien aus Ost-Berlin bedienten, ohne freilich in der Regel deren Herkunft genauer zu kennen.

Vor allem Mitte der 80er Jahre traten »aktive Maßnahmen« hinzu, die der Unterstützung des Entspannungs- und Abrüstungsprozesses dienen sollten. Sie doublierten sich zwar nicht selten mit offiziellen Publikationen, konnten sie aber aus nachrichtendienstlichen Quellen mitunter auch ergänzen. So wurde damals bekannt, daß der ehemalige Vorsitzende der CDU/CSU-Bundestagsfraktion, Alfred Dregger, starke Vorbehalte gegen die Reihenfolge bei den INF-Verhandlungen hatte, in denen es um die Reduzierung von Atomwaffen in Europa ging. Er forderte, mit den Kurzstreckenwaffen auf beiden Seiten zu beginnen, da diese einzig dazu dienen konnten, deutsches Territorium zu bedrohen und gegebenenfalls zu vernichten. Die Publizierung seiner internen – und im Widerspruch zur amerikanischen Politik stehenden – Überlegungen konnte reale Abrüstungsbemühungen durchaus unterstützen. In solchem Vorgehen – und nur hier – ist ein Sinn »aktiver Maßnahmen« zu erkennen, aber letztlich braucht man dazu keine Geheimdienste.

Als besonders spektakulärer Fall »aktiver Arbeit«, die bereits bis zu direkter Einflußnahme ging, wird immer wieder der »Kauf« der Stimme des CDU-Abgeordneten Julius Steiner beim »konstruktiven Mißtrauensvotum« gegen Willy Brandt am 27. April 1972 genannt. Diese allerdings von der Abteilung II (Parteienbeobachtung) der HVA verantwortete Operation zielte darauf, einen Regierungswechsel von Brandt auf Barzel im Zusammenhang mit den Ostverträgen zu verhindern, da die sozial-liberale Koalition besser ins Konzept der DDR und wohl auch der Sowjetunion paßte. Nachdem einige FDP-Abgeordnete zur Union übergelaufen waren, schien die ohnehin knappe Mehrheit der Brandt/Scheel-Regierung nicht mehr gesichert, und Barzel ging zum Angriff über. Bei der Abstimmung jedoch fehlten ihm zwei Stimmen – jene Steiners, wie dieser später selbst zugab, ohne freilich auch einzugestehen, daß er dafür 50.000 Mark von der HVA erhalten hatte, und eine weitere, angeblich von Mende, der ursprünglich zu den abtrünnigen Freidemokraten zählte, von der HVA-Abteilung X jedoch »umgedreht« worden sein soll. Man kann vielleicht auch dieser Aktion aus heutiger Sicht etwas abgewinnen – verhalf sie doch dazu, eine gerade eingeleitete, auf internationalen Ausgleich bedachte Politik von Rückschlägen freizuhalten. Wenn man aber weiß, daß der 1972 gerettete Brandt ein Jahr später durch diesen »Retter« und seinen Spion Guillaume zur Strecke gebracht wurde, und wenn man vor allem berücksichtigt, daß sich in den 70er Jahren die Entspannungspolitik ganz objektiv immer stärker durchsetzte, dann relativieren sich solche vermeintlichen Erfolge voluntaristischen Vorgehens.

Noch deutlicher wird dies bei jenem »Kampf gegen Windmühlenflügel«, den die HVA letztlich im Auftrag der MfS-Bereiche leistete, die gegen die »innere Opposition« vorzugehen hatten. Solche Organisationen wie die »Internationale Gesellschaft für Menschenrechte« (IGfM) in Frankfurt/Main oder die »Hilferufe von drüben« oder auch der ZDF-Journalist Löwenthal unterstützten natürlich durch ihre Arbeit Menschen in der DDR, die sich gegen das Regime wandten oder einfach nur ausreisen wollten. Das machte sie zum verhaßten Feind – so sehr, daß Markus Wolf noch kürzlich in einem Gespräch eingestand, beim Namen Löwenthal nicht ruhig bleiben zu können. Da die eigentliche Arbeit dieser Gruppen und Personen in der Bundesrepublik mehr Zustimmung denn Kritik fand, wurde gerade sie nicht angegriffen. Statt dessen setzte man Verleumdungen und Diffamierungen ganz anderen Inhalts in die Welt, die teilweise zwar ihre Wirkung taten, letztlich aber am Ausreisedrang von DDR-Bürgern nicht das Geringste änderten. Der Trugschluß, die inneren Probleme im östlichen Staat würden von außen verursacht, lenkte den Kräfteeinsatz in eine völlig falsche Richtung und ließ »aktive Maßnahmen« solcher Art völlig verpuffen.

Wo Spionage betrieben wird, provoziert das zwangsläufig auf der anderen Seite eine Spionageabwehr. Diese gehört normalerweise zur »inneren Abwehr«, soll sie doch verhindern, daß Geheiminformationen aus dem eigenen Land abfließen. Die Nachrichtendienste entwickelten aber darüber hinaus Struktureinheiten, mit denen sie verhindern wollen, daß die gegnerische Abwehr allzu erfolgreich in dem Bemühen ist, die Aktivitäten des eigenen Dienstes zu unterbinden.

In der Sowjetunion gehörten solche Bereiche der »äußeren Abwehr« stets zur Auslandsspionage; ihre Aufgabe bestand darin, in die Aufklärung der anderen Seite einzudringen – weniger um zu erfahren, was diese bei uns in Bereichen der Politik oder der Wirtschaft ausspioniert, als zu wissen, inwieweit sie Kenntnis von den eigenen Kundschafteraktivitäten hat. So einleuchtend ein solches Vorgehen für die Betroffenen – nicht zuletzt im Interesse ihrer Sicherheit – erscheinen mag, letztlich verschwimmen hier die Grenzen zwischen dem ursprünglichen Sinn der Aufklärung und dem »Spiel der Geheimdienste«, das dann leicht zum Selbstzweck wird.

In der HVA existierte bis in die 70er Jahre hinein keine spezielle Abteilung, die sich mit solchen »Konter-Aktionen« befaßte. Verschiedene Diensteinheiten verfolgten – ausgehend von ihrer eigentlichen Aufgabenstellung – die Abwehrmaßnahmen des Gegners auf ihre Operationen. Die wurden natürlich perfektioniert in dem Maße, wie der Umfang der DDR-Spionage zunahm. 1973 wurde schließlich die Abteilung IX der HVA gebildet, die die Tätigkeit der Hauptabteilung II des MfS, die für die Spionageabwehr im Innern zuständig war, ergänzen sollte. Drei selbständige Bereiche entstanden. Im ersten wurden die Geheimdienste der Bundesrepublik und anderer westlicher Staaten bearbeitet. Zum einen hieß es, in deren Auslandsaufklärung einzudringen, um Agenturen in der DDR zu enttarnen und ihr Wissen über unser Land und seine Bündnispartner zu erkunden. Zum anderen galt es, die Spionageabwehr dieser Dienste aufzuklären, was im Interesse der eigenen Sicherheit vor allem die Beschaffung sehr umfassender Kenntnisse – von ihrer Fahndungsarbeit bis zum Doppelagenten – einschloß. In einem zweiten Bereich stand die Aufgabe, Angriffe auf die legalen Geheimdienst-Residenturen in den Botschaften der DDR im Ausland abzuwehren. Immerhin kam es jährlich zu 40 bis 50 Kontaktanbahnungen mit nachrichtendienstlichem Hintergrund; jede dritte bis vierte dieser Ansprachen entwickelte sich bis zu einem Werbeversuch. Auch die Gebäude der DDR-Botschaften und -Handelsvertretungen mußten in gewissen Abständen von dort inzwischen angebrachten modernen »Wanzen« gesäubert werden. Der dritte Bereich war schließlich für die gedeckte Auswertung aller eingehenden Materialien zuständig.

Aufgestockt durch Mitarbeiter aus zahlreichen HVA-Abteilungen und unterstützt von Personal der Hauptabteilung II entwickelte sich die Abteilung IX schnell zu einer Säule innerhalb der HVA. Mit 300 Mitarbeitern, unter der direkten Anleitung von Markus Wolf und zuletzt mit dem einzigen General unter den Abteilungsleitern, spielte sie bald eine beherrschende Rolle. Der Geheimdienst beschäftigte sich mit sich selbst.

Innerhalb des Ministeriums für Staatssicherheit begann alsbald ein zähes Gerangel um die Kompetenz für die Bearbeitung der westlichen Geheimdienste. Die bislang dafür zuständige Hauptabteilung II reagierte auf jeden Eingriff in ihre Rechte allergisch und wehrte sich gegen die Abgabe von Quellenvorgängen und Materialien, ließ sich in die Bearbeitung von Objekten in der Bundesrepublik oder in die Erfassung von Personen nicht hineinreden. Die HVA hatte jedoch durch ihre Positionen im Operationsgebiet meist die besseren Karten und konnte sich allmählich durchsetzen. Diese internen Auseinandersetzungen ergaben sich auch aus dem Streben nach Macht und Ansehen, das mit der Betreuung besonders informationsträchtiger Quellen verbunden war. Es zeigte aber, daß es hier weniger um eine effektive Arbeit an einem gemeinsamen Ziel ging als vielmehr um Einfluß auf das »Spiel der Geheimdienste«.

Der letzte Leiter der Abteilung IX, Generalmajor Harry Schütt, war ein Meister auf diesem Gebiet. Er, der zuvor die für Militärspionage zuständige Abteilung IV geführt hatte, nahm bei seinem Wechsel die dort betreute Quelle »Peter«, hinter der sich die Brüder Spuhler verbargen, wegen ihres hohen Ranges und der durch sie winkenden Meriten mit in seine neue Abteilung. Es ist eine Ironie der Geschichte, daß ihm dies 1991 die zweifelhafte Ehre bescherte, im ersten »Pilotprozeß« gegen bundesdeutsche Spione und ihre Führungsoffiziere aus der DDR selbst vor Gericht zu stehen und verurteilt zu werden.

Der hohe Krafteinsatz der Abteilung IX bewirkte unübersehbare operative Erfolge. Einige Beispiele hochrangiger Quellen in bundesdeutschen Geheimdiensten wurden schon genannt. Zu ihnen gehörte auch der Vorgang »Bingen«, mit dessen Hilfe es Anfang der 80er Jahre gelang, das gesamte Referat »Emigration« der Abteilung I des BND aufzuklären. Vom Referatsleiter Dr. Keil bis zum letzten Mitarbeiter lagen die Strukturen und zum großen Teil auch die Personalunterlagen vor. Die Tätigkeit dieses Referates, das sich damals naturgemäß um die Entwicklung in Polen kümmerte, wurde paralysiert. Die Abteilung IX erfuhr auch einiges durch die von einer anderen Diensteinheit geworbene Sekretärin des außenpolitischen Sprechers der CDU/CSU-Bundestagsfraktion, Werner Marx. Inge Goliath hatte neben politischen Informationen Materialien beschafft, die der HVA zu ihrer eigenen Überraschung tiefen Einblick in Strukturen, Arbeitsweisen, Informationsstand und politische Verbindungen des BND gewährten. Mit der Quelle »Ronny« gelang schließlich ein tiefer Einbruch in den amerikanischen Geheimdienst CIA.

Soweit die Arbeit der Spionageabwehr der HVA dazu diente, entsprechenden Aktionen ihrer westlichen »Kollegen« die Spitze zu nehmen, gehörte sie zum normalen Geschäft, wie es jeder Geheimdienst betreibt, und konnte sich im Einzelfall sogar positiv auf internationale Prozesse auswirken. Das Beispiel der Quelle »Bingen« zeigte jedoch zugleich, daß auch in diesem Fall die DDR-Aufklärung dem Irrtum aufsaß, die Veränderungsprozesse in Polen seien vor allem eine Sache westlicher Geheimdienste und könnten durch die Ausschaltung von deren Agenturen aufgehalten werden. Objektive Tendenzen wurden von uns verkannt; mit dem untauglichen Mittel der Bekämpfung wurde versucht, ihrer Herr zu werden, anstatt die wahren Ursachen zu analysieren und darauf zu dringen, daß die Politik die entsprechenden Schlußfolgerungen zieht.

Im Grundprinzip des Mißtrauens, das die Gesellschaften des realen Sozialismus beherrschte, liegt auch die Ursache für Zweigleisigkeit und Dopplungen in der nachrichtendienstlichen Tätigkeit. Wie schon die Spionageabwehr im MfS auf zwei – dann logischerweise miteinander rivalisierende – Dienstbereiche aufgeteilt war, so gab es auch zwei Stellen, an denen Militäraufklärung betrieben wurde. Neben der Abteilung IV der HVA fühlte sich dafür auch die Aufklärung der Nationalen Volksarmee (NVA) zuständig. Diese Praxis ist ebenfalls sowjetischer Übung entlehnt. Die mächtige Sowjetarmee mußte natürlich über einen eigenen Aufklärungsdienst – im Kriege sogar mit voller Berechtigung – verfügen; also wurde er der NVA auch für Friedenszeiten verordnet. Die Zielobjekte waren die nämlichen wie bei der HVA, und trotz Bemühens um Abgrenzung beschafften beide Dienste – lange sogar ohne Abstimmung und gegenseitige Unterstützung – oft das gleiche. Das galt für die Notstandspläne in der Bundesrepublik mit allen Details, das galt für Einschätzungen des Bereitschaftsstandes der assoziierten Streitkräfte der NATO, das galt für die Auflistung von Defiziten in der Ausbildung oder Ausrüstung der Bundeswehr, das galt für Manöverplanungen und Übungsberichte. Auch die Methoden ähnelten sich natürlich, und nicht selten arbeiteten die Dienste gegeneinander statt sich zu unterstützen.

Die HVA hatte an einer solchen Orientierung auf Doppelarbeit ihren unleugbaren Anteil. Denn natürlich wollten Mielke und seine Statthalter in der Aufklärung den »Wettlauf« mit der NVA-Spionage gewinnen. Bereits 1968 war der Befehl 40/68 erlassen worden, mit dem es galt, jeglichen militärischen Überraschungsangriff auf die DDR und ihre Verbündeten auszuschließen. Ende der 80er Jahre wurde dieser Befehl – nicht zuletzt vor dem Hintergrund der bedrohlichen Erkenntnisse über die amerikanischen Pläne eines »Enthauptungsschlages« – aktualisiert, obwohl sich damals schon unübersehbar Anzeichen der Entspannung zeigten. Ein gigantisches Lagezentrum sollte weltweit alle Hinweise auf möglicherweise bevorstehende militärische Operationen erfassen. Unter Einsatz ungeheurer Mittel baute man für die MfS-Führungsstäbe Bunker und veranstaltete immer lebensfremdere »Verlagerungsübungen«! Im Atomkrieg sollten wenigstens die Militärs und die Geheimdienste überleben.

Der Hintergrund solchen Dualismus war neben den Prinzipien, daß Kontrolle besser als Vertrauen sei und doppeltes Nähen längere Haltbarkeit verspreche, auch hier das Streben der Spitzen von Armee und Geheimdienst nach Macht und Einfluß. Keiner wollte dem anderen nachstehen, wenn es darum ging, mit Aufklärungsergebnissen auf einem Felde zu glänzen, das in der Politik höchste Priorität besaß. Erfordernisse der Sparsamkeit und Effizienz hatten dahinter zurückzustehen. Markus Wolf hatte zwar schon in den

70er Jahren mitunter darüber philosophiert, ob es nicht sinnvoll sei, die Spionage auf einige wenige Spitzenquellen zu reduzieren und von dem Anspruch gewissermaßen flächendeckender Aufklärung im Ausland wegzukommen. Doch diese Gedanken fanden keinerlei Echo, standen sie doch im Widerspruch zur gesamtgesellschaftlich betriebenen,offensichtlich systemimmanenten Gigantomanie, die schließlich von der Sowjetunion gelernt worden war und nicht zuletzt auch von deren KGB-Aufklärung betrieben wurde.

Dieses Denken in Machtkategorien und die damit verbundene Großmannssucht setzten sich innerhalb des Ministeriums für Staatssicherheit – wie beschrieben – fort. Besonders zwischen den Diensteinheiten der Aufklärung und der Abwehr bestanden ständig latente Spannungen, was natürlich nicht daran hinderte, bei Erfordernis eng zusammenzuarbeiten und gemeinsam Ergebnisse zu erreichen. Die Abwehr sah – von ihrer originären Aufgabe her und geschult an der stalinistisch geprägten Sicherheitsdoktrin – überall Feinde. Alles, was von der Norm abwich, weckte ihr Mißtrauen und geriet alsbald unter »operative Kontrolle«. Sie folgte auch hierin sowjetischen Vorgaben, denn der KGB hatte sein Feindbild-Denken über Jahre hin zementiert und zur obersten Maxime jeder Abwehrarbeit gemacht.

Mit diesem Warnsystem im Hinterkopf beurteilte die Abwehr auch die Arbeitsweise der HVA; sie war ihr schon der Westberührung der Aufklärer wegen suspekt, und die nachrichtendienstlichen Mittel erschienen ihr undurchschaubar und daher verdächtig. Zwar nahm sie Aufklärungsergebnisse, die ihr in der Arbeit halfen, gern entgegen, aber deren Zustandekommen wurde immer wieder beargwöhnt. Und sie stellte ihre Forderungen, denen die HVA allzu oft entsprach. Obwohl viele von uns der Meinung waren, daß Fragestellungen der Abwehr nach innen in den Aufgaben für Aufklärer außerhalb der Grenzen nichts zu suchen haben, gab es immer wieder faule Kompromisse. Mielke als Mann der Abwehr stand natürlich auf deren Seite, was die Situation der Aufklärung nicht verbesserte. Und Wolf hatte nicht das Rückgrat, sich gegen seinen Vorgesetzten durchzusetzen; er konnte nur da und dort vorsichtig bremsen.

Die Abwehr war besonders an Personen interessiert, die zu den sogenannten oppositionellen Kräften gehörten oder zumindest Zugang zu ihnen hatten. Diese versuchte sie anzuwerben, um so

Informationen aus diesen Gruppen zu erhalten bzw. sie sogar gezielt zu beeinflussen. Menschen, die uns als Aufklärer interessierten, waren von anderem Zuschnitt. Wir suchten zuverlässige Staatsbürger, die in der Bundesrepublik agieren konnten. Dennoch fragte die HVA oft in Abwehr-Diensteinheiten nach geeigneten Werbekandidaten, da dort ein besserer Überblick über die Situation in bestimmten Bereichen bestand. Als Gegenleistung mußten die IM der HVA dann Berichte über die innere Situation ihres Betriebes, ihrer Verwaltung, ihrer Schule oder aus sonst zugänglichen Bereichen liefern. Waren diese Informationen aussagekräftig, konnte der Abwehr-Offizier Geschmack an der Sache finden und seine Forderungen erhöhen, was bei der HVA schon des Zeitaufwandes wegen wenig Freude auslöste. Und dennoch haben wir solchen Wünschen stattgegeben, arbeiteten HVA-Aufklärer nicht selten auch nach innen.

Dies erfolgte vor allem dann, wenn der inoffizielle HVA-Mitarbeiter aus einem Bereich kam, an dem Abwehr-Diensteinheiten ebenfalls großes Interesse hatten. Das galt für das Bildungswesen, vor allem Universitäten und Hochschulen, und besonders für Reisekader jeglicher Couleur. An den Bildungseinrichtungen entbrannte ein regelrechter Kampf um die Kader, und es dürfte nicht sehr viele Studenten gegeben haben, die von der Staatssicherheit nicht auf Mitarbeit angesprochen wurden. Was andererseits die Reisekader angeht, so versah die Abwehr sie – über ihre offiziellen Kanäle – mit derartigen Richtlinien, die eine Arbeit für die Aufklärung unmöglich machten. So war es ihnen verboten, außer den dienstlich zugelassenen irgendwelche anderen Kontakte anzuknüpfen. Sie durften private Einladungen weder annehmen noch aussprechen. Reisten sie in Gruppen, so überwachte einer den anderen. Und die meisten hielten sich auch daran, um sich weitere Reisen nicht zu verscherzen. Die HVA brauchte jedoch Leute, die genau das taten, was ihnen die Abwehr untersagte, um Kontakte anknüpfen zu können. Wurde das dann in der Abwehr-Diensteinheit bekannt, half meist nur die totale Bereitschaft zur Kooperation auch mit ihr, wenn eine Weiterarbeit als Aufklärer erreicht werden sollte.

Das Mißtrauen seitens der Abwehr wurde ergänzt durch die Einbindung der Aufklärer in die Parteidisziplin. Wie dargestellt, mußte jeder MfS-Angehörige SED-Mitglied sein. Viele wurden überhaupt nur geworben, wenn diese Voraussetzung erfüllt war, und von ganz jungen Mitarbeitern, zumeist Sekretärinnen oder aus technischen Bereichen, wurde verlangt, daß sie unmittelbar nach ihrer Dienstaufnahme auch in die Partei eintraten. Sogar Kundschafter aus dem konspirativen Netz wurden formal in die Partei aufgenommen, mußten Parteibeitrag leisten – und wurden in diesem Zusammenhang in völlig überflüssiger Weise registriert – ein Verstoß gegen die Konspiration, den jedoch aufgrund der angeblichen Unfehlbarkeit von Parteibeschlüssen niemand in Frage stellte.

Auch die Rolle der Partei war für uns eine Selbstverständlichkeit, an der sich niemand Zweifel erlaubte. Und die obligatorische Mitgliedschaft aller in der SED war zugleich Voraussetzung der ständigen Einflußnahme der Partei. Jeder Zweifel an ihrer Lehre galt als Sakrileg. Wir spürten und akzeptierten: Ohne Partei ging nichts, mit der Partei alles.

Und dennoch hatte der Parteisekretär – gleich auf welcher Ebene – kaum Einfluß auf operative Prozesse. Seine Aufgabe war die »ideologische Stählung der Kader«. Er sollte zwar an allen wesentlichen Beratungen der dienstlichen Leitungen teilnehmen, doch wurden dort dann aus Gründen der Konspiration operative Fragen kaum behandelt. Vielmehr war dem Parteisekretär aufgetragen, die allgemeinen Aufgabenstellungen des jeweiligen Bereichs ideologisch zu begründen und erzieherisch durchzusetzen. Er mußte darüber wachen, daß niemand aus der Reihe tanzte – und wenn das doch geschah, entsprechend eingreifen. Gegenüber dem Leiter übte er ein gewisses Maß an Kontrolle aus und entwickelte sich – zumal wenn er gute operative Arbeit leistete – hier und da zu dessen Rivalen. Vielen Parteisekretären war das jedoch nicht vergönnt, da sie sich in ihrer undankbaren Funktion verschlissen. Sie mußten nämlich die überraschenden Richtungsänderungen der SED ebenso begründen wie ihre Abstinenz von jeglichem Reformdenken. Auf viele Fragen des täglichen Lebens wußten sie keine Antwort, ständig wurde aber verlangt, diese auch ohne »Hilfe von oben« zu finden. Und wenn sie in ihrer Not dann nach dem gesunden Menschenverstand argumentierten, lagen sie oft »schief« und wurden kritisiert. Denn die SED-Oberen vertraten einen Unfehlbarkeitsanspruch, dem sich jeder zu unterwerfen hatte. Auch die Arbeitsergebnisse der HVA wurden daran gemessen und stießen nicht selten auf Zurückhaltung, wenn sie anderes aussagten, als die »Partei- und Staatsführung« wünschte. Honecker betrachtete – wenn man seinen Aussagen Glauben schenken darf – die Aufklärungsresultate als etwas der Westpresse Vergleichbares. Er sagte in einem Interview ein halbes Jahr nach seinem Sturz: »Die Berichte vom MfS, soweit sie nicht unter Geheimhaltung standen und auch nicht nur mir zugänglich waren, vor allem wenn es die westliche Seite betraf, erschienen mir immer wie eine Zusammenfassung der Veröffentlichungen der westlichen Presse über die DDR. Das sage ich hier in aller Offenheit. Ich selber habe diesen Berichten wenig Beachtung geschenkt, weil all das, was dort drin stand, man auch aus den Berichten der westlichen Medien gewinnen konnte.« Und auch Honeckers langjähriger »Kronprinz« und kurzzeitiger Nachfolger Egon Krenz bestätigte als Zeuge in einem Prozeß, daß das Politbüro den Informationen der HVA meist nur wenig Bedeutung beigemessen habe.

Auf dieser Ebene der Parteispitze hat es eine Kontrolle des MfS im eigentlichen Sinne nicht gegeben. Die nahm Erich Mielke in seiner Doppelfunktion als Minister und Politbüromitglied selbst wahr; allenfalls ließ er sich von Honecker etwas sagen. Das Verhältnis zu Krenz, der altersmäßig sein Sohn sein konnte, war kühl, aber korrekt; immerhin bestand eine gewisse Zeit die Möglichkeit, daß der frühere FDJ-Vorsitzende Honecker ablösen könnte. Ohne jeden Einfluß war die Sicherheitsabteilung des Zentralkomitees. Sie schickte zwar zu allen wichtigen Beratungen im MfS einen Vertreter, aber dieser vertrat nie eine eigene Meinung. In der Regel erschöpfte sich sein Beitrag in einer Lobeshymne auf das MfS und seinen Minister. Als in den 80er Jahren der Krenz-Vertraute Wolfgang Herger Leiter der Sicherheitsabteilung wurde und bei Mielke seinen Antrittsbesuch machte, wies ihn dieser sofort in die Schranken: »Zu mir brauchst du nicht zu kommen. Die operative Arbeit im Ministerium entscheide ich! Kümmere du dich um die Parteiarbeit!« In diesem Sinne war auch der Chef der SED-Parteiorganisation im MfS, Horst Felber, nur ein Erfüllungsgehilfe Mielkescher Politik, ohne eigene Gestaltungskraft. Zwar mit dem Rang eines Generalmajors versehen, oblag ihm die »marxistisch-leninistische Erziehung der Tschekisten«. Er selbst beschreibt das so: »Mielkes Prinzip war, daß im MfS die Parteiorganisation die Mitarbeiter zu erziehen und sich nicht im geringsten um operative

Belange zu kümmern hat.« Allerdings kann Felber nicht verhehlen, daß er diese Aufgabe bis zuletzt diszipliniert erfüllte – so diszipliniert wie fast alle Parteifunktionäre des Ministeriums und auch der Hauptverwaltung Aufklärung, wir selbst nicht ausgeschlossen.

Denn für die meisten von uns waren diese Machtspiele an der Spitze des MfS ohne Belang; wir fragten auch zumeist nicht, wie unsere Informationen beurteilt wurden. Wir machten unsere Arbeit, nahmen deren Ideologisierung und die »tschekistischen« Dogmen in Kauf und versuchten dennoch, den erforderlichen Freiraum für den Umgang mit den Kundschaftern zu erhalten. Das führte zwangsläufig zu einer Bewußtseinsspaltung, die aber als gegeben hingenommen wurde. Wer nicht scheitern wollte, sah weg bei den Dingen, die ihn nach seiner Auffassung nichts angingen, und erfüllte die rituellen Forderungen, die in Parteiversammlungen und anderen politischen Veranstaltungen verlangt wurden. Ansonsten aber gestalteten die meisten von uns ihren Dienst nach den eigenen Vorstellungen, entschieden eigenverantwortlich, was bei der komplizierten Aufgabe der Spionage im Bereich des Gegners jeweils erforderlich war. Diesen Dualismus von ideologischen Dogmen einerseits und individuellem Handeln auf der anderen Seite haben wir fast alle fatalistisch akzeptiert. Dies führte zu Verstrickungen, die damals kaum einer wahrhaben wollte, die wir aber heute als Ausgangspunkt unseres Mitschuldig-Werdens begreifen müssen.

Rückzug in die Wagenburg

Als am 17. Januar 1988 Tausende Berliner wie alljährlich zu den in der Presse veröffentlichten Stellplätzen strebten, um nach immer gleichem Ritual an der »Kampfdemonstration zum Jahrestag der Ermordung Karl Liebknechts und Rosa Luxemburgs« teilzunehmen, ahnten die wenigsten, daß damit eine neue Stufe der seit Herbst 1987 verschärften Auseinandersetzung mit der sogenannten inneren Oppostion der DDR begann. An diesem Tag wollten zur Ausreise entschlossene DDR-Bürger mit eigenen Losungen aus den Werken Rosa Luxemburgs für ihr Recht auf Freizügigkeit demonstrieren. Die Bürgerrechtler selbst waren gespalten hinsichtlich einer Teilnahme an dieser Aktion, wollten sie doch nicht für eine Sache stehen, die ihr eigenes Anliegen gar nicht war. Sie hatten stets betont, daß sie in der DDR bleiben würden, um von innen heraus für eine Veränderung der Verhältnisse einzutreten. So waren unter den Festgenommenen nach den Protesten der Ausreisewilligen lediglich sechs Bürgerrechtler, unter ihnen als bekannteste der Liedermacher Stephan Krawczyk und Vera Wollenberger.

Ungeachtet dessen begann in der Presse eine scharfe Kampagne gegen alle Oppositionellen, die jedoch von diesen mit einer bis dahin ungekannten Solidaritätsbewegung in den Kirchen beantwortet wurde. Im MfS bereitete man sich inzwischen auf eine Art Entscheidungsschlag gegen die unbotmäßigen Staatsbürger vor. Eine juristische Bewertung der Schuldvorwürfe gegen Oppositionelle, die im Kollegium des MfS vorgetragen wurde, offenbarte zwar die sogar dort als äußerst schwach eingeschätzte rechtliche Position der Staatssicherheit; dennoch entschied Mielke – offensichtlich mit Honecker und anderen führenden Politbüro-Mitgliedern –, daß weitere Verhaftungen vorzunehmen seien. Am 25. Januar wurden mit Freya Klier, der Lebensgefährtin Stephan Krawczyks, Bärbel Bohley, Werner Fischer, Ralf Hirsch sowie

Wolfgang und Regina Templin die bekanntesten Bürgerrechtler unter dem »begründeten Verdacht auf landesverräterische Beziehungen« festgenommen. Die Beweise sollten unverzüglich nachgereicht werden; vor allem war die »geheimdienstliche Steuerung der feindlich-negativen Kräfte« aktenkundig zu machen. Mielke und sein Stellvertreter Mittig richteten an alle Diensteinheiten des MfS einen entsprechenden dringenden Auftrag. Der Leiter der mit der »Bekämpfung der Untergrundtätigkeit« beauftragten Hauptabteilung XX, Generalmajor Kienberg, verlangte beispielsweise: »Ich brauche den Decknamen und die Vorgangs-Nummer der Bärbel Bohley beim BND!«

Eine solche Forderung richtete sich vor allem auch an die Hauptverwaltung Aufklärung. Wir hielten zwar das konkrete Vorgehen gegen die kleine Gruppe der Bürgerrechtler für ziemlich übertrieben, hatten aber keinerlei grundsätzliche Zweifel an der Richtigkeit von Maßnahmen gegen sie. Vor allem sahen wir keinen Grund, die Unterstützung bei der Aufdeckung ihrer »Hintermänner« – und an die glaubten tatsächlich viele von uns – zu versagen. Schon am 25. Januar, dem Tag der genannten Verhaftungen, übermittelte die Auswertungsabteilung der HVA allen anderen Diensteinheiten »Informationsschwerpunkte zur politisch-ideologischen Diversion (PID) gegen die DDR und die anderen sozialistischen Staaten«. In diesem mehrseitigen Papier wurden sowohl politische Aktivitäten seitens der BRD – von der Regierung über die SPD und die Massenmedien bis hin zu wissenschaftlichen Instituten – als auch Unzufriedenheit in der DDR selbst dem Wirken »ideologischer Diversanten« zugerechnet. Es war somit ein typisches Dokument des völlig realitätsfremden Denkens im MfS, dem auch wir in der HVA uns nicht entzogen – hatten wir uns doch immer wieder theoretisch mit der Rolle der Ideologie im Klassenkampf auseinanderzusetzen gehabt.

Die Ideologie spielte bei der Auseinandersetzung des Systems seit je eine hervorragende Rolle. Zum einen hatte bereits Lenin als eins der Postulate seiner Lehre die Unversöhnlichkeit des ideologischen Kamfpes proklamiert: »... bürgerliche oder sozialistische Ideologie. Ein Mittelding gibt es hier nicht ... Darum bedeutet *jede* Herabminderung der sozialistischen Ideologie, *jedes Abschwenken* von ihr zugleich eine Stärkung der bürgerlichen Ideologie.« Und auf der anderen Seite tönte es in einem Heft der »Europäischen

Wehrkunde« von 1979: »Da infolge der selbstzerstörerischen Wirksamkeit jetziger Waffentechnik Macht- und Interessenwidersprüche speziell zwischen Großmachtstaaten nur im Extremfall mittels militärischer Gewaltanwendung ausgefochten werden können, erwies sich die Forcierung propagandistischer Strategien gerade in der Rivalität ideologisch gegensätzlicher Herrschaftsformen oder Sozialordnungen als unausweichliche Konsequenz ... Psychologischer Krieg oder Propaganda kommt zu Diplomatie und militärischer Stärke als das dritte Instrument zur Durchsetzung außenpolitischer Ziele.«

Aus diesem objektiven Widerspruch machte der Marxismus-Leninismus ein Dogma, indem er diesen »psychologischen Krieg« als die letztlich entscheidende Ursache für alle inneren Probleme des Sozialismus bezeichnete. Dies hatte schon Tradition in der Sowjetunion Lenins und Stalins; es fand seine augenscheinliche Bestätigung im Kalten Krieg. Anfang der 50er Jahre benutzte Mielke erstmals den Begriff der »politisch-ideologischen Diversion« (PID); er wurde seitdem zu einem Schlüsselwort für das Selbstverständnis des MfS. Die Bekämpfung der PID war von Anfang an eine Hauptaufgabe der Staatssicherheit, und je bedrängender die Situation für die SED-Führung wurde, um so mehr feuerte Mielke seine Mitarbeiter an, den »ideologischen Diversanten« das Handwerk zu legen.

Im Jahre 1988 erschien an der Juristischen Hochschule Potsdam-Eiche, der zentralen Ausbildungsstätte des MfS, ein Lehrbuch »Politisch-ideologische Diversion gegen die DDR«. In diesem Buch wurde der PID-Begriff definiert als »das subversive ideologische Einwirken des Imperialismus auf das gesellschaftliche Bewußtsein in sozialistischen Staaten und das individuelle Bewußtsein ihrer Bürger, insbesondere durch das planmäßige und systematische Verbreiten von Konzeptionen, Anschauungen, Wertungen und Grundsätzen, deren Inhalt sowohl von militant-grobschlächtigem als auch flexibel-verschleiertem Antikommunismus geprägt ist ... Mit ihr wird das subversive Ziel verfolgt, in den sozialistischen Staaten in einem langfristigen Prozeß entscheidende ideologische Voraussetzungen für konterrevolutionäre Veränderungen zu schaffen. Diese Zielstellung schließt ein, die sozialistische Bewußtseinsentwicklung zu verhindern, sozialistisches Bewußtsein zu zersetzen, feindlich-negative Einstellungen zu erzeugen, deren Umschlagen in feindlich-negatives Handeln zu bewirken sowie feindlich-negatives Handeln zu aktivieren.«

Nicht das Sein bestimmte also das Bewußtsein – wie doch ein materialistisches Grundprinzip lautete –, sondern der Klassenfeind. Also entsprangen alle kritischen Positionen zum »realen Sozialismus« nicht Mängeln und Defiziten dieses Systems, sondern der »ideologischen Diversion«. Wer sie vertrat, besorgte das Geschäft des Feindes und mußte mithin wie ein solcher behandelt werden. Mit dem PID-Begriff war somit nicht nur eine Art Sündenbock für jederlei abweichende Meinung gefunden, sondern zudem auch die Rechtfertigung für drakonisches Vorgehen gegen ihre Träger.

Auch die Hauptverwaltung Aufklärung konnte und wollte sich dieser prinzipiellen Vorgabe nicht entziehen. Ihr oblag es – wie allen anderen Diensteinheiten – den Kampf gegen die »ideologische Diversion« zu führen und dazu alle ihre Mittel und Möglichkeiten einzusetzen. Alljährlich war der Zentralen Auswertungs- und Informationsgruppe (ZAIG) ein Bericht zu übergeben, in dem sich alle Erkenntnisse der HVA auf dem Gebiet der PID widerzuspiegeln hatten. Und außerdem bestand die Aufgabe, über wichtige Vorkommnisse »ideologischer Diversion« die zuständigen Abteilungen der Abwehr unmittelbar zu informieren.

Ab Mitte der 70er Jahre, nach der Konferenz über Sicherheit und Zusammenarbeit in Europa sowie den Folgekonferenzen der KSZE, verstärkt dann in den 80er Jahren gewann die gegen ideologische Einwirkung gerichtete Aufgabenstellung des MfS ständig an Bedeutung. Die Zugeständnisse, die die sozialistischen Länder im KSZE-Prozeß machen mußten, der dadurch erweiterte Spielraum für Oppositionelle, der sich verstärkende Austausch über die Grenzen hinweg, die neuen technischen Möglichkeiten bei der Verbreitung der Massenmedien – all das erhöhte natürlich den geistigen Einfluß des Westens und multiplizierte die Unzufriedenheit, die sich in den osteuropäischen Staaten aufgrund der dort herrschenden Verhältnisse angesammelt hatte. Aus der Sicht des MfS handelte es sich dabei jedoch nur um einen »Mißbrauch des Entspannungsprozesses«. In den sogenannten Planorientierungen – vom Minister für Staatssicherheit für jeweils fünf Jahre herausgegeben, dazu jährlich präzisiert und von seinen Hauptabteilungsleitern für ihren jeweiligen Verantwortungsbereich noch einmal konkretisiert – stand die »politisch-ideologische Diversion« stets ganz oben an. Das letzte dieser für fünf Jahre gültigen »Dokumente« hatte Mielke 1986 als »Geheime Verschlußsache« verbreitet. Unter dem Punkt »1.4. Aufklärung und Vereitelung der strategischen Pläne des Imperialismus im Kampf gegen den Sozialismus« hieß es da: »Besondere Bedeutung besitzt dabei die gründliche Aufklärung und vorbeugende Verhinderung der gesamten subversiven Tätigkeit, der konkreten Absichten und Aktivitäten für das weitere Vorgehen gegen den Sozialismus, der dabei zum Einsatz gelangenden Mittel und Methoden sowie der damit beabsichtigten Wirkungen seitens des Imperialismus, besonders seiner Geheimdienste, der Zentren der politisch-ideologischen Diversion und weiterer feindlicher Stellen und Kräfte.« Über die zuletzt genannten Objekte existierte eine lange Liste, in der sich die Bundestagsparteien ebenso wiederfanden wie die Fernsehsender der Bundesrepublik, die von Organisationen der Friedensbewegung bis hin zu Menschenrechtsgruppen reichte. Die HVA wurde angewiesen: »Im Interesse der Erfüllung der Gesamtaufgabenstellung des MfS zur Gewährleistung der inneren Sicherheit der DDR und des MfS sind operativ bedeutsame Erkenntnisse der Aufklärung zielgerichteter für die Abwehrarbeit zu erschließen. Noch umfassender haben die Diensteinheiten der Aufklärung mit ihren spezifischen Mitteln und Möglichkeiten dazu beizutragen, die von den feindlichen Zentren gegen die DDR gerichteten Pläne und Aktivitäten aufzuklären, feindliche Verbindungen und Kontakte in die DDR aufzuspüren und damit ihren Anteil an der Klärung der Frage ›Wer ist wer?‹ zu erhöhen.«

Damit waren die seit Jahrzehnten bestehenden Forderungen an die HVA noch höhergeschraubt worden. Mit der Frage »Wer ist wer?« umschrieb Mielke schon seit langem die Aufgabenstellung der flächendeckenden Überwachung. Über *jeden* mußte volle Klarheit bestehen, keiner sollte für das MfS ein unbeschriebenes Blatt sein. Die HVA – und auch das läßt sich aus Mielkes Weisung ablesen – hatte bisher zwar stets das ihre zur »inneren Sicherheit« getan, jedoch ihre ureigene Aufgabe immer vorangestellt. Das hatte zunehmend den Unwillen der Abwehr erregt. Nun wurde verlangt, dieses Verhältnis – wenn schon nicht umzukehren, so doch anzunähern. Der Hinweis auf den Beitrag der HVA zur »Gesamtaufgabenstellung« des MfS hatte zur Folge, daß die Aufklärung sich stärker bemühte, Quellen in den sogenannten PID-Zentren anzuwerben und daß sie vor allem alle Informationen, die gewissermaßen nebenbei zur »ideologischen Diversion« abfielen, unverzüglich an die Abwehrabteilungen weitergab. Mitunter wurde dabei im Vertrauen auf Mielkes PID-Phobie auch getrickst. Als zum Beispiel Ende 1987 der erste Entwurf des Haushalts für das damalige Ministerium für innerdeutsche Beziehungen beschafft werden konnte, gab ihn die HVA mit großem Brimborium weiter. Einige Tage später wurde er jedoch ganz offiziell den Journalisten vorgestellt.

Immer dringender verlangte die Leitung des MfS, daß der »strategische Plan« des Imperialismus, unter dem man sich offensichtlich ein fertig ausgearbeitetes Papier vorstellte, beschafft werde und daß es endlich gelinge, jene Agentur, die im Kampf gegen den Sozialismus die Fäden zieht, zu finden und zu zersetzen. Ganz konkret stand zum Beispiel jahrelang die Aufgabe, den Geheimdienst der NATO zu enttarnen, bis dann nachgewiesen werden konnte, daß ein solcher strukturmäßig überhaupt nicht existiert. Die Drahtzieher für das Ansteigen der Ausreiseanträge sollten ebenfalls gefunden werden, um ihnen das Handwerk zu legen und damit – so die tatsächlich vertretene einfältige Position – das Problem aus der Welt zu schaffen. Und natürlich waren jene Politiker der Bundesrepublik namhaft zu machen, die zum Beispiel die kritischen Positionen von Kirchenleuten inspirierten, Oppositionsgruppen in der DDR aufbauten und aufmüpfigen Schriftstellern die Feder führten.

Vielen Aufklärern waren solche Aufgabenstellungen lästig. Sie lenkten von den eigenen Schwerpunkten ab und versprachen zudem – wegen ihrer Lebensferne – wenig Erfolg. Dennoch ist nicht zu bestreiten, daß die HVA das Informationsaufkommen zur PID allmählich erhöhte. Sie beschaffte Protokolle von Gesprächen, die Kirchenführer bei Reisen in die Bundesrepublik mit dortigen Politikern führten, sie legte Arbeits- und Strukturpläne einiger der sogenannten PID-Objekte vor, und sie schöpfte Personen ab, die der PID-Szene zugerechnet wurden; allerdings erfuhr sie dabei nur wenig über die angeblich »strategischen Pläne« zur Unterminierung des Sozialismus von außen. Meist handelte es sich dabei um singuläre Kontaktfälle, die jedoch für die Abwehr auch von einigem Wert waren. Ganz normale Forschungsarbeit an Universitäten oder Instituten wurde zu »geheimdienstlichen Aktivitäten«

erklärt, wobei nicht übersehen werden soll, daß natürlich die westlichen Dienste an bestimmten Untersuchungen durchaus Interesse bekundeten. Die Reiseberichte des Direktors des Bundesinstituts für internationale und ostwissenschaftliche Studien, Heinrich Vogel, gingen der HVA zum Beispiel auf dem Umweg über den Bundesnachrichtendienst zu.

Die Bunkermentalität der DDR-Führung zeigte sich auch in der gebetsmühlenartig wiederholten Aufgabenstellung, »jegliche vom Feind ausgehenden Überraschungen auf allen Gebieten« zu verhindern. Diese Orientierung zielte ursprünglich auf das rechtzeitige Erkennen von Anzeichen für einen Atomschlag – und mag dergestalt noch Sinn gehabt haben. Sie ging zurück auf den schon genannten Befehl 40/68 des Ministers für Staatssicherheit und sah vor, Indikatoren zu entwickeln, aus denen der Übergang in ein Kriegsregime frühzeitig ablesbar war. Grotesk war jedoch, daß die konkrete Umsetzung dieses Befehls sich in dem Maße intensivierte, wie auf internationaler Ebene der Entspannungsprozeß vorankam. Parallel zu den Abrüstungsverhandlungen Gorbatschows mit Reagan und später Bush baute das MfS im Verein mit dem KGB dieses »Frühwarnsystem« immer weiter aus. Allein für die Feststellung und Übermittlung der angenommenen Atomkriegs-Indikatoren wurde eine eigene Struktur geschaffen; für einen denkbaren »Ernstfall« wurden Verbindungspläne festgelegt, Notquartiere in der Bundesrepublik eingerichtet und jährlich Übungen veranstaltet. Die HVA steuerte ein Lagezentrum bei, das rund um die Uhr besetzt war und alle Kriegsanzeichen penibel zu registrieren hatte.

Der Begriff der »Überraschung« wurde später – über die militärische Ebene hinaus – auf alle Aktivitäten des anderen politischen Lagers angewandt. Ob neue wissenschaftliche Erkenntnisse, ob unkonventionelle politische Angebote, ob aber auch die private Einreise eines SPD-Bundestagsabgeordneten in die DDR oder das Anknüpfen weißer Bänder an die Auto-Antenne (ein Protestzeichen ausreisewilliger DDR-Bürger) – all das firmierte als Überraschung, die das MfS tunlichst rechtzeitig zu erkennen und »prophylaktisch« zu verhindern habe. Die HVA sollte dazu nicht nur ihre Positionen im Operationsgebiet nutzen, sondern über ihre inoffiziellen Mitarbeiter auch aus der DDR berichten. Die Übermittlung solcher Abwehrberichte wurde zu einer Schwerpunktaufgabe erklärt.

Mittlerweile war der Begriff der »politisch-ideologischen Diversion« durch den der »politischen Untergrundtätigkeit« (PUT) ergänzt worden. Darunter verstand Mielke das Umschlagen der PID in Aktivitäten, in Handlungen, in Aktionen. Faktisch wurden so alle nicht von Partei und Staat ausdrücklich angeordneten oder zumindest geförderten Aktivitäten, von Veranstaltungen im Rahmen der Kirche – und seien es Rockkonzerte oder Kabarettauftritte – über das Bäumepflanzen von Umweltgruppen bis hin zum eingangs geschilderten Zeigen eigener Losungen bei offiziellen Kundgebungen, zu staatsfeindlichen Handlungen erklärt. Sie waren in seinen Augen Straftaten, obgleich er feststellen mußte, daß selbst das rigide DDR-Strafrecht nicht genügend Bestimmungen enthielt, um die »Untergrundtäter« ins Gefängnis zu bringen. Daher erwartete er – wie im Falle der Liebknecht/Luxemburg-Demonstration – gerade von der HVA Beweise, daß die innere Opposition der DDR vom Ausland gesteuert werde. In einer Rede vor den Leitern der MfS-Kreisdienststellen am 26. Oktober 1988 sagte er: »Noch wesentlich größerer Anstrengungen bedarf es vor allem, um unanfechtbare, offiziell auswertbare Beweise zu Straftaten und anderen Rechtsverletzungen dieser Kräfte und ihrer Hintermänner zu erarbeiten. Das gilt in bezug auf die Steuerung der feindlich-negativen Kräfte in der DDR durch BRD- oder andere westliche Geheimdienste und deren Agenturen, weitere feindliche Stellen und Kräfte sowie die Formen ihrer Zusammenarbeit.«

So bemühte sich auch die HVA verstärkt, vor allem in Forschungseinrichtungen, die sich mit deutschland- und ostpolitischen Fragen befaßten, in sogenannte PID-Organisationen, zumeist Menschenrechtsgruppen, und in die Medien Aufklärer einzuschleusen. Selbst der Berliner Privatsender 100,6 kam auf die Liste der Schwerpunktobjekte. Alle Informationen – selbst die banalsten – wurden als Abwehrberichte weitergeleitet; es erfolgte eine zahlenmäßige Erfassung, nach denen das Engagement der einzelnen HVA-Abteilungen bewertet wurde. Um eine bessere Koordination dieses Informationsflusses zu erreichen, schuf man eine »nichtstrukturelle Arbeitsgruppe«, in der die Abwehr-Diensteinheiten XX (Untergrundtätigkeit), II (Spionageabwehr) und III (Elektronische Aufklärung) zusammenarbeiteten und in die für die HVA Vertreter aus dem Auswertungsbereich der Abteilung IX delegiert wurden. Deren Ziel bestand ausdrücklich darin, die Steuerung oppositioneller Tätigkeit in der DDR von außen her, vor allem aber durch Geheimdienste, nachzuweisen.

Die Resultate aller dieser Bemühungen waren naturgemäß dürftig; dennoch wurden natürlich Informationen beschafft, die den Bürgerrechtlern der DDR Schaden zufügen sollten. Eine konkrete Folge der als Weisung von General Großmann unterzeichneten Informationsschwerpunkte war zum Beispiel, daß die im Januar 1988 festgenommenen Bürgerrechtler nach ihrer Ausweisung aus der DDR Anfang Februar – die Aktion lief unter der Tarnbezeichnung »Störenfried/Falle« – im Ausland stets unter dem wachsamen Auge der DDR-Aufklärer blieben. Das Ziel war dabei, in den Augen des MfS kompromittierendes Material zusammenzutragen, das es gerechtfertigt hätte, den Bürgerrechtlern die Wiedereinreise zu verweigern. Das ist bekanntlich nicht gelungen, zum einen, weil das Verhalten der Betroffenen in der Bundesrepublik und Westeuropa nichts Strafbares enthielt, zum anderen, weil die Aufklärer – entgegen den Intentionen ihrer Vorgesetzten – zumeist recht lustlos an diese Aufgabe herangingen. Die jahrelangen Orientierungen auf Schaffung operativer Positionen in einschlägigen Einrichtungen waren ohne großes Echo geblieben; mitunter wurden auch eigene operative Zielstellungen – zum Beispiel die Suche nach für eine Werbung geeigneten Personen – unter dem Vorwand der PID-Bearbeitung betrieben. Da die Tendenz bestand, ganz normale politische Vorgänge zu Aktivitäten der »politisch-ideologischen Diversion« zu erklären, war es mitunter leicht, das »Soll« bei der Aufklärung solcher »Machenschaften« zu erfüllen. Einige Aufklärer entwickelten im Laufe der Zeit eine gewisse Meisterschaft darin, unter dem Stichwort »PID« wesentliche Teile ihrer normalen Arbeit abzurechnen.

Grundsätzlich hielten wir Aufklärer zwar wenig von den ideologischen Verrenkungen der Abwehr, in der Praxis aber bedienten wir sie durchaus großzügig, wenn wir die Möglichkeit dazu hatten. Wir taten dies einmal, weil wir die »Gesamtaufgabenstellung« des MfS natürlich mittrugen und deshalb nichts dabei fanden, uns an der flächendeckenden Überwachung des Volkes zu beteiligen, solange dadurch die eigenen Kreise nicht gestört wurden. Zum anderen hatte mancher von uns schon bald nach der Eingliederung der HVA ins MfS erkannt, wie gut sich von den Abwehrmaßnahmen profitieren ließ. Die HVA hatte nicht nur Zugriff zu

Speichern der Abwehr; darüber hinaus waren die für die »innere Sicherheit« zuständigen Abteilungen ausdrücklich verpflichtet, uns Personendossiers zuzuarbeiten. Die von der Abteilung M in großem Umfang betriebene Briefkontrolle erlaubte es, nahezu die gesamte Post in die und aus den sie interessierenden Ballungszentren zu kontrollieren. Das betraf insbesondere den Bereich Köln/ Bonn, bezog aber zum Beispiel auch Bad Neuenahr, Ottobrunn oder Bad Ems ein. Wenn es der HVA erforderlich schien, konnte sie eine Telefonüberwachung durch die dafür zuständige Abteilung 26 beantragen. Alle relevanten Informationen, die durch das funkelektronische Abhören der Telefonverbindungen zwischen West-Berlin und dem Bundesgebiet beschafft wurden, landeten auf den Schreibtischen der HVA. Sie standen der Auswertung als Ergänzung, Präzisierung oder auch eigenständige Meldung zur Verfügung. So waren wir stets ganz aktuell über Interna der Bundespolitik im Bilde, zum Beispiel das glücklose Wirken des kurzzeitigen Verteidigungsministers Rupert Scholz, der am Telefon seinen Frust über die ihm wenig gewogene Bundeswehr-Generalität und den ihn ständig ins Abseits stellenden Außenminister Genscher abließ. Schließlich hatte die HVA auch einen guten Draht zur MfS-Abteilung VI mit ihren Grenz- und Paßkontrollstellen; diese waren verpflichtet, Protokolle ihrer Kontrollgespräche zu übersenden.

Als »Gegenleistung« gaben wir konkretisierende Aufgabenstellungen der Abwehr an unser IM-Netz in der DDR weiter. Wir beruhigten uns dabei mit den durchaus vorliegenden Erkenntnissen über die Kontakte westlicher Geheimdienste zu Emigrantenorganisationen oder zu solchen Rundfunksendern wie »Radio Free Europe«, auch wenn diese natürlich nie die Ursache der um sich greifenden Unzufriedenheit in den osteuropäischen Ländern waren. Wir wußten auch von den Informationsschwerpunkten der CIA oder des BND hinsichtlich der DDR und hatten Beweise für ihre Anbahnungsversuche in bestimmten oppositionellen Kreisen. Dies ließ uns manche Aufgabenstellung als sinnvoll erscheinen, zumal Zweifel an Befehlen und Weisungen der Vorgesetzten auch in der HVA nicht üblich waren.

Hinzu kam, daß »Amtshilfe« zwischen Auslandsnachrichtendienst und innerer Abwehr in ziemlich allen Staaten praktiziert wird. Zwar nicht in jedem Falle mit der im MfS betriebenen

Intensität, die sich daraus ergab, daß beide geheimdienstliche Bereiche unter einem Dach arbeiteten. In westlichen Ländern sind die einzelnen Dienste in der Regel selbständig, aber sie finden dennoch Gelegenheit, sich gegenseitig interessierende Informationen zukommen zu lassen und dazu auch – entsprechende Enthüllungen zeigen es immer wieder – die Gesetze sehr großzügig zu handhaben.

Hinsichtlich des Verfassungsschutzes ist in einem Gesetz geregelt, daß »die Gerichte und Behörden und das Bundesamt für Verfassungsschutz gegenseitig Rechts- und Amtshilfe« leisten. Für den BND wie den MAD gibt es solche Festlegungen nicht, aber es hat sich eine ziemlich effektive Praxis herausgebildet. So ist der Bundesnachrichtendienst über sein sogenanntes Grenzmeldenetz stets über Vorkommnisse im Grenzgebiet, ein- und ausreisende Personen und die Ergebnisse von Befragungen informiert. Er unterhält außerdem in allen Bundelsändern »Hauptstellen für spezielle Datenverarbeitung«, die sich der Post- und Fernmeldekontrolle widmen. Ihre Ergebnisse werden unbürokratisch auch den anderen Diensten übergeben. Die Überwachung ausländischer Botschaften erfolgt in enger Kooperation zwischen BND und Verfassungsschutz.

Die Resultate solcher Zusammenarbeit kommen nur selten ans Licht, wirbeln dann aber gewöhnlich viel Staub auf. Zu Zeiten Gehlens war es fast noch normal, daß auch der BND Inlandsspionage betrieb; das ist heute durch Gesetze weitgehend unterbunden. Aber im Zusammenhang mit der Terroristenfahndung oder zum Zwecke der internationalen Unterstützung zum Beispiel für den israelischen Mossad oder den türkischen Geheimdienst kommt es immer mal wieder auch zu BND-Operationen im Innern.

Bei all dem ist unbestritten, daß die Verquickung von Aufklärung und Abwehr in der DDR besonders eng war. Aus den gegebenen Möglichkeiten versuchten wir das Beste für uns zu machen. Das erforderte immer wieder Kompromisse, mitunter auch gegen die eigene Einsicht. Wir taten nichts, um uns dagegen zu wehren. Mit Kopfschütteln und Achselzucken wurden die ständig praktizierten Ungesetzlichkeiten abgetan. Auch die HVA hat sich freiwillig in die ideologische Wagenburg begeben, obwohl gerade sie – schon aus operativen Gründen – jedes Interesse daran hätte haben müssen, daß der Dialog auf internationaler Ebene wie im Inneren zum bestimmenden Element der Politik wird. Sie hat damit objektiv gegen ihre eigenen Interessen gearbeitet – von der moralischen Schuld ganz abgesehen. Mit dieser Anpassung verlor sie sukzessive an Ansehen selbst bei ihren inoffiziellen Mitarbeitern. Und die Partei- und Staatsführung sah die Zeit für gekommen, auch die HVA-Berichte zu Erfolgsbekundungen umzufunktionieren.

Die verbogene Realität

Eines Tages im Frühsommer 1989 griff Generaloberst Großmann zum Telefon, um dem Leiter seiner Auswertungsabteilung die Leviten zu lesen. Vor ihm lag ein Vermerk des damaligen Sekretärs für Außenpolitik im SED-Zentralkomitee, Hermann Axen, in dem dieser in unfreundlichen Worten eine der letzten Geheiminformationen der HVA rügte. Sie hatte sich mit den von Axen und dem SPD-Politiker Egon Bahr geführten Gesprächen über einen atomwaffenfreien Korridor in Europa beschäftigt und interne Wertungen aus der SPD dazu wiedergegeben. Diese unterschieden sich nicht unwesentlich vom offiziellen Bericht, den Axen dem Politbüro vorgelegt hatte und der die Diskussionsrunde als großen Erfolg der DDR-Außenpolitik und vor allem als Einlenken der Sozialdemokraten auf SED-Positionen feierte. Axen brachte in seiner Replik zum Ausdruck, daß er die geheimen Gedanken seiner Bonner Gesprächspartner weitaus besser kenne als irgendein »Kundschafter« und der abweichende Bericht der Spionageabteilung mithin falsch sei – oder vielleicht sogar eine Intrige gegen ihn und seine erfolgreiche Politik.

Großmann wies seinen Abteilungsleiter an, künftig ein besseres Gespür für die Sichtweise der Empfänger von HVA-Informationen zu entwickeln, und der gab die Anordnung an seine Auswerter weiter.

Unabhängig davon, wer mit seiner Einschätzung im konkreten Fall richtig lag, zeigt das Beispiel, wie die Informationen der HVA Ende der 80er Jahre immer mehr der Gedankenwelt der SED-Spitze widersprachen und diese damit veranlaßten, ihre eigenen subjektiven Urteile auch hier zum Maß aller Dinge zu machen. Begonnen hatten die Bemühungen, aus den bis dahin noch ungeschminkten Geheimdienstberichten das Unerwünschte zu eliminieren, aber bereits viel früher – etwa zu Beginn der 70er Jahre.

Bis dahin hatte die Hauptverwaltung Aufklärung etwas Exklusives gehabt. Sie war nahezu das einzige, auf jeden Fall aber das bedeutendste Organ, das etwas über die Welt außerhalb der DDR vermittelte. Nur in den sozialistischen Ländern sowie einigen wenigen Hauptstädten der dritten Welt verfügt der östliche deutsche Staat über Botschaften; ansonsten war ihm der Zugang zur internationalen Bühne versperrt. In dieser Situation besaß die HVA das Monopol auf Informationen aus dem Ausland, und die Führung der DDR war auf den Wahrheitsgehalt, die Exaktheit ihrer Berichte angewiesen. Das wirkte sich positiv auf Qualität und Seriosität aus, zumal – wie schon dargestellt – das weitgehende Fehlen »legaler Residenturen« eine Konzentration auf die illegale Beschaffung erzwang.

Als sich in den 70er Jahren die Entspannungstendenzen international immer stärker durchsetzten, profitierte davon auch die DDR. Ihre weltweite Anerkennung fiel dem gerade an die Macht gekommenen Erich Honecker wie eine reife Frucht in den Schoß. Die Bundesrepublik hatte in grundlegenden Verträgen mit der UdSSR und Polen ihre Bereitschaft signalisiert, wesentliche Ergebnisse des zweiten Weltkrieges anzuerkennen. Selbst die komplizierte West-Berlin-Frage wurde durch das Viermächteabkommen vom 3. September 1971 entschärft, und am 21. Dezember 1972 unterzeichneten die Regierungen der Bundesrepublik und der DDR den Grundlagenvertrag. Damit war für den zweiten deutschen Staat der Weg in die internationale Arena frei. 1973 nahm die UNO-Vollversammlung die DDR als Mitglied auf, und am Ende jenen Jahres hatten 100 Staaten zu ihr diplomatische Beziehungen hergestellt.

Nun konnte die DDR überall in der Welt Botschaften einrichten – und mit ihnen – wie das fast alle Staaten tun – legale Residenturen des Geheimdienstes. Dabei handelt es sich um nachrichtendienstliche Stützpunkte in einer offiziellen Mission des Landes im Ausland. Besonders geeignet für eine solche Abdeckung sind Botschaften, da deren Mitarbeiter diplomatische Immunität genießen und daher bei Enttarnung im Prinzip nicht belangt werden können. Außerdem verfügen Botschaften über weitgehende Arbeitsmöglichkeiten im Gastland sowie ein eigenes Verbindungssystem in die Heimat, worauf sich die Residenten stützen können. Offiziell, das heißt gegenüber sowohl den anderen

Botschaftsangehörigen als auch den Partnern im Gastland, sind die Mitarbeiter einer Residentur Diplomaten und haben als solche ihre festgelegten Aufgaben, zum Beispiel als Sekretär der Botschaft, Presse- oder Kulturattaché, zu erfüllen. Die Tätigkeit für die Residentur kommt in der Regel noch hinzu.

Die HVA konnte nun zwar auf diese neuen operativen Möglichkeiten zurückgreifen; zugleich verlor sie aber ihren Alleinvertretungsanspruch für die Informationsbeschaffung. Mit den Diplomaten, die offiziell aus dem Gastland berichteten, erhielt sie Konkurrenten, die diese Chance entschlossen wahrnahmen und die durch langjährige Erziehung im heimischen Apparat sehr genau wußten, worauf es ankam.

Nachdem der lange angestrebte diplomatische Durchbruch geschafft war, wollten SED und DDR-Regierung nun auch nachweisen, welch konstruktive und bedeutsame Rolle sie in den Weltangelegenheiten spielten. Dies aber kollidierte vom ersten Tage an nicht nur mit der tatsächlich begrenzten Rolle des 17-Millionen-Staates, sondern auch mit der Kluft zwischen Anspruch und Wirklichkeit seiner Politik. Denn die DDR hatte zwar aus den objektiv wirkenden Entspannungstendenzen Gewinn gezogen, sie jedoch schon damals nicht wirklich begriffen. Während sie einerseits mit unangemessenem Selbstlob die eigene Politik und allenfalls noch die der Sowjetunion pries und die Entwicklung einzig darauf zurückführen wollte, konnte sie andererseits nicht genug vor »mangelnder Wachsamkeit« und dem »unverändert aggressiven Wesen des Imperialismus« warnen. Stets betonte sie Lenins These, daß die Politik der friedlichen Koexistenz Klassenkampf sei und sich mit dem Entspannungsprozeß die »ideologische Auseinandersetzung verschärfe«. Vielfältige Signale der Dialogbereitschaft wurden schon damals ungenügend wahrgenommen und so realistische Möglichkeiten verschenkt.

Die HVA berichtete über diese Tendenzen und stellte die neuen Gegebenheiten deutlich heraus. Sie nutzte die Friedenssehnsucht vieler Menschen, bis hinein in politische Kreise, natürlich auch für ihre Werbetätigkeit und war dabei durchaus erfolgreich. Dennoch wurde immer mehr spürbar, daß ihre Informationen nicht zu den möglichen Schlußfolgerungen führten, daß die politische Führung in den alten Dogmen verharrte und ihnen defensiven Kurs fortsetzte.

Besonders deutlich zeigte sich dies im KSZE-Prozeß, der im Sommer 1975 mit der Schlußakte von Helsinki seinen Höhepunkt erreichte. Während der sogenannte Korb I, der in zehn Punkten die Grundprinzipien der Staatenbeziehungen in Europa formulierte, und auch der zweite Komplex mit seinen Festlegungen zur wirtschaftlichen Kooperation die weitgehende Zustimmung auch der sozialistischen Staaten fand, stieß der Korb III über die »Zusammenarbeit in humanitären und anderen Bereichen« auf unverhohlenes Mißtrauen. Hier waren Erfordernisse der menschlichen Kontakte, der Information und des kulturellen Austauschs aufgelistet, die zwar wegen des Konsensprinzips nur das Minimum des Erreichbaren darstellten, dennoch aber die geschlossenen sozialistischen Gesellschaften mit beinahe unlösbaren Probleme konfrontierten. So nahm es nicht Wunder, daß gerade diese Bestimmungen die Partei- und Staatsführung der DDR zu immer neuen Winkelzügen veranlaßte, um sie unterlaufen zu können. Gleiches galt für die KSZE-Folgekonferenzen in Belgrad, Madrid und Wien, wo die DDR immer offensichtlicher zu den Bremsern gehörte – zuletzt, als sich die Perestroika in der UdSSR durchzusetzen begann, nur noch mit Rumänien als Verbündetem.

Da die DDR-Führung nicht bereit war, etwas an den inneren Verhältnissen zu ändern, geriet sie zwangsläufig in Konflikt zu den internationalen Trends. Ihre Abgrenzungspolitik ab Mitte der 70er Jahre, verbunden mit Repressionsmaßnahmen gegen Andersdenkende, wie sie zum Beispiel in der Ausbürgerung Wolf Biermanns und anderer Künstler zum Ausdruck kamen, paßte einfach nicht mehr in die sich verändernde Landschaft. Die Berichte der HVA brachten das schon damals zum Ausdruck, wenn auch nicht mit der gebotenen Deutlichkeit. Dennoch fand sich die SED-Führung darin nicht bestätigt, und sie bezog zu ihnen eine zunehmend kritische Position. Sie glaubte sich damit um so mehr im Recht, als auf der anderen Seite die Diplomaten fast nur Gutes über das Ansehen der DDR in aller Welt berichteten. In den meisten Analysen der Botschaften wurde nachgewiesen, wie erfolgreich die DDR-Politik sei und wie sehr sie das Denken und Handeln der politischen Kreise im Gastland beeinflusse. Die nüchterneren und oft entgegengesetzten Informationen der Aufklärung hingegen störten das geschönte Bild; das Ansehen der Auslandsspionage der DDR sank.

Ihre Antwort war typisch opportunistisch; auch sie bemühte sich nun zunehmend, den Erwartungen des Politbüros und der DDR-Regierung gerecht zu werden. Man muß gerechterweise einschränken, daß Markus Wolf als damaliger Leiter der HVA versuchte, dieser Entwicklung entgegenzusteuern, nach wie vor auf hohe Qualität und realistische Einschätzungen Wert legte. Doch er konnte sich schon immer weniger durchsetzen, machte auch selbst Kompromisse und resignierte schließlich so, daß er sich zur Aufgabe seines Amtes entschloß. Sein Nachfolger Werner Großmann war nicht so eigenständig und vollzog schnell den Übergang auf die gewünschte Linie.

Deutlicher Ausdruck dieser Anpassung waren die schon genannten jährlichen Planorientierungen, deren einzige Funktion darin bestand, das gesamte ideologische Arsenal der SED auf die Aufklärung zu übertragen. Unter dem Einfluß der starren Sicherheitsdoktrin und eines künstlichen Feindbildes gingen jegliche Differenzierungen verloren, wurden mit immer den gleichen abgenutzten Worten längst überholte Thesen verkündet. Stets war der USA-Imperialismus der Hauptfeind, dann folgte sogleich sein Juniorpartner BRD – weitgehend unabhängig davon, welcher Präsident, Kanzler oder welche Partei gerade die Regierungsgewalt ausübte. Alle Vorgänge und Äußerungen, die in dieses ärmliche, eindimensionale Weltbild paßten, wurden als Beleg herangezogen, während neue Tendenzen und Nuancierungen kaum Erwägung fanden. Wenn auch in der konkreten operativen Arbeit – im Interesse des Erfolgs – oft nach anderen Prämissen vorgegangen wurde, so waren diese Planorientierungen für viele doch mehr als nur ein Alibi. Mit immer neuen Verrenkungen und dem dazu erforderlichen Kraftaufwand wurde versucht, sowohl ihnen als auch den realen Erfordernissen Rechnung zu tragen.

Dabei darf nicht verschwiegen werden, daß die westlichen Staaten natürlich auch immer wieder Anlaß zu Mißtrauen boten und den Wächtern der »ideologischen Reinheit« in den sozialistischen Ländern die Munition für ihre Attacken auf alle Weiterdenkenden lieferten. Das politische Denken Ronald Reagans vor allem in seiner ersten Amtszeit, die damit verbundene Aufrüstungspolitik unter dem Vorwand der schon genannten Bedrohungslegende und das Beharrungsvermögen auch der politischen

Kreise des Westens auf alten Positionen, das sich besonders in der Hilflosigkeit gegenüber dem neuen Denken Gorbatschows offenbarte, charakterisierten die Widersprüchlichkeit einer Entwicklung, die von den führenden Politikern der DDR stets rückwärtsblickend beurteilt wurde. Sie sahen die Welt so, als habe sie sich seit 1918, 1933 oder 1948 nicht verändert. Sie hingen kritiklos und völlig undialektisch leninschen Lehren an, die unter ganz anderen Bedingungen und schon damals nicht als allgemeingültige Wahrheiten formuliert worden waren. Die Linie der Sowjetunion, die ihre Kritik am Stalinismus schnell relativierte und jahrezehntelang in innen- wie weltpolitischer Stagnation verharrte, galt als Glaubensbekenntnis.

Kennzeichnend für jene Jahre war das Ringen zwischen – zumeist in größeren Zusammenhängen denkenden – Politikern und den Militärs mit ihrem oft engen Horizont. Der Kalte Krieg hatte letzteren ein ausgezeichnetes Wachstums-Biotop geboten; nun war die Welt voll von Panzern, Flugzeugen und Raketen mit der entsprechenden Munition, darunter immer verheerendere atomare Massenvernichtungswaffen. Dieses materielle Potential gebar zwangsläufig die entsprechenden Kriegsplanungen mit ihren nüchternen Gewinn-Verlust-Rechnungen, die überall – ob im Pentagon oder im Kreml, auf der Hardthöhe oder in Strausberg – durchgespielt wurden. In einem Konflikt, da waren sich alle Marschälle und Generäle einig, hatte die Politik ins zweite Glied zu treten. Sie waren es auch, die angesichts der zunehmenden Entspannungstendenzen das Wort von den jederzeit möglichen »jähen Wendungen« in der Weltpolitik prägten. Es diente dazu, das Mißtrauen wachzuhalten und vor allem den Militärs auch weiterhin das von ihnen Gewünschte an politischem Einfluß und materiellen Mitteln zu geben. Kühnes Vorausschauen und Sensibilität für Perspektiven waren da nicht gefragt, und wo die HVA doch vorsichtige Ansätze in diese Richtung erkennen ließ, wurde sie zurückgepfiffen. Sie mußte im Gegenteil ihren Beitrag auch zur Absicherung der überdimensionierten militärischen Stärke des Warschauer Paktes leisten. Diese Forderung stand stets an der Spitze aller Planorientierungen – noch vor dem Kampf gegen die »ideologische Diversion«. Vor allem dem SWT-Bereich war aufgetragen, stets Muster neuester Militärtechnik zu beschaffen. Da geisterten sogar solch abenteuerliche Vorstellungen in den Köpfen herum, daß ein Leopard-Panzer mit vollständiger Ausrüstung über die Grenze gefahren werden könne oder eine »Phantom« auf einem DDR-Flugplatz landet. Der riesige Kraftaufwand bei der Beschaffung solcher Muster oder zumindest ihrer Bauunterlagen erwies sich dann oft als vertan, weil die Erwartungen größer gewesen waren als das Ergebnis; er förderte nur den Rüstungswettlauf mit all seinen Gefahren, die noch heute über der Menschheit schweben. Die Informationen der HVA über das militärische Potential des Westens, das wahrlich gewaltig war und ständig ausgebaut wurde, bewirkte immer neue Forderungen der Stäbe in den Staaten des Warschauer Paktes, wobei diese zum einen die oft höhere Qualität der westlichen Waffen durch Quantität wettmachen wollten und zum anderen generell von dem Prinzip ausgingen, daß Sicherheit eine Frage mehrfacher Überlegenheit sei.

Als Konsequenz einer solchen Politik wurden die tatsächlichen Bedürfnisse der Menschen sträflich unterbewertet. Der Sektor Wissenschaft und Technik wußte zwar ganz genau, was an technischen Neuerungen, zum Beispiel im Konsumgüterbereich, auf den Markt kam, und die Aufklärer sahen zugleich, daß in der Bevölkerung dafür Bedarf bestand (den sie übrigens mit ihren Möglichkeiten für sich selbst gern befriedigten!), aber sie hatten sich so in die offizielle Wirtschaftspolitik einbinden lassen, daß Beschaffungsaufträge in diese Richtung gar nicht erst ins Kalkül gezogen wurden.

Für den Staatssicherheitsminister und auch die Führung der HVA hatten solche Aufgabenstellungen höchste Priorität, die ihnen von oben vorgegeben wurden und denen sie keinerlei eigene Überlegungen entgegensetzten. Für Mielke waren erst das Wort Ulbrichts, dann Honeckers sowie der sowjetischen Führer von Stalin bis Tschernenko Gesetz. Nie wich er in der Grundeinschätzung davon ab, und das erwartete er auch von seinen Untergebenen, den ihm intellektuell weit überlegenen Markus Wolf eingeschlossen. Mielke hatte in seinen stundenlangen Reden auch stets konkrete Beispiele aus internen Informationen parat, mit denen er seine dogmatischen Urteile glaubte belegen zu können. Dies waren dann die Weisheiten, die bei den zahllosen Auswertungen bis zum Erbrechen wiederholt wurden. Wie sehr sie von der Realität abwichen, zeigte sich besonders bei der Behandlung solcher »Großereignisse« in der DDR wie von Parteitagen der SED. Zu ihrer Vorbereitung wurden Monate zuvor detaillierte Maßnahmepläne erarbeitet, die für die Aufklärung oft den Auftrag erhielten, sowohl das internationale Echo akribisch festzuhalten als auch mögliche Störungen gegen das »heilige Konzil« – und das waren schon kritische Zeitungsartikel im Westen – nicht nur zu vermelden, sondern nach Möglichkeit zu verhindern. Konnte die HVA damit nicht dienen, einfach deswegen, weil das vermeintliche Großereignis im Gang der Weltgeschichte nur eine Fußnote war, dann fand das wenig Glauben und machte die Aufklärung verdächtig. Mielke scheute sich auch nicht, angebliche »ideologische Diversanten« in den eigenen Reihen öffentlich anzuklagen, sie vor einem vielhundertköpfigen Auditorium strammstehen zu lassen und zu »revolutionärer Wachsamkeit« zu ermahnen. Dieses Regime aus Gehirnwäsche und Einschüchterung trug nicht unwesentlich zur Unterwerfung der HVA unter die Schmalspurpolitik und die Sicherheitsdoktrin der SED bei.

Die weitgehende Wirkungslosigkeit der HVA, die jedoch auch anderen Geheimdiensten nicht fremd ist, wurde durch das immer widerstandslosere Anpassungsverhalten der 80er Jahre noch verstärkt. Es hatte zugleich deutliche Auswirkungen auf die methodische Stringenz der nachrichtendienstlichen Arbeit. Stand bis dahin die illegale Informationsbeschaffung eindeutig im Vordergrund, so kam nun die legale Arbeit hinzu, die sich vor allem der Abschöpfung bediente. Darunter ist zu verstehen, daß in Gesprächen mit Politikern, Militärs, Wirtschaftsleuten des Gastlandes Meinungen und Auffassungen erkundet und diese dann entweder unmittelbar oder zu Analysen verarbeitet der Zentrale übermittelt werden. Der Gesprächspartner weiß in der Regel, daß er den offiziellen Vertreter eines anderen Landes vor sich hat und aufpassen muß, was er sagt, um nicht schutzwürdige Informationen abfließen zu lassen. Insofern unterscheidet sich diese Form der Informationsbeschaffung kaum von der eines tatsächlichen Diplomaten oder auch eines Journalisten; die Täuschung des Partners hält sich in Grenzen, ebenso aber auch die Substanz der von ihm zu erlangenden Neuigkeiten. Oft sind sich die Angesprochenen über den nachrichtendienstlichen Hintergrund des Gesprächs im klaren und daher doppelt wachsam; mitunter aber nutzten sie gerade ihn, um auf diese unkonventionelle Weise Botschaften loszuwerden, die sie ganz offiziell noch nicht formulieren wollen. Bei der DDR wie wohl auch den anderen sozialistischen Ländern kam noch hinzu, daß die Vertreter des Gastlandes glaubten, auf dem Weg über den Nachrichtendienst bei den politischen Führungen eher Gehör zu finden, als wenn sie sich der schwerfälligen diplomatischen Bahnen bedienten – was allerdings meist ein Trugschluß war.

Die HVA nutzte bald diese neue Möglichkeit mit aller Extensität – ungeachtet dessen, daß so beschaffte Informationen in der Regel nur über einen begrenzten Neuigkeitswert verfügten. Sie baute die Abteilung III, die für die Arbeit der legalen Residenturen zuständig war, erheblich aus und strebte ein im Grunde weltweites Engagement an, das sich nicht an den wirtschaftlichen Möglichkeiten und dem tatsächlichen politischen Rang der DDR maß, sondern an subjektivistischen Vorstellungen über den eigenen Einfluß auf die Weltpolitik. Zwar gab es in einigen Ländern durchaus potente Quellen, die aufschlußreiche Informationen lieferten, aber die Überzahl des auf diesem Wege nicht selten in großer Menge eingehenden Materials war von geringem Belang. Die Auswerter hatten oft den Eindruck, daß einige der Sendungen, vor allem aus entfernteren Ländern Asiens und Südamerikas, nicht mehr enthielten als eine mehr oder weniger geschickte Zusammenstellungen von Pressemeldungen, was von Berlin aus kaum überprüfbar war. Entsprechend waren dann auch die Ausgangsmaterialien; sie hätten von einem Länderexperten mit gutem Hintergrundwissen auch ohne geheimdienstliches Beiwerk erarbeitet werden können.

Aber auch aus der Bundesrepublik kamen nun immer mehr solcher Informationen. Die Residentur in der Bonner Ständigen Vertretung der DDR machte die Abschöpfarbeit zu einer ihrer Hauptsäulen; sie wurde unterstützt durch die Reisekader des Instituts für Politik und Wirtschaft (IPW) in Berlin, das zwar dem ZK der SED und seinem außenpolitischen Sekretär Hermann Axen unterstand, zugleich aber eng mit der HVA kooperierte. In letzterer war extra die Abteilung XVI für die Betreuung solcher offiziöser Kontakte von DDR-Institutionen geschaffen worden; das IPW nahm dabei den ersten Rang ein. Die so beschafften Informationen hatten jedoch mit wirklicher Spionage nur wenig zu tun. Sie ähnelten eher den Recherchen eines Politikwissenschaftlers oder Buchautors und enthielten kaum Geheimnisse – es sei denn solche, die die andere Seite ganz gezielt ohnehin publik machen wollte, ohne gleich eine Pressekonferenz abzuhalten. Die Wissenschaftler des IPW hatten ihre Gesprächspartner im Bonner Konrad-Adenauer-Haus wie in der »Baracke« der SPD. Sie sprachen aber auch bei Kollegen jener Institute vor, die in der Bundesrepublik ähnliche Aufgaben wie sie selbst wahrnahmen. Jeder Politologe zum Beispiel des Bundesinstituts für internationale und ostwissenschaftliche Studien oder der Stiftung Ebenhausen, zweier führender Forschungseinrichtungen der Bundesrepublik, brachte und bringt von Reisen in Länder seines Forschungsinteresses ganz ähnliche Berichte mit und verarbeitet sie dann in seinen Expertisen. Durch die HVA wurden sie aber zu Spionagedossiers gemacht. Darunter litt zwangsläufig der nachrichtendienstliche Charakter der HVA-Informationen; ihre Qualität überstieg kaum die der Beiträge einer gut redigierten politischen Wochen- und Monatsschrift.

Ganz ähnliches ist für die Abschöpfung von Politikern durch Journalisten zu sagen. Der Ende 1991 bekanntgewordene Fall des SPD-Bundestagsabgeordneten Karsten Voigt, dessen Kontakte mit einer DDR-Journalistin unter den Augen der HVA abliefen, zeigte, wie wenig über einen solchen Kanal tatsächlich zu erfahren war. Zum einen hatte Voigt als Oppositionspolitiker ohnehin wenig Einblick in die nachrichtendienstlich interessanten Regierungsentscheidungen. Zum anderen war er sich stets der Risiken einer solchen offenen Verbindung zur DDR bewußt. Er habe in seiner Position immer damit rechnen müssen, daß versucht werde, »irgendwelche Informationen abzuschöpfen« und sich daher stets so verhalten, daß »keine Informationen abfließen konnten«. Selbst das Bundeskriminalamt habe ihm in dieser Sache völlig korrektes Verhalten bescheinigt.

Parallel zur weltweiten und immer mehr auf oberflächliche Quantität als tiefgehende Qualität orientierenden Informationsbeschaffung verstärkte die DDR auch ihre Einflußnahme auf ausgewählte Staaten der dritten Welt durch den Aufbau nationaler Geheimdienste. Die HVA leistete dazu einen beträchtlichen Beitrag. Bei der Auswahl der in Frage kommenden Länder setzten sich jedoch stets ideologische Erwägungen durch, das heißt, es handelte sich um Staaten mit sogenannter sozialistischer Orientierung, denen nun die Erfahrungen der Sowjetunion bzw. der kaum modifizierte Abklatsch der DDR aufgezwungen wurde. Aus heutiger Sicht ist offensichtlich, daß alle diese Bemühungen scheiterten, nicht zuletzt wegen des subjektivistischen Herangehens. Weder für das Vorzugsland der 60er Jahre, Ägypten, noch für die späteren Favoriten Tansania mit Sansibar, Ghana, Sudan, Südjemen, Angola und Moçambique taugten die aufgepfropften tschekistischen Strukturen, zumal beim konkreten Vorgehen nicht selten der Eindruck entstand, als würde die ostafrikanische Metropole Daressalam mit dem südthüringischen Kreisstädtchen Ilmenau gleichgesetzt.

Die tatsächlichen Kräftekonstellationen in diesen Ländern wurden allzuoft unterschätzt, so 1966 in Ghana, als der HVA-Resident Jürgen Rogalla, später bis 1989 Leiter der Nordamerika bearbeitenden Abteilung XI, den Militärputsch gegen Präsident Nkrumah nicht voraussah und von den neuen Machthabern verhaftet wurde. Zwei Jahrzehnte später erlebte die HVA in Südjemen eine ähnliche Schlappe. Dort schlachteten sich zwei rivalisierende Führungsgruppen gegenseitig ab; eine von ihnen hatte sogar die Öltanks sprengen lassen, so daß die Innenstadt von Aden dezimeterhoch mit Rohöl überflutet wurde, in dem die Tausenden Leichen des Massakers lagen. Nichts davon hatte die Residentur der HVA vorausgesagt. Dies wiederholte sich bei den Stammes- und Bandenkämpfen in Angola und Moçambique.

Die Aufklärung der DDR, die vieles hätte besser wissen müssen, beugte sich auch bei ihren Einsätzen in der dritten Welt den ideologischen Vorgaben. Sie tat bei Aktivitäten mit, die sich letztlich nicht nur als sinnlos erwiesen, sondern auch kein Ruhmesblatt ihrer Geschichte waren. So muß sie sich heute bohrende Fragen nach jenem Engagement gefallen lassen, zum Beispiel hinsichtlich der PLO. Als gewissermaßen staatlich anerkannte Befreiungsbewegung erhielt diese auch seitens des MfS alle Unterstützung, einschließlich eines militärischen Trainings. »Wir haben einiges zu dieser Ausbildung beigesteuert«, bestätigte Wolf, »aber zu keiner Zeit hat unsere Abteilung sich an Terroraktivitäten beteiligt.«

Die »Partei- und Staatsführung« der DDR verlangte stets ein Bild der Welt, das ihren Erwartungen entsprach – gleich, ob es sich bei den Entwerfern um Politiker, Journalisten, Künstler oder Spione handelte. Auch die Hauptverwaltung Aufklärung hat sich diesem Wunsch in vielen Fällen unterworfen und mit großem Aufwand Informationen produziert, die allzuoft eine verbogene Realität darstellten.

Aber die Einbußen an methodischem Niveau beschränkten sich nicht auf diese Seite der Aufklärungsarbeit. Ganz generell nahm die Motivation zu immer höheren Leistungen ab, da viele von uns sahen, daß es auch mit weniger Aufwand und sogar Routine geht. Der hohe Rang, der Abschöpfinformationen zugewiesen wurde, vor allem aber die ständige Forderung nach quantitativem Zuwachs, ohne auf analogem Qualitätsgewinn zu bestehen, begünstigten Mittelmaß und beschädigten auf lange Sicht den einst guten Ruf der HVA.

Routine im Raster

Eines Morgens im Juni 1976 klingelten an Wohnungstüren in Stuttgart und Köln, in Kiel und München, in Heidelberg und Mönchen-Gladbach die Glocken. Schlagartig hatten Polizeibeamte eine Aktion gestartet, durch die bald zwei oder drei Dutzend Menschen festgenommen wurden, die auf den ersten Blick überhaupt nichts miteinander zu tun hatten. Es waren Behördenangestellte und Ingenieure, Handelsvertreter und Versicherungskaufleute. Gemeinsam war ihnen nur, daß sie alle eine Zeitlang im Ausland gelebt hatten, dann aber wieder zurückgekehrt waren, wobei sie ihren Wohnsitz – gewiß ungewöhnlich – niemals wieder dort einnahmen, von wo sie vor Jahren aufgebrochen waren und dabei viele Bekannte, Freunde, Arbeitskollegen zurückgelassen hatten.

Bei einigen festgenommenen Spionen war den Abwehrbehörden aufgefallen, daß sich in deren Biographien gewisse Punkte ähnelten – zum Beispiel der genannte. Sie stellten aber auch fest, daß Übergesiedelte schon wenige Wochen nach ihrer ersten polizeilichen Anmeldung wieder umzogen, um sich so in den Besitz echter Papiere zu bringen. Manche wiederholten diese Umzüge noch öfter. Ehepaare aus der DDR übersiedelten getrennt und »verheirateten« sich dann neu, um danach ebenfalls neue Personaldokumente zu beantragen. Die Trauung fand in sogenannten Schnelltrauungsämtern statt, in denen nicht viel nach Unterlagen gefragt wurde wo es auch kaum auffiel, wenn Angehörige nicht zugegen waren. Einreisen von »Doppelgängern« erfolgten – wie gesagt – zumeist aus dem Ausland, in das sich die Originalperson meist erst relativ kurze Zeit zuvor abgemeldet hatte.

All dies waren natürlich Besonderheiten, welche die Abwehrbehörden bei Enttarnungen registrierten. Und eines Tages fielen ihnen diese seltsamen Gemeinsamkeiten von DDR-Spionen auf. Sie verfertigten ein Raster und überprüften mit seiner Hilfe alle anderen, die in den Jahren zuvor auf ähnliche Weise in die Bundesrepublik gekommen waren oder sich entsprechend verhalten hatten. Für die Bundesgrenzschutzbeamten wurden spezielle Ausbildungskurse organisiert, in denen man sie mit den Verhaltensmustern der aus der DDR einreisenden Aufklärer vertraut machte. Auch sie legten ein Raster an, das vom Alter über die Kleidung und das Reisegepäck bis zu den Antworten auf Befragungen all das enthielt, was die Berliner Zentrale in ihren Schulungen als verallgemeinerungswürdig bezeichnet hatte.

So kam es denn eines Tages zwangsläufig zum großen Einbruch, eben in jenem Juni des Jahres 1976. Nach der Verhaftungswelle setzen sich zahlreiche weitere Spione in die DDR ab, zum Teil in wilder Flucht. Befriedigt konstatierte das Innenministerium in seinem jährlichen Bericht über die Ergebnisse der Verfassungsschutz-Arbeit: »Zahlreiche Agenten setzten sich ab, weil sie nach eigener Einschätzung ihre Sicherheit gefährdet sahen oder von ihren Führungsstellen abgezogen wurden. Dies geschah teilweise so überstürzt, daß sie nachrichtendienstliche Hilfsmittel oder bereits vorbereitetes Verratsmaterial zurücklassen mußten.«

Später erwies sich, daß nicht jede Flucht notwendig gewesen war; in einigen Fällen hatte Panik zu unüberlegten Handlungen geführt, die die Pleite noch schlimmer machten, als sie ohnehin schon war. Auch das teilte der Verfassungsschutz genüßlich mit: »Eine Reihe weiterer Fluchtfälle wurde erst durch Hinweise aufmerksamer Nachbarn bekannt, ihnen waren Möbelwagen mit Firmenaufschriften aus der ›Hauptstadt der DDR‹ oder Karl-Marx-Stadt vor Wohnungen ihrer Nachbarn, die sie im Urlaub glaubten, aufgefallen.«

Dieser Einbruch war das Ergebnis zunehmender Routine in der Arbeit der Hauptverwaltung Aufklärung. Sie hatte erst jetzt ein solch verheerendes Ergebnis, doch erste Anzeichen von Routine und verkümmertem innovativem Denken zeigten sich schon in den 50er Jahren, als in der DDR-Spionage die bereits genannte Übersiedlungsvariante hoch im Kurs stand. Für ihre Favoritenstellung war neben der in den Jahren einer offenen Grenze bequemen Handhabung auch ein überzogenes Sicherheitsdenken verantwortlich, das sich aus sowjetischen Erfahrungen speiste. Es ging – wie dargestellt – davon aus, daß ein zuverlässiger Kundschafter nur ein Mann oder eine Frau aus den eigenen Reihen sein konnte. Es sei nur dem zu trauen, der über marxistisch-leninistische Bildung verfügte und im kommunistischen Geist erzogen war. Deshalb galt die Maxime, daß die wichtigsten Stützpunkte im Operationsgebiet von Abgesandten der Zentrale zu besetzen seien.

Dieses Dogma entsprang gleich mehreren Denkfehlern. Zum einen ging es von einem starren Verständnis des Erziehungsbegriffs aus, unterlag es dem Irrtum, daß einmal erworbene Haltungen unveränderlich sind. Tatsächlich zeigte sich aber gerade an vielen Übersiedelungskandidaten, daß eine neue Umwelt auch neues Denken hervorbringt. Dies wurde noch dadurch verstärkt, daß das in der DDR vermittelte Bild der Bundesrepublik den Realitäten nicht standhielt. Bei allen Gebrechen und Widersprüchen, die auch dem kapitalistischen System eigen sind, war jedoch das einseitige Klischee der sozialistischen Propaganda von der Wirklichkeit so weit entfernt, daß für manchen Übergesiedelten die Konfrontation mit den Tatsachen der Bundesrepublik zum Schockerlebnis wurde. Manche von ihnen meldeten sich überhaupt nicht wieder bei der Zentrale, zum Teil konnten nicht einmal ihre zurückgebliebenen Verwandten Auskunft geben, was aus ihnen geworden war. Andere spielten erst noch eine Zeitlang mit, ehe sie frustriert den Kontakt abbrachen.

Viele der Übergesiedelten hielten aber auch zur Stange, stellten jedoch der Zentrale zunehmend bohrende Fragen. Sie wollten Klarheit haben, wie zu Hause vermittelte Theorie und im Operationsgebiet angetroffene Praxis in Übereinstimmung zu bringen seien, woher die offensichtlichen Widersprüche rührten. Das aber machte sie für die Zentrale verdächtig; sie galten als »aufgeweicht«, und die Neigung, ihnen bei nachrichtendienstlichen Operationen zu vertrauen, schwand. Auch das beeinträchtigte die Arbeitsergebnisse.

Die Verfassungsschutz-Behörden der Bundesrepublik konnten aus diesen Vorgängen allerdings nur wenig Nutzen ziehen, da sich die wenigsten der »Abtrünnigen« offenbarten. Die Abwehr verstärkte dennoch ihre Bemühungen zum Erkennen der so Eingeschleusten, nachdem sie begriffen hatte, welch großen Stellenwert die DDR-Spionage ihnen beimaß. Zwar war es bei der Vielzahl der Übersiedler nicht einfach, den Überblick zu behalten, aber da die von der HVA Beauftragten früher oder später in sensible Positionen zu gelangen versuchten, konnte bis zu diesem Zeitpunkt mit der

Tiefenüberprüfung abgewartet werden. Dann jedoch wurde der Kandidat intensiv unter die Lupe genommen, sein Vorleben in der DDR ausgeforscht. Dafür fanden sich – ebenfalls ein Ergebnis der hohen Übersiedlerzahlen von eineinhalb bis zwei Millionen von Kriegsende bis 1961 – genügend Zeugen, die den Betreffenden aus der Vergangenheit her kannten und Auskunft geben konnten, ob er tatsächlich schon immer ein Regimegegner oder nicht im Gegenteil gesellschaftlich sehr aktiv gewesen war.

Bald wurden auch die Befragungen und Datenerfassungen in den Flüchtlingslagern selbst intensiviert, an denen sich die Geheimdienste der Westmächte ebenso wie BND und Verfassungsschutz beteiligten. Und wenn auch der eine oder andere dieser Ausforschung entgehen konnte, indem er sofort bei Verwandten oder Bekannten untergeschlüpft war, so passierte es doch, daß er im nachhinein befragt wurde. Mit dem Vergleich der Resultate solcher Erhebungen hatten die Abwehrbehörden der Bundesrepublik schon bald Mittel gefunden, um der Übersiedelungsvariante entgegenzuwirken. Damit wurde ihre Anwendung immer riskanter, vor allem war es wenig ratsam, größere Operationen unter Einsatz bisher nicht gefährdeter Aufklärer durch Übergesiedelte ausführen zu lassen. Daß trotzdem lange an einer solchen Methode festgehalten wurde, ging letztlich auf ein Phänomen der DDR-Gesellschaft zurück, das auch in anderen Bereichen eine große Rolle spielte, nirgends aber wohl so unangebracht war wie gerade im Geheimdienst. Es handelt sich um die permanente Forderung, gute Erfahrungen auf allen Gebieten zu verallgemeinern, das heißt nachzuahmen und immer wieder anzuwenden. Die Leitung der HVA orientierte – in »schöpferischer Anwendung« sowjetischer Praktiken – darauf, erfolgreiche Methoden zu studieren und für die eigene operative Arbeit zu nutzen. Die Schule der HVA erarbeitete dazu Lehrhefte, in den sogenannten Fachschulungen wurden die Beispiele vorgestellt. Mancher griff das Angebot mangels eigener Ideen dankbar auf; andere wurden unter Hinweis auf die Notwendigkeit, an der Praxis zu lernen, dazu genötigt.

So kam es dann, daß man Berufs- und Aufenthaltslegenden kopierte, Ansprechpraktiken wiederholte, Antworten auf Stellenanzeigen vervielfältigte und ähnliches mehr. Ebenso wurden gute Erfahrungen aus der Reisegestaltung verallgemeinert und als erfolgreich erkannte Verhaltensweisen im Operationsgebiet imitiert.

Mit dem wachsenden Interesse für unsere Umwelt boten sich zum Beispiel solche Legenden für das Ansprechen interessanter Leute an wie Projekte zur Landschaftsgestaltung, das Erschließen von Routen für Radwanderungen und ähnliches. Das wurde dann bei den verschiedensten Operationen wiederholt.

Bei all dem übersah man jedoch, daß nachrichtendienstliche Tätigkeit wie kaum etwas anderes von der Individualität des Spions lebt. Jede Wiederholung mindert seine Exklusivität und schwächt damit die Konspiration des Aufklärers. Beispiele konnten nur in dem Sinne von Interesse sein, als daraus abzulesen war, wie man sich nicht verhalten sollte – nicht jedoch, um erfolgreiche Praktiken zu wiederholen. Dennoch wurde immer wieder so gearbeitet.

Der Nachahmungstrieb, bis zuletzt unausrottbar, war nur ein Beispiel für die zunehmende Bürokratisierung des DDR-Spionageapparates. Ein anderes betraf die Leistungsbewertung der Aufklärer. Sie ergab sich vor allem aus quantitativen Größen, also der statistischen Erfassung operativer Ergebnisse. So wurden nicht nur die inoffiziellen Mitarbeiter nach etwa zehn Kategorien ihres Einsatzes erfaßt, sondern auch nach ihrem Alter, ihrem sozialen oder familiären Status, dem Beruf, den Besitzverhältnissen und ähnlichem. Für die Werbungsarten gab die Statistik fünf Kategorien vor. Die beschafften Informationen wurden ebenfalls gezählt, zusätzlich aber noch in eine Werteskala von eins bis fünf – ähnlich den Schulzensuren – eingeordnet. Zwischen den beschaffenden Abteilungen und den Auswertern gab es immer wieder lange Diskussionen über den Wert, da die »Note 4« oder gar die »5« für viele Aufklärer ein Donnerwetter ihrer Vorgesetzten bedeutete. Oft vergewisserten sie sich zuvor, daß zumindest eine »3« herausspringt. Die zusammengefaßten Angaben erfolgten aus Gründen der Verschleierung natürlich nur prozentual, waren also kaum vergleichbar.

Dieses Bewertungssystem hatte die HVA unmittelbar aus der DDR-Wirtschaft übernommen. Dort war die Statistik von Anfang ein beliebtes Instrument zur angeblichen objektiven Leistungsbewertung. In Wirklichkeit bot sie jedoch gern genutzte Möglichkeiten zur Verschleierung der tatsächlichen qualitativen Probleme und war ein Machtinstrument der Vorgesetzten, mit denen sie unliebsame Mitarbeiter anscheinend auf der Basis objektiver Fakten maßregeln konnten. Auch andere Praktiken wurden direkt der

Wirtschaft entlehnt. Das betraf zum Beispiel die Detailplanung bis hin zum letzten Bleistift und Stück Papier. Das betraf die auf Jahre festgelegte Zuteilung von Büromöbeln, Technik, Autos und sogar Benzin und Reparaturkapazität. Das betraf auch Auszeichnungen und Beförderungen, die von einigen Vorgesetzten namentlich auf mehrere Jahre hinaus vorgeplant wurden. All das wirkte jeder effektiven Arbeit entgegen, beeinträchtigte die Motivation der Mitarbeiter und machte zwangsläufig Durchschnittsleistungen zum Erstrebenswerten. Wie auch andere Bereiche, produzierte die HVA auf diese Weise zunehmend »das beste Mittelmaß der Welt«.

Ein anderer Aspekt der Bürokratisierung war die personelle Aufblähung. Die Aufstockung der Zahl der Quellen, von denen viele nur Durchschnittliches lieferten, jedoch beträchtliche Kapazitäten banden, führte immer wieder auch zur Erhöhung der Mitarbeiterzahl in der Zentrale. Das wiederum verursachte Unübersichtlichkeit und Schwerfälligkeit des gesamten Apparates, was neue Forderungen nach personellem Zuwachs für die administrativen Bereiche der HVA bewirkte, die mit der unmittelbaren operativen Arbeit nichts zu tun hatten. So stieg der Personalbestand unaufhörlich, und die Schere zwischen eigentlichen Aufklärern und ihren vielfältigen »Hilfstruppen« klaffte immer weiter auseinander. Im Herbst 1989, als das MfS zum Amt für Nationale Sicherheit (AfNS) umfunktioniert wurde, zählte man offiziell 4.128 hauptamtliche HVA-Angehörige – eine Zahl, die eher untertrieben als überzogen war.

Mißerfolge in der operativen Arbeit konnten bei solcher Fehlentwicklung nicht ausbleiben. Sie nahmen im Lauf der 70er und 80er Jahre immer mehr zu, wenn auch angesichts der Vielzahl der Quellen dies im quantitativen Informationsaufkommen kaum ins Gewicht fiel. Doch die seitens der Abwehrbehörden der Bundesrepublik und anderer Länder erfolgten Festnahmen gingen weniger auf die Tüchtigkeit jener Dienste zurück als vielmehr auf Mängel in der eigenen Arbeit. Dies waren Fehleinschätzungen der angesprochenen Personen, konspirative Nachlässigkeiten, ungenügende Vorbereitung auf die konkrete Situation am Zielort, Abweichungen von früheren Aussagen gegenüber Dritten und eigenmächtige Veränderungen der Vorgaben ohne ausreichende Kenntnis der Zusammenhänge. Auf das Kopieren bestimmter Verhaltensweisen wurde schon verwiesen. Ein IM mit Wohnstützpunkt fiel leicht dadurch auf, daß er nicht nur seine Miete, sondern auch Telefonrechnungen, Radio- und Fernsehgebühren bar bezahlte. Seine oftmalige Abwesenheit erklärte er vielleicht mit reger Reisetätigkeit; dem widersprach jedoch, daß er über kein Auto verfügte und nur öffentliche Verkehrsmittel benutzte. Wer in einer fremden Stadt ankam, begab sich vielleicht sofort zum Verkehrsverein oder der Zimmervermittlung – was ihn als Fremden auswies. Unauffälliger konnte es mitunter sein, erst ein konkretes Ziel anzusteuern und erst nach einiger Zeit die Quartiersuche zu beginnen. Die eigenen Möglichkeiten wurden oftmals über- und die Fähigkeiten unserer Kontrahenten unterschätzt. Oft spielten die schon angesprochene Routine und eine gewisse Überheblichkeit, nicht selten durch die Führungsoffiziere gefördert, eine Rolle.

Wie sehr schon anscheinend kleine Fehler große und mitunter erst nach einiger Zeit sichtbare Folgen zeitigten, zeigt folgendes Beispiel eines gemeinsamen Einsatzes zweier Werber, einer aus der DDR, der andere aus der Bundesrepublik. Sie begaben sich in einem Leihwagen nach Spanien und wählten unterwegs ein schönes Plätzchen für eine Pause und ein Bad im Mittelmeer aus. Während sie schwammen, wurde das Auto aufgebrochen und sämtliches Gepäck gestohlen, darunter auch die Papiere. Sie meldeten den Vorfall bei der Gendarmerie, für die das zunächst nur ein nicht allzuseltener Routinevorgang war. Dann begab sich der Bundesbürger zu seinem Konsulat, um dort Papiere für die Heimreise zu bekommen; der DDR-Bürger schlug sich selbständig nach Hause durch.

Anderthalb Jahre später jedoch mußte sich der Westdeutsche einer hochnotpeinlichen Befragung unterziehen, da nun aufgefallen war, daß zwar zwei Personen den Diebstahl in Spanien gemeldet hatten, jedoch nur einer sich neue Papiere besorgte. Die Sache ging glimpflich aus, da der Befragte glaubwürdig versichern konnte, daß es sich bei seinem Mitreisenden um einen Anhalter gehandelt habe, der sich nach dem Vorfall von ihm trennte und zu dem er keine weiteren Angaben machen könne. Auch in anderen Fällen mag Glück Enttarnungen verhindert haben, aber das Menetekel stand an der Wand ...

Als ein Stiller zu sprechen begann

Das dritte Januar-Wochenende 1979 war für viele HVA-Mitarbeiter alles andere als geruhsam. Besonders im »Sektor Wissenschaft und Technik« (SWT) mußte rund um die Uhr gearbeitet werden – zur Schadensbegrenzung. Am Morgen des 19. Januar fand der Leiter der Abteilung XIII, Gerhard Jauck, nicht nur den Panzerschrank seiner Sekretärin aufgebrochen, sondern auch in seinem eigenen Zimmer einen Meißel, der offenbar dem Zweck gedient hatte, seinen Safe ebenfalls zu knacken. Das schien nicht gelungen, doch die Sache war alarmierend genug: Ein Mitarbeiter der Abteilung hatte sich – zusätzlich zu dem, was er wußte – mit konspirativem Material versorgt und war offensichtlich auf dem Wege in die Bundesrepublik. Wie immer in einem solchen Fall, ging es zunächst um die Identifizierung des »Abgangs«. Der war an diesem Freitag schnell gefunden, wenn auch beinahe unglaublich. Ausgerechnet der frisch gewählte Sekretär der SED-Parteiorganisation hatte sich in den Westen abgesetzt, der 30jährige Werner Stiller, der bis dahin als ein »entwicklungsfähiger Kader« galt.

Nun wurde er zu einer der größten Schlappen der HVA. In 17 Fällen gelang der bundesdeutschen Polizei nach seinen Hinweisen die Festnahme von DDR-Spionen. Mehr als ein Dutzend weitere Gefährdete setzten sich in die DDR ab. Der Generalbundesanwalt leitete über 100 Ermittlungsverfahren ein, von denen allerdings zahlreiche ins Leere griffen. Das Innenministerium konstatierte dennoch zu Recht: »Stiller ist einer der wertvollsten Überläufer. Seine umfassenden Aussagen in Verbindung mit dem mitgebrachten Originalmaterial vermittelten den westlichen Abwehrdiensten ein nahezu lückenloses Bild über die spezielle Entwicklung des ›Sektors Wissenschaft und Technik‹ sowie der Struktur, Aufgabenstellung und Arbeitsmethoden der HVA des MfS.«

Tatsächlich war das Verschwinden Stillers ein Schock für die Hauptverwaltung Aufklärung. Sofort wurden alle erreichbaren Mitarbeiter informiert; ein jeder mußte detailliert schriftlich darlegen, über welche konspirativen Fakten und Vorgänge der Geflohene Kenntnis hatte. Innerhalb weniger Stunden war so das Ausmaß des vermutlichen Verrats übersehbar, und es konnten Maßnahmen zur Schadensbegrenzung eingeleitet werden. Vor allem galt es, alle diejenigen, die durch ihn unmittelbar gefährdet waren, zu warnen. Das gelang nur noch begrenzt. Die obige Erfolgsmeldung der BRD-Sicherheitsbehörden entsprach den Tatsachen.

Bei aller Aufregung, die der Übertritt Stillers in die Bundesrepublik auslöste, hat er dennoch zu keiner Zeit die Arbeit der HVA paralysiert. Mittlerweile waren vor allem die älteren Aufklärer so erfahren, daß sie einen solchen Einbruch nie ausschlossen. HVA-Chef Markus Wolf hatte noch einen Tag (!) vor der Flucht Stillers auf einer Parteiveranstaltung vor Sorglosigkeit in dieser Hinsicht gewarnt. Stiller selbst, der dabei anwesend war, gab später zu, daß ihm dabei sehr unbehaglich wurde und er sogar nicht ausschloß, daß Wolf »gleich mit ausgestrecktem Finger auf mich weisen würde«. Möglicherweise hat dieses Ereignis zu seiner zwar schon seit einiger Zeit geplanten, dann aber doch recht überstürzten Flucht beigetragen.

Außerdem war Stiller nicht der erste, der einen solchen Schritt tat. Nach Krauß und Heim war 1961 mit Günter Männel ein dritter HVA-Offizier diesen Weg gegangen; mittlerweile lagen also Erfahrungen vor, und die Maßnahmen zur Schadensbegrenzung waren erprobt. Durch die seither erheblich verbesserte Quellensituation wurde auch aus dem Operationsgebiet sehr schnell bekannt, was Stiller tatsächlich verraten hatte und was von der vom Bundesnachrichtendienst in die Welt gesetzten Legende zu halten war, Stiller hätte seit Jahren für ihn gearbeitet.

Dennoch bedeutete seine Flucht natürlich eine schwere Niederlage – und das um so mehr, als die Untersuchungen schnell ergaben, daß genügend Signale vorhanden waren, die in diesem konkreten Fall das ansonsten latent immer vorhandene Mißtrauen gerechtfertigt hätten. Zugleich wurden erhebliche Mängel in der Arbeitsweise der HVA deutlich, die oft mit den zum Teil schon geschilderten Praktiken, aber auch mit Nachlässigkeit und Leichtsinn zusammenhingen.

So zeigte sich, daß die sogenannte Kaderauswahl in der HVA entgegen allen Beteuerungen von Sorgfalt und Wachsamkeit viele Schwächen aufwies. An erster Stelle standen dabei formal immer die »marxistisch-leninistische Überzeugung« und die »Parteitreue«. Wer die in seinem bisherigen – kurzen – Leben »nachgewiesen« hatte, was in der Regel nur verbal geschehen sein konnte, erschien erst einmal grundsätzlich geeignet. So bürgerte sich auch bei der HVA bald die Praxis ein, die Nachwuchsarbeit auf eine Art »innere Reproduktion« zu reduzieren. Besonders gern wurden Mitarbeiter angeworben, die Kinder oder zumindest Verwandte anderer MfS-Angehöriger waren. Das sprach – ohne Ansehen der konkreten Person – schon einmal für »Qualität« und ersparte umfangreiche Ermittlungen. Vor allem aber war sichergestellt, daß diese Kandidaten keinerlei Verbindungen zum Westen unterhielten. In diesen Kreis der Bevorzugten gehörten natürlich auch die Kinder führender Parteifunktionäre – einschließlich der Politbüromitglieder der SED.

Stiller, der aus einfachen Verhältnissen stammte, gehörte zwar nicht in diesen exklusiven Kreis, aber er schien aus anderen Gründen gut ins Raster der Kaderoffiziere zu passen. Da seine Eltern geschieden waren und die Mutter nicht allzuviel Zeit für Erziehung aufwenden konnte, fiel diese Aufgabe überwiegend auf Schule und FDJ. Sie vermittelten dem Halbwüchsigen jene oberflächlichen marxistisch-leninistischen Lehren, die zwar ein Vakuum im Kopf auszufüllen vermochten, nachhaltige Wirkungen aber bei vielen Jugendlichen nicht hinterließen. So waren Stillers Entscheidungen für die Übernahme von Funktionen – FDJ-Sekretär schon auf der Oberschule, dann auch beim Studium, Eintritt in die SED bereits mit achtzehn Jahren – mehr Selbstverständlichkeiten für jemamden, der vorwärtskommen wollte, als Ausdruck natürlich gereifter politischer Überzeugung. Stiller begriff schnell, was man von ihm hören wollte – auch später, als er seine Motive für den Eintritt ins Ministerium für Staatssicherheit darlegen sollte. Und seine Werber fanden, daß sich die Worte des Kandidaten auf dem Papier gut ausmachten; sie verzichteten darauf, ihn gründlicher zu prüfen, denn der Werbeplan saß ihnen im Nacken.

Werner Stiller erfüllte zunächst alle Erwartungen. Er fragte nicht viel, tat, was ihm aufgetragen, und hatte – so erforderlich – die ideologischen Klischees parat. Er gehörte bald zu jenen

Aufklärern, die wenig Skrupel verrieten und – wenn doch – in der Lage waren, sie mit vordergründigem Zynismus zu überdecken. So war er erfolgreich, brachte die geplanten Werbungen, und seine IM lieferten durchaus brauchbare Informationen. Ihm kam dabei zugute, daß im SWT-Bereich oft das Geld, das für Spionagematerial gezahlt wurde, eine größere Rolle spielte als jede ideologische Überzeugung. So brauchte er meist keine politischen Verrenkungen zu machen – aber er wäre sicher auch dazu in der Lage gewesen. Stiller fiel auf; man wählte ihn zum Parteisekretär seiner Abteilung – nach Praxis der HVA ein Schritt auf dem Weg zu einer aussichtsreichen Karriere.

Und doch nagte in ihm das Unbehagen. Möglicherweise war es die Oberflächlichkeit und Unausgegorenheit seines marxistisch-leninistischen Weltbildes, das ihn immer öfter am Wahrheitsgehalt dessen zweifeln ließ, was in der Parteischulung gepredigt wurde. Allzu sehr wich es von dem ab, was er um sich herum sah, und auch von dem, was in der HVA praktiziert wurde. Er machte sich Gedanken, was viele um ihn herum nicht taten. Und er zog Konsequenzen, was noch viel seltener war. Aus heutiger Sicht wäre es vermessen, Stiller dafür zu tadeln, daß er einen Weg ging, auf dem er manchen, der durchaus auch lautere Motive für seine Entscheidung hatte, ins Unglück stürzte. Er wählte für sich *diese* Alternative. Heute müssen sich jene, die das Unbehagen unterdrückten und weitermachten, fragen, ob sie sich in einem besseren Licht sehen können.

Zum Frust über die Kluft zwischen politischem Anspruch und Realität, die Stiller täglich erlebte, kamen private Probleme, die niemand wirklich ernst nahm. Seine ungarische Frau entfremdete sich ihm bald, der Umgang mit Freunden und Bekannten verflachte, auch im persönlichen Bereich blieb jener Zynismus nicht ohne Wirkung, der bei den dienstlichen Kontakten oft dominierte. Signale desen wurden in seiner Arbeitsgruppe nicht registriert; schon gar nicht wurde auf sie reagiert – eine häufige Erscheinung, die zeigt, wie sehr das immer mehr moralischer Antriebe entkleidete Geheimdienst-Geschäft das in den Anfangsjahren der HVA durchaus noch vorhandene Zusammengehörigkeitsgefühl der Aufklärer zerstörte. Man tat seinen Job, versuchte dabei möglichst wenig aufzufallen – und ansonsten wollte man seine Ruhe haben. Diesen Rückzug in die trügerische private Nische teilte Stiller mit vielen seiner »Genossen«. Aber fast alle unterwarfen sich dem Fatalismus dieser Situation, da für sie die Rigorosität von Stillers Ausbruch, die sich letztlich auch nur aus seiner Entwicklung im »realen Sozialismus« erklärt, nicht in Frage kam. Seine Entscheidung für den Bundesnachrichtendienst traf er ebensowenig aus Überzeugung wie die seinerzeitige für das MfS. In einer aus seiner Sicht ausweglosen Situation nutzte er die ihm gegebenen Möglichkeiten zur Flucht; was er dazu mitbrachte, war das Resultat hektischen Zusammensuchens, wobei er allerdings wußte, wo man fündig werden konnte.

Die tieferen Gründe für den Abgang Stillers liegen letztlich in der trotz der hohen Leistungen bei der Informationsbeschaffung insgesamt negativen Entwicklung der Hauptverwaltung Aufklärung, in der er – wohl zu Recht – für sich keine Perspektive mehr sah. Sie wurden ergänzt durch ein gerüttelt Maß von Nachlässigkeit und Leichtsinn in der operativen Arbeit, das die gleiche Ursache der Entfremdung vom ursprünglich so idealistisch geprägten Auftrag hat. So wußte Stiller weitaus mehr, als ihm bei strenger Anwendung der Regeln der Konspiration hätte bekannt sein dürfen. Er kannte von anderen Mitarbeitern Namen, Sachverhalte und Zusammenhänge. Er konnte aus der prahlerischen Beispieldarstellung in den Fachschulungen seine Schlüsse ziehen. Er selbst hat später konkret dargestellt, wie leicht es ihm gemacht wurde, Klarnamen von Spionen in der Bundesrepublik zu erfahren.

Auch die Sicherheitsbestimmungen im Gebäude der HVA wurden zu lax gehandhabt. Jeder Mitarbeiter, der nach Dienstschluß noch einmal in sein Zimmer wollte, konnte dies ohne jede vorherige Anmeldung. Er erielt dazu sogar die Schlüssel seiner gesamten Abteilung ausgehändigt. Er hatte dadurch Zugang zu allen Diensträumen. Nur so war es Stiller möglich, Materialien aus dem aufgebrochenen Panzerschrank der Abteilungssekretärin zu entwenden. Weder bestimmte sensible Räume noch die Stahlschränke der Spitzenleute der HVA waren elektronisch gesichert. Eine Kontrolle mitgenommener Unterlagen fand nirgends statt.

Ähnliche Nachlässigkeiten gab es beim Umgang mit fiktiven Dokumenten, also falschen Pässen und Ausweisen sowie Papieren, die zum Beispiel am Bahnhof Friedrichstraße zur Grenzpassage ausgestellt wurden. Vertrauensseligkeit und Kumpelhaftigkeit verhinderten oft die Einhaltung der Bestimmungen. Was in den

Anfangsjahren der HVA noch mangelnde Professionalität gewesen war, ging nun auf das Konto unzureichender Motivation, einer Dienstauffassung, gekennzeichnet durch Achtlosigkeit und Frust.

Nachdem das Kind in den Brunnen gefallen war, wurde er abgedeckt. In den zehn Jahren seit dem »Fall Stiller« bis zur Auflösung der HVA perfektionierte sie ihr inneres Sicherheitsregime. Schon wenige Wochen später formulierte eine für alle Abteilungen verbindliche Dienstanweisung Schlußfolgerungen aus dem Vorfall. Später erdachte eine spezielle »Arbeitsgruppe Sicherheit« unaufhörlich Maßnahmen, die die HVA vor weiteren Verratsfällen schützen sollten; ihre Vorschläge scheiterten jedoch nicht selten an finanziellen oder auch technischen Grenzen. Vor allem aber konnten sie nicht das moralische Defizit und die fehlende Motivation wettmachen, die die Dienstauffassung der DDR-Aufklärer immer mehr prägten. Zwar kam es nicht so bald wieder zum Übertritt eines HVA-Angehörigen zum erklärten Gegner, aber es häuften sich Vorkommnisse wie Alkoholmißbrauch, arrogantes Auftreten in der Öffentlichkeit, Unterschlagungen, Ehekonflikte, Probleme in der Kindererziehung und ähnliches. Das »Sicherheitsrisiko Mensch« wurde immer größer – trotz einiger durchaus vernünftiger Schlußfolgerungen.

So sorgte man dafür, daß ähnliche »Blitzkarrieren« wie bei Stiller in der Regel nicht mehr vorkamen. Für eine Einstellung in die HVA vorgesehene Kandidaten wurden zuvor in operativen Außengruppen (OAG), die sich fast alle Abteilungen schufen, erprobt. Diese Gruppen, getarnt als solche zivile Einrichtungen wie Konstruktionsbüros, Übersetzungsdienste, Außenstellen von Betrieben usw., bestanden meist nur aus drei, vier oder fünf, nur selten aus mehr Mitarbeitern. Sie waren nicht in die zentrale Hauptverwaltung eingebunden und konnten – natürlich unter Kontrolle ihrer jeweiligen Vorgesetzten – relativ ungestört und dadurch oft unbefangener arbeiten als die Mitarbeiter in der Normannenstraße. In mindestens ein-, in der Regel aber zwei- bis dreijähriger Tätigkeit wurden die »Nachwuchskader« auf ihre Befähigung hin überprüft, und erst dann entschied man über die weitere Verwendung. Dieser im Prinzip recht fruchtbare Ansatz ging jedoch bald verloren, wenn die Neulinge später in die HVA eingegliedert wurden und die dortigen Verhältnisse kennenlernten. Die Ernüchterung rief dann auch bei den so besser Getesteten die gleichen Symptome hervor, wie sie seit Jahren bei ihren Vorgängern registriert werden mußten.

Aus diesem Grunde nahmen auch die Überwachungsmaßnahmen gegenüber den Mitarbeitern der HVA zu. Sie gingen vor allem von der Hauptabteilung Kader und Schulung aus, zu deren Aufgaben die lückenlose Kontrolle des Verhaltens aller MfS-Angehörigen gehörte. Dabei war es gewiß kein Zufall, daß zum Leiter dieser Abteilung mit Günter Möller ein Spezialist der Spionageabwehr berufen wurde. Das Ziel bestand darin, jeden unkontrollierbaren Kontakt zu verhindern. Daher durften Verwandte ersten Grades keinerlei Beziehungen ins westliche Ausland unterhalten. Reisen wurden nur äußerst restriktiv gewährt; selbst der Urlaub ins sozialistische Ausland war melde- und bei immer mehr Ländern auch genehmigungspflichtig. Reisen durften grundsätzlich nur in Gruppen erfolgen. Ein Campingurlaub oder das Mieten privater Unterkünfte waren untersagt. Kontaktaufnahmen – wie zufällig auch immer – mußten unverzüglich gemeldet werden. Um das Verhalten der Mitarbeiter zu testen, wurden derartige Situationen fingiert. Jeder Verdacht konnte gedeckte Ermittlungen auslösen, und kein Aufklärer war davor geschützt, wie jeder andere DDR-Bürger auch abgehört oder der Postkontrolle unterworfen zu werden. Abhöreinrichtungen konnten sogar in den Diensttelefonen installiert werden. Mit der Zunahme der technischen Möglichkeiten wurden diese gezielt zur »Gewährleistung der inneren Sicherheit« eingesetzt. So kam es vor, daß das Gespräch mit einem verdächtigen Mitarbeiter der HVA aufgezeichnet wurde, um ihn mit Hilfe eines Sprachmodulators auf Ehrlichkeit seiner Aussagen zu überprüfen. Dieses Gerät, in der HVA unter dem Decknamen »Medium« ursprünglich für operative Zwecke eingesetzt, ließ aus der Sprachmodulation – ähnlich wie der Lügendetektor aus physiologischen Abläufen – Erregungszustände erkennen, die als Bestätigung eines Verdachts interpretiert werden konnten.

Der Fall Werner Stiller belebte innerhalb der HVA einmal mehr frühere Diskussionen darüber, wie mit solchen »Abtrünnigen« umzugehen sei. Als 1961 Günter Männel die Seiten wechselte, wurde von der Leitung der HVA eine Arbeitsgruppe gebildet, die versuchte, seinen Aufenthaltsort zu ermitteln und über seine weiteren Aktivitäten Klarheit zu gewinnen. Als dann entsprechende Informationen vorlagen, stellte sich die Frage, ob man Männels wieder habhaft werden könne und wenn ja, was dann mit ihm passieren sollte. Dazu bestanden sehr unterschiedliche Auffassungen, aber im Prinzip waren sich bei der Aufklärung alle einig, daß durch eine solche »Sonderjustiz« der schon durch die Flucht eingetretene Schaden nicht noch größer werden dürfe. Das hieß, spektakuläre Aktionen wurden ebenso ausgeschlossen wie etwa eine Liquidation des Überläufers. Es war vor allem zu bedenken, daß damit eine Kampfform in die Auseinandersetzung der Geheimdienste hineingetragen worden wäre, die unabsehbare Folgen auch für die eigenen Leute in den gegnerischen Reihen hätte haben können.

Als schließlich klar wurde, daß eine »lautlose Rückführung« Männels nicht möglich war, blies man die ganze Sache ab. Hatte es bis dahin seitens der HVA schon keine Entführungen Mißliebiger aus dem Westen gegeben, so in der Folgezeit erst recht nicht. Als Stiller verschwand, wurde eine vergleichbare Arbeitsgruppe gar nicht erst gebildet. Hier ging es einzig um die Begrenzung des aufgetretenen Schadens; jeder Versuch, Stiller zurückzuholen oder auch im Operationsgebiet zu »exekutieren«, wie es Mielke bei einigen Gelegenheiten tatsächlich angedroht hatte, schied von vornherein aus. Die HVA hat dazu keine Vorkehrungen getroffen. Dennoch traute der BND dem Frieden nicht. Er ließ Stiller nicht ein einziges Mal direkt als Zeuge vor Gericht auftreten und besorgte ihm eine neue Identität, unter der er noch immer unerkannt lebt.

Im Umfeld der Stiller-Schlappe mußte die HVA Erfahrungen mit einer speziellen Sorte von Überläufern machen. Zwei der DDR-Spione, denen die Flucht aus der Bundesrepublik – wenn auch auf ganz verschiedene Weise – gelang, kehrten nach einem kurzen Aufenthalt zurück, obwohl ihnen in Westdeutschland eine Strafverfolgung sicher war: Rainer Fülle und Erich Ziegenhain. Dabei war der Fall Fülle so abenteuerlich, daß man hätte annehmen können, er entstamme einem Spionage-Thriller.

Der Angestellte der Gesellschaft zur Wiederaufbereitung von Kernbrennstoffen in Karlsruhe war zwar festgenommen worden, entkam aber auf dem Weg zu einem Verhör seinem (einzigen!) Bewacher, da der – es war ein kalter Wintertag – auf Glatteis ins Stolpern geriet und ihn nicht festhalten konnte. Fülle floh und meldete sich bei der sowjetischen Militärmission in Baden-Baden, von wo aus er in einer Holzkiste in die DDR geschmuggelt wurde. Hier konnte er studieren, erhielt ein weit überdimensioniertes

Stipendium, lebte in einer Villa – und auch sonst wurde ihm fast jeder Wunsch erfüllt. Seine »tschekistischen Kampferfahrungen« vermittelte er jungen HVA-Mitarbeitern und Kursanten der Schule des Spionagedienstes in Vorträgen und Gesprächsrunden. All das aber verschaffte ihm offensichtlich keine Befriedigung. Seine Familie war ihm nicht in die DDR gefolgt, und über sie nahm er Kontakt zum Bundesamt für Verfassungsschutz auf, das bald darauf für seine Rückkehr sorgte. Ansonsten aber tat auch diese Bundesbehörde wenig für ihn: Das Oberlandesgericht Stuttgart verurteilte ihn zu sechs Jahren Haft.

Erich Ziegenhain war nach einem Rückruf aus der Berliner Zentrale Ende Januar 1979 in die DDR geflohen. Aber auch seine Familie – mit seiner nachrichtendienstlichen Tätigkeit konfrontiert – wollte nicht im Osten Deutschlands bleiben, sah aber letztlich keinen anderen Ausweg. Doch Ziegenhain, anders als Fülle auf ideologischer Grundlage angeworben, verkraftete die Realität des Sozialismus nicht. Immer häufiger kritisierte er die Verhältnisse, die er sich so ganz anders vorgestellt hatte, und stellte schließlich den Antrag auf Rückkehr. Bei der HVA stieß er damit natürlich nicht auf Gegenliebe, doch nach längeren Auseinandersetzungen sah man schließlich ein, daß es sinnlos sei, ihn gegen seinen Willen festzuhalten. Ziegenhain kehrte mit seiner Familie zurück und wurde zu zwei Jahren Gefängnis auf Bewährung verurteilt. Leider wurde von uns allen nicht ernst genommen, was der frühere Oberregierungsrat im hessischen Sozialministerium zur Begründung dieses spektakulären und für die HVA blamablen Schrittes sagte. Er sei durch seinen DDR-Aufenthalt »zu einem überzeugten und engagierten Antikommunisten geworden ...; denn die DDR ist, nicht zuletzt für ehemalige Sozialisten, die ›Schule des Antikommunismus‹«.

Je mehr sich die gesellschaftliche Realität in der DDR von ihren frühen Idealen, deren Verwirklichung allerdings nie ernsthaft betrieben wurde, entfernte, desto größer wurden die Probleme mit jenen Spionen, die sich aus dem Operationsgebiet wegen akuter Gefährdung zurückziehen mußten bzw. die aus eigenem Antrieb flohen. Die Schicksale von Fülle und Ziegenhain machten insofern nur etwas sichtbar, was unter der Oberfläche schon lange schwelte. In den Anfangsjahren der DDR-Aufklärung, als erst Positionen geschaffen wurden und die Betreuung zurückgezogener oder geflohener Kundschafter lediglich Einzelfälle darstellten, bereiteten sie noch keine Probleme. Später, als sich solche tragischen Vorfälle häuften und – vor allem Mitte der 70er Jahre – ihren Ausnahmecharakter verloren, stand die HVA plötzlich vor einem Phänomen, das bis dahin ungekannte psychologische Probleme aufwarf. Der Spion, bis dato zumeist ein in guter Position stehender, über Sozialprestige verfügender Bürger der Bundesrepublik, wurde förmlich über Nacht zum Nobody. Zwar erfuhr er durch das MfS und die HVA, mitunter auch einmal in einem öffentlichen Auftritt im DDR-Fernsehen hohe Würdigung als »Kämpfer an der unsichtbaren Front«, doch war diese Phase der Ehrungen beendet, dann trat bald Leere ein. Die hohen Erwartungen der Ex-Kundschafter, die sich ihr Bild von der DDR meist vor allem aus den Berichten ihrer Instrukteure zusammengesetzt hatten, wurden oft tief enttäuscht. Einstige Versprechungen konnten nun nicht gehalten werden. Eine berufliche Laufbahn war oft schwierig, da elementare Voraussetzungen fehlten und bestimmte Entwicklungen aus Sicherheitsgründen versperrt blieben. Die neuen DDR-Bürger wurden auch mit den Unbilden des täglichen Lebens konfrontiert, mit Versorgungsmängeln, Reisebeschränkungen und bürokratischen Hürden, die es zwar auch im Westen gegeben hatte, hier jedoch von ganz anderer Art waren. Die Verärgerung schlug bald in Forderungen um, die in einzelnen Fällen bis zur Erpressung gingen. Einige der Ex-Spione wollten ihre Erlebnisse veröffentlichen, andere sich auf Vortragsreisen im Ausland vorstellen. Seitens des MfS wurde das alles abgeblockt, wobei oft kleinliche Begründungen herhalten mußten. Auch hier hatte das ideologische Kalkül Primat, wurde ihm die Befindlichkeit des jeweiligen Kundschafters untergeordnet. In den 80er Jahren gründete man an der HVA eine spezielle Betreuungsgruppe, die nichts anderes zu tun hatte, als sich rund um die Uhr um die zurückgezogenen oder geflohenen früheren Aufklärer zu kümmern. Dennoch änderte das an den gegenseitigen Irritationen wenig, und in vielen Fällen gelang die Integration bis zuletzt nicht.

Der Versuch, durch öffentliche Würdigung der Spione die Spannungen bei der Eingliederung in eine völlig neue Gesellschaft zu mindern, hatte durchaus seinen Sinn; die formalistische Handhabung verkehrte aber auch hier die gute Absicht beinahe ins

Gegenteil. Lange Jahre hatten die sozialistischen Länder überhaupt nicht zugeben mögen, daß auch sie Spionage betrieben. Dieser Begriff war von vornherein negativ besetzt und galt nur für die entsprechenden »imperialistischen Machenschaften«. Erst mit der Würdigung des sowjetischen Aufklärers Richard Sorge änderte sich daran etwas; von nun an wurden »Kundschafterleistungen«, wie wir sie euphemistisch nannten, als »Beiträge zur Friedenssicherung« hervorgehoben. Das war nicht falsch, wenn man sich die meisten der so Geehrten ansieht. Zugleich aber verband sich mit dieser Anerkennung auch der Anspruch, im Gegensatz zu den »Agenten und Diversanten« des Westens einer guten Sache zu dienen und den Sozialismus zu stärken.

Wir haben auf diese Weise das Spionage-Gewerbe ideologisiert – ein Vorgang, der heute mit umgekehrten Vorzeichen erneut zu beobachten ist. Doch ungeachtet dessen entsprach der Schritt hin zur öffentlichen Heraushebung der Aufklärung und ihrer Sachwalter auch einem Bedürfnis dieser selbst. Im Einsatz lebt der Spion in einer ständigen psychischen Anspannung, die sich sowohl aus den Risiken seiner (Neben-)Tätigkeit als auch aus der Tatsache ergibt, daß er zwar etwas Besonderes, etwas Geheimnisvolles tut, damit aber nicht in die Öffentlichkeit gehen kann. Im Gegenteil, oft mußte der konspirativ Arbeitende im Interesse des Erfolgs und seiner Sicherheit besonders unauffällig agieren, durfte zum Beispiel seine finanziellen Zuwendungen nicht nach Bedarf verwenden, sondern stets dosiert, in Übereinstimmung mit seinem offiziellen Status. Nicht wenige wurden mit diesem Widerspruch nicht fertig und enttarnten sich durch Unvorsichtigkeiten, mitunter sogar Prahlereien. Grundsätzlich gilt das auch für die Führungsoffiziere, die Mitarbeiter der Zentrale, die oft auf Ehre und Ansehen, die sie mit ihren Fähigkeiten im zivilen Leben durchaus hätten erwerben können, verzichten müssen. Beide Gruppen haben den Drang, anerkannt zu werden – und diesem Wunsch wurde die HVA dadurch gerecht, daß sie – überwiegend intern, zunehmend aber auch in der Öffentlichkeit – den »sozialistischen Kundschafter« zu würdigen begann.

Aber die Hauptverwaltung Aufklärung verband natürlich mit der Kundschafterehrung noch einen zweiten Zweck; sie sollte erzieherische Wirkung auf den Nachwuchs haben. Und damit wurde auch sie in ein propagandistisches Korsett gezwängt. Bald kam es zu Übertreibungen, dem Verschweigen von Fehlern und Mängeln. Selbst ganz normale Pannen hatte es plötzlich nicht mehr gegeben; der »Held« oder die »Heldin« sollte ohne Makel sein. Daß zum Beispiel einer der DDR-Spione häufig zu spät zum Treff kam, hatte in der Zentrale nicht selten Stirnrunzeln ausgelöst. Denn der Instrukteur mußte sich jedesmal fragen: Ist etwas passiert? Hat eine Beobachtung stattgefunden? Oder gibt es gar schlimmere Gründe für das Fernbleiben? Später aber wurde dieses in der konspirativen Arbeit äußerst problematische Verhalten jedoch heruntergespielt oder gar mit einem Scherz abgetan.

Einzelne Leistungen wurden übergebührlich aufgewertet, was auch Mißgunst im Kreis der Ex-Spione hervorrief. Mancher öffentliche Auftritt geriet zur Peinlichkeit, da der frühere Aufklärer – abgeschnitten von seiner Umwelt – den Blick für die Realität verloren hatte und nur noch in der Vergangenheit lebte. Dennoch hinderte das den einen oder die andere nicht, überheblich und anmaßend aufzutreten. Die schon genannten Integrationsprobleme fanden hier ein Ventil, das jedoch nicht im Sinne der Zentrale war. Die voluntaristische Geschichtsschreibung, in der DDR zu einem Prinzip erhoben, setzte sich auch auf diesem kleinen Feld durch und stiftete damit letztlich mehr Schaden als Nutzen.

In den letzten Jahren der HVA wurde die »Traditionspflege« zu einem Kult erhoben. Auf Weisung der Leitung intensivierte man die Erforschung früherer Erfolge, richtete »Traditionskabinette« ein und berauschte sich an der Vergangenheit. War dies vielleicht eine Flucht vor den Schwierigkeiten und Schlappen der Gegenwart, ein Ignorieren der im Unterbewußtsein möglicherweise dämmernden Zweifel am Sinn unserer Arbeit? Sollten Frustration und Resignation, die diese lähmende Einsicht bedingten, mit Blick auf das Gewesene verdrängt werden?

Überlebensgroß – Markus Wolf

Als am 6. Februar 1987 das damalige SED-Zentralorgan »Neues Deutschland« – verpackt in eine Meldung über Auszeichnungen und Ehrungen »verdienter Tschekisten« aus Anlaß des 37. Jahrestages des MfS – berichtete, Generaloberst Markus Wolf scheide »auf eigenen Wunsch aus dem aktiven Dienst im Ministerium für Staatssicherheit« aus, führte diese Meldung vor allem im Westen zu vielfältigen Spekulationen. Denn bisher galt für hohe Funktionsträger der DDR, daß sie gewissermaßen »in den Sielen« sterben; ein vorzeitiger Abgang signalisierte in der Regel, sie seien in Ungnade gefallen.

Im Falle von Markus Wolf enthielt diese Version zwar auch ein Körnchen Wahrheit, aber die Wurzeln für seine Demission lagen tiefer. Sie ergaben sich wohl aus der großen Desillusionierung, die den mehr als dreieinhalb Jahrzehnte unangefochtenen Chef der DDR-Spionage spätestens in den 80er Jahren heimgesucht hatte. Immer mehr erkannte er, ein scharfsichtiger, zur Analyse fähiger und weit in die Zukunft denkender Geistesmensch, daß die Ideale, unter denen er schon in frühester Jugend angetreten war, an der Realität der DDR zerbarsten. Jetzt, wenige Jahre nach dem ihn tief berührenden Tod seines Bruders Konrad, des langjährigen Präsidenten der Akademie der Künste der DDR, raffte er sich auf, seinem Leben noch einmal eine Wende zu geben. Letzter Anstoß mag die Entwicklung in der Sowjetunion gewesen sein, die unter Gorbatschow eine Richtung einschlug, der er mit seiner undogmatischen Sicht und seinem jedem Tabu abholden Denken leicht zu folgen vermochte. Markus Wolf fühlte sich seinem Bruder Konrad und dessen Vermächtnis verpflichtet; er wollte auch einen Beitrag zur Würdigung des Vaters, des Arztes und Dramatikers Friedrich Wolf, leisten.

Im MfS, dem von Erich Mielke beherrschten Apparat, war das nicht möglich. Er mußte ihn verlassen, um Freiräume zu gewinnen. Aber er wollte doch an ihn insoweit gebunden bleiben, daß der Zugriff zum nachrichtendienstlichen Wissen und auch manch liebgewordenes Prvileg nicht verlorengingen. Sein Wunsch war zwar ungewöhnlich für den Minister für Staatssicherheit, und er lehnte zunächst rundweg ab. Wolf aber blieb hartnäckig, und da sich sein Begehren letztlich doch mit den insgeheimen Absichten Mielkes traf, der seinen so gründlich verschiedenen Spionagechef nie gemocht hatte, fanden beide einen Kompromiß: Wolf verließ den Posten als stellvertretender Minister und Leiter der Hauptverwaltung Aufklärung, blieb aber ins MfS und seine Parteiorganisation eingebunden. Der Ex-Spionagechef bekam so ein Stück relative Freiheit; sein ehemaliger Dienstherr jedoch behielt die Kontrolle über sein Tun und Lassen.

Diese Entscheidung dürfte Markus Wolf nicht leichtgefallen sein, denn in seinem Innersten war er stets eine autoritätsgläubiger Mensch. Der im Januar 1923 Geborene kam schon als Elfjähriger mit seinen Eltern in die Sowjetunion. Sein Vater Friedrich Wolf, der linke Schriftsteller jüdischer Herkunft, mußte Deutschland nach dem Machtantritt der Nazis verlassen. In Moskau besuchte Markus ebenso wie sein Bruder Konrad zunächst die deutsche Karl-Liebknecht-Schule und dann die 110. Mittelschule, die den Namen des Naturforschers Fridtjof Nansen trug. Diese Jahre, gekennzeichnet durch die Bindung an die Schutz vor den Faschisten gewährende Sowjetunion und eine Erziehung, die sich kommunistisch nannte, prägten Markus Wolf für sein Leben. Später schrieb er über die widersprüchlichen Moskauer Jahre: »Willkür, Ungerechtigkeit und Grausamkeit passen so gar nicht zu all dem, was wir von unseren Eltern, unseren nächsten Freunden, in der Schule, in den von uns geliebten Filmen und Büchern über die Revolution, über die Ziele und Ideale des Kommunismus erfahren und tief in unser junges Bewußtsein aufgenommen haben. Wir begannen schon früh, in den Büchern von Marx, Engels und Lenin (wohl auch Stalin – d. Verf.) zu lesen. Deren Ideen sind für uns lebendig in dem Land, das uns immer mehr zur Heimat wird, das wir lieben, dessen Menschen unsere Freunde sind und bleiben, dessen Sprache und große Kultur wir immer besser beherrschen und schätzen lernen.« Weder die spätere Aussiedlung nach Kasachstan noch die auch von ihm nicht mehr geleugneten Verbrechen Stalins erschütterten sein Vertrauen in das Sowjetland. Auch später glaubte Wolf stets an das, was aus Moskau kam, nahm er unkritisch hin, was in den dortigen Zeitungen stand und auch, was ihm die Vorbilder aus dem KGB als notwendig und nützlich für die operative Arbeit beschrieben. Bis fast fünf nach Zwölf folgte er den Empfehlungen seiner früheren Kollegen oder alten Freunde – hießen sie nun Krjutschkow oder Falin. Der Widerspruch zwischen Wissen und emotionaler Bindung führte zu einer Bewußtseinsspaltung, die rational kaum nachvollziehbar ist.

Dies und die früh erfolgte Prägung auf Autoritäten – den Vater, den er noch jetzt wie ein Kind Paps nennt, die Lehrer in Moskau, die kommunistischen Erzieher auf der Komintern-Schule, die er 1942/43 besuchte, und später eben Ulbricht und Mielke – ermöglichte ihm die Loyalität zu einem System und Personen, die seiner innersten Mentalität zutiefst widersprachen. Obwohl seine Liebe dem Journalismus gehörte und er nach der Rückkehr nach Deutschland von der Gruppe Ulbricht auch zunächst im Berliner Funkhaus an der Masurenallee eingesetzt wurde, folgte er doch willig dem »Ruf der Partei«, die ihn zunächst als Diplomaten an die nach der Gründung der DDR 1949 in Moskau eröffnete Botschaft versetzte, um ihn schon bald zur Übernahme einer besonders delikaten Aufgabe zurückzuholen. 1951 gehörte er zu jenen, die mit dem Institut für Wirtschaftswissenschaftliche Forschung den Vorläufer der späteren DDR-Spionage aufbauten.

Die relative Selbständigkeit, die er dabei unter der Oberherrschaft des Außenministeriums genoß, war von kurzer Dauer. Schon 1955 wurde die Aufklärung Bestandteil des Ministeriums für Staatssicherheit, erst unter Wollweber und seit dem 1. November 1957 unter Mielke. Wolf ordnete sich dem unter, war jedoch stets bemüht, für die HVA ein gewisses Maß an Selbständigkeit zu erhalten. Zwar mußten dabei immer wieder Kompromisse gemacht werden, aber anfangs gelang es durchaus, den Sondercharakter der Aufklärung zu betonen. Dabei halfen Wolf die unbestreitbaren Erfolge seiner Kundschafter und die Linie Ulbrichts, Mielke mit seinem Apparat nicht zu stark werden zu lassen. Der Umschwung kam Anfang der 70er Jahre. Damals – 1971 war Honecker an die Spitze der Partei getreten – wurde der Minister für Staatssicherheit Kandidat des SED-Politbüros und zog damit in den obersten

Machtzirkel ein. Zugleich verlor die Spionage – wie dargestellt – aufgrund der weltweiten diplomatischen Anerkennung der DDR an Exklusivität und Einfluß. Mielke gelang es, diesen Vorteil zu nutzen. Er unterband in den Jahren darauf konsequent jeden Versuch Wolfs, selbst einen Draht in die SED-Spitze zu schalten. »Er verlegte mir stets alle Wege in das Zentralkomitee«, schilderte der HVA-Chef später die Situation; selbst als solche Verbindungen dann unumgänglich wurden, »beauftragte er damit meinen Stellvertreter«.

Die immer widersprüchlichere Entwicklung in der DDR ermöglichte es Mielke außerdem, sich und seinen Apparat unersetzlich zu machen. Sein Sicherheitsdenken lief darauf hinaus, alles unter Kontrolle zu haben – was den ständigen Ausbau des MfS erforderte. Da war es selbstverständlich, daß sich alle seine Teile, die HVA eingeschlossen, der »Gesamtaufgabenstellung« unterzuordnen hatten. Und so mußten Aufklärungsoffiziere dabei helfen, die Protokollstrecke bei Staatsbesuchen zu sichern, mischten sie sich befehlsgemäß unter die Zuschauer bei Spielen des BFC Dynamo, saßen in Einsatzstäben während »gesellschaftlicher Höhepunkte« usw. Wolf besaß nicht die Kraft, sich diesen Forderungen seines Ministers zu entziehen; er betrachtete sie als notwendige Übel, über die Diskussionen nicht sinnvoll seien. Und wenn er doch einmal Widerspruch einlegte, rief ihn Mielke sofort zur Ordnung. Nicht selten mußte sich Wolf am Telefon oder auch in aller Öffentlichkeit demütigen lassen, indem ihn Mielke irgendeiner Nichtigkeit wegen angriff oder mit plumpen Geistreicheleien ins Unrecht zu setzen versuchte. Wolf beschrieb das als »übermäßige, in den letzten Jahren ins Unerträgliche gesteigerte Egozentrik«.

Die Rivalität der beiden war im MfS kein Geheimnis – und auch nicht die Meinung, die Markus Wolf von Erich Mielke hatte. Er verachtete ihn. Doch das hinderte den berühmten Spionagechef nicht, sich vor ihm wie ein Wurm zu winden, wenn es ihm opportun erschien. Mancher mag zwar aus dem penetranten Lob, das Wolf bei solchen Gelegenheiten über Mielke ausgoß, die Ironie herausgehört haben, aber in dem herrschaftsgläubigen Apparat des MfS wurde es zumeist ernst genommen, und distanzierende Bemerkungen des HVA-Chefs über seinen Vorgesetzten an anderer Stelle stifteten so mehr Verwirrung als Klarheit. Sie trugen Wolf schnell den Vorwurf ein, er sei arrogant und »ein intellektueller Spinner«.

Tatsächlicher Widerstand gegen den Herrscher über 85.000 hauptamtliche MfS-Mitarbeiter war daraus nicht abzuleiten; bis in den Herbst 1989 hinein unterwarf er sich seinen Weisungen, obwohl er ihm formell gar nicht mehr unterstellt war. Heute fragt er sich wohl zu Recht, »ob das, was ich tat, nicht viel zu zaghaft, zu zahm, viel zu spät gedacht und begonnen war«.

Die »Zivilcourage«, die sein Vater den Söhnen in einem Brief an Konrad Wolf anempfohlen hatte – »das heißt, in allen wichtigen Dingen seine Überzeugung zu vertreten und seine Meinung zu sagen! Das kann einen gewiß manchmal bei kleinen Geistern mißbeliebt machen; aber letzten Endes ist es das richtige, hat auch den Aufrichtigen niemals gereut« –, er ließ sie lange vermissen.

Erst am 4. November 1989 fand er auf dem Alexanderplatz den Mut, sich den dort versammelten 500.000 Demonstranten zu stellen. Aber das erwies sich als ein grandioses Mißverständnis. Er, der aufgrund vorsichtiger Kritik am Stalinismus und seinem Nachfolgeregime in der DDR in den ersten Monaten des Wendejahres noch als »Hoffnungsträger« gegolten hatte, wurde nun ausgepfiffen. Die Entwicklung war auch über ihn hinweggefegt, und später bekannte er seinen Irrtum: »An jenem Tag glaubte ich, meinen Weg vom Stasigeneral zum Fürsprecher von Glasnost und Perestroika gegangen zu sein. Daß mich die Entwicklung der Dinge zu meiner Verantwortung für die Vergangenheit zurückholen würde, zu der ich mich auf dem Platz bekannt hatte, ahnte ich damals nicht.« Mehr noch: Das Scheitern der DDR war für Wolf zu jenem Zeitpunkt noch kein Thema. Er sah zwar, daß die bisherige Politik ausgespielt hatte, nicht jedoch, daß es mit dem Sozialismus in Deutschland endgültig zu Ende war – ebenso wie er Monate später das Ende der Sowjetunion nicht wahrhaben wollte. Er setzte sich vorsichtig ab – wohl auch, um die eigene Haut zu retten. Zu echten Konsequenzen war er nicht fähig, aber da stand er nicht allein ...

Wie viele von uns – die Autoren rechnen sich ausdrücklich dazu – muß auch Wolf sich den Vorwurf machen, aus Unterwürfigkeit und Beharrung, aus Angst und Feigheit nichts getan zu haben, letztlich erst aktiv geworden zu sein, als es zu spät und wohl auch schon nicht mehr riskant gewesen ist. Die bis zuletzt nicht in Frage gestellte Bindung der Aufklärung an den Repressionsapparat des MfS ist die entscheidende Ursache für die heutige Verfolgung der

HVA-Mitarbeiter und auch ihres langjährigen Chefs Markus Wolf. Doch in solchem ängstlichen Zaudern und Zagen liegt – zumindest für Markus Wolf – nicht die ganze Wahrheit. Für ihn war der große und schlagkräftige Apparat, den er in die Hand bekommen hatte und den er zielstrebig – und fast ohne Begrenzungen von außen – ausbaute, zugleich das Mittel, mit dem er seine intellektuellen Entwürfe verwirklichen konnte. Wolf ist ein äußerst kreativer Mensch – wie auch sein Vater und sein Bruder. Aber während sie ihr Schöpfertum auf künstlerischem Gebiet auslebten, hatte er sich für jene politische Aufgabe entschieden, durch die sich Ideen und Phantasie in ganz eigener Weise materialisieren ließen. Sein früherer Kamerad aus der Gruppe Ulbricht, Wolfgang Leonhard, charakterisierte ihn als »Typ des sehr klugen, ruhigen, im Hintergrund stehenden Funktionärs, der alles, was die anderen Genossen ernst nehmen, wofür sie kämpfen, wovon sie begeistert sind, nur als eine große Schachpartie ansieht«.

Die »Schachpartie« des Markus Wolf war die große Politik. Noch heute rückt er nicht von jenem übergeordneten Auftrag für alle DDR-Spione ab – nämlich »der rechtzeitigen Aufdeckung gefährlicher Überraschungen für die DDR«, obwohl er doch die schließlich entscheidende »Überraschung«, daß sich das Volk total von seiner Führung abwendet, nicht sah. Noch heute bewertet er den Einfluß seines Dienstes auf die politische Nachkriegsentwicklung hoch: »Ohne die Arbeit der Nachrichtendienste wäre die deutsch-deutsche Friedenspolitik schwerlich möglich gewesen.« Und: »Die Tätigkeit der HVA hat dazu beigetragen, daß es in Europa eine so lange Friedensperiode gab.« Für diese Auffassung spricht manches, aber über ihre Richtigkeit wird letztlich erst die Geschichte entscheiden. Für Wolf war sie jedoch eine persönliche Überzeugung, die im Entspannungsprozeß, der sich in Europa – bei allen Rückschlägen – seit Mitte der 70er Jahre vollzog, ihre Bestätigung fand. Gerade daraus ergab sich für ihn die Faszination seiner Arbeit – aus dem Hintergrund, unerkannt, aber wirksam nahm er Einfluß auf Geschichtsabläufe.

1953 warb er den Foto-Großhändler Hanns-Heinz Porst an; nicht weil dieser ihm aus seiner Branche besondere Geheimnisse verraten konnte, sondern aufgrund seiner politischen Haltung und der Affinität zur FDP, in die er bald danach eintrat. Als Porst später enttarnt wurde, formulierte die Anklageschrift seine Aufgabe so:

»Auf Weisung des MfS bemühte er sich ab Februar 1955 mit Erfolg in der Freien Demokratischen Partei (FDP) der Bundesrepublik um eine zentrale Stellung, in der er dem MfS geheimen Zugang zu wichtigen Erkenntnissen über die politischen Bestrebungen der FDP-Führung und schließlich auch über die von der FDP mitverantwortete Politik der Bundesregierung eröffnen und gleichzeitig Einfluß auf die entsprechenden partei- und staatspolitischen Entscheidungen verschaffen könnte.« Und seine Richter befanden: »Porst war ein äußerst gefährlicher Einflußagent und Informationsbeschaffer sowie eine Zentralfigur im Nachrichtenspiel des MfS.« Später war es Guillaume, der ihm das prickelnde Gefühl gab, mehr zu wissen als der Bonner Kanzler und der eigene SED-Chef zusammen. Trotz der großen Gefährdung des Spions an seinem sensiblen Platz neben Brandt und der damit verbundenen politischen Risiken beließ er ihn dort, denn so glaubte er mitspielen zu können im Konzert der Großen.

1978 reiste Wolf gar inkognito nach Schweden, um sich mit dem bayerischen SPD-Landtagsabgeordneten Friedrich Cremer zu treffen. Auch dieser galt weniger als Spion denn als ein Mann, über den die Politik der Bundesregierung beeinflußbar sein könnte. Und als die Grünen ins Bonner Parlament einrückten, wurde die Weisung ausgegeben, auch in ihren Reihen Prominente zu gewinnen, die politische Ideen unauffällig umsetzten.

Wolf verstand sich so als Moderator politischer Entscheidungen, und er nutzte dazu den Geheimdienst mit seinen vielfältigen Möglichkeiten. Sie reichten von der unverbindlichen Diskussion über das insistierende Gespräch bis hin zur Desinformation – und all das war stets verbunden mit der Gewinnung von Informationen, die ihrerseits wieder im nachrichtendienstlichen und politischen Spiel eingesetzt werden konnten. Es war kein Zufall, daß sich Wolf die für aktive Maßnahmen zuständige Abteilung X direkt unterstellte, bot sie ihm doch die Möglichkeit, durch Lancierungen in die Medien Wirkung zu erzielen. Nicht wenige der später von großen Magazinen, aber auch Informationsbulletins der parlamentarischen Opposition bereitwillig übernommenen politischen Enthüllungsstories sind an seinem Schreibtisch entstanden. Ein Beispiel dafür ist der Stoltenberg belastende Brief zur Barschel-Affäre. Andere sind angeblich interne Papiere über innerparteiliche »Abweichler« in der Union.

Wolf genoß dabei im Unterschied zu allen seinen Gegnern einen unschätzbaren Vorteil: Er konnte sich auf einen schlagkräftigen Apparat mit beträchtlichem Hinterland stützen und unterlag keinerlei Kontrolle – von Mielke abgesehen, der jedoch dem Ausbau seines Ministeriums, ganz gleich an welcher Stelle, nie Hindernisse in den Weg legte. Er erhielt sogar die Unterstützung anderer MfS-Bereiche, so der elektronischen Funkaufklärung, durch die unter anderem auch die Gespräche über das Autotelefon abgehört werden konnten. Da erfuhr er dann Intimitäten, die für klassische nachrichtendienstliche Arbeit kaum von Belang waren und die er heute selbst als »absurd« bezeichnet: »Ich habe solche Dinge im Grunde genommen immer für Spielereien gehalten.« Und dennoch nutzte er sie in seinem Spiel!

Ebenso erlag auch Wolf der mit derart extensiver Aufklärung verbundenen Gigantomanie, zumal diese im KGB ebenfalls gang und gäbe war. Ständig wurden Personal aufgestockt, neue Struktureinheiten geschaffen, der Wirkungskreis der HVA immer mehr erweitert. Noch 1989 verlieh Wolf der Einweihung einer neuen Schule der HVA im Berliner Vorort Gosen mit seiner Anwesenheit Glanz, wollte er damit seiner gewiß erfolgreichen Praxis den theoretischen Überbau nachliefern und das profane Spionage-Gewerbe zu einer Art Wissenschaft aufwerten. Forschungsbeiräte wurden geschaffen, verdiente Aufklärer wie Wolfs alter Mitkämpfer Horst Jänicke als Berater abgestellt und das große Projekt einer »Geschichte der HVA« in Angriff genommen.

Zu diesem Zeitpunkt dachte Markus Wolf wohl schon über seinen Platz in der Geschichte nach. Denn er wollte zumindest nicht weniger bekannt sein als sein Vater, dessen Stücke hin und wieder noch immer gespielt werden, als sein Bruder, dessen Name als Filmregisseur nach wie vor guten Klang besitzt. Wolf widerspricht nicht, wenn man die Vermutung äußert, John le Carré hätte sich ihn für seinen berühmten Roman »Der Spion, der aus der Kälte kam« als Vorbild erkoren. Er lächelt auch nur geschmeichelt, wenn Reporter einer großen Illustrierten ihn in einer Kabine des Riesenrads im Wiener Prater interviewen und fotografieren wollen, dem Ort eines geheimen Treffs aus Orson Welles' »Drittem Mann«. Und auch seine grotesken Odysseen durch halb Europa sowohl kurz vor dem Ende der DDR als auch jenem der UdSSR verraten mehr Sinn für Dramaturgie und Showeffekte als daß sie sachlich zu begründen wären. Hier mischen sich Sendungsbewußtsein mit Eitelkeit und Spielleidenschaft – und diese Melange hat wohl schon oft seine Entscheidungen beeinflußt, nicht immer zum Besten für ihn selbst und die Sache, die er vertrat.

Die Prägung, die Wolf während seiner Jahre in der UdSSR, aber auch im Machtapparat der DDR empfangen hatte, wirkte bis zuletzt. Zwar kehrte er dem MfS den Rücken, verzichtete aber nicht auf Privilegien, die sich aus seiner früheren Stellung ergaben. Mielke selbst unterzeichnete eine »Festlegung« zur »Schaffung von Arbeitsmöglichkeiten für den Genossen Generaloberst Wolf zur Verallgemeinerung seiner Erfahrungen und Aufarbeitung seiner Erinnerungen«. Sie ermöglichte ihm nicht nur den weiteren Zugang zu allen Informationen der HVA, sondern bot ihm auch manche Annehmlichkeit, von der seine Mitbürger in der DDR nur träumen konnten. Wolf verteidigte das ausdrücklich als ein Recht, das er sich in langen Dienstjahren erworben hatte.

Das Selbstbewußtsein eines Markus Wolf hat natürlich solide Grundlagen. Er ist eine starke Persönlichkeit, universell gebildet, präzise und analytisch denkend, mit scharfem Gedächtnis und treffsicherem Urteilsvermögen. Seine rhetorische Begabung ist ebenso unbestritten wie seine Fähigkeit, im Gespräch für sich einzunehmen. Die Forderungen, die er an seine Mitarbeiter stellte, waren hoch. Mit Mittelmaß und Routine gab er sich nicht zufrieden. Nicht selten schickte er Vorlagen, vor allem über Werbeeinsätze, mit solchen Bemerkungen zurück wie: »Unter unserem Niveau!« oder »Besser durchdenken!« Informationen, vor allem aber Analysen der Auswertungsabteilung ließ er nur dann passieren, wenn sie tatsächlich neue Gedanken oder Tatsachen enthielten. Und wenn er selbst eine Lageeinschätzung gab, wich diese zwar nicht von den zentralen Vorgaben von SED und DDR-Regierung ab, aber sie zeichnete sich doch durch eine eigenständige, originelle Argumentation aus. Auf der anderen Seite besaß aber auch ein Markus Wolf alle Schwächen des Machtpolitikers. Er war im persönlichen Umgang unnahbar, oft auf subtile Weise überheblich, in der Arbeit kalt und berechnend, den Erfolg nie aus den Augen lassend. Er duldete eine Art Kult um seine Person, den er zwar nicht moralisch mißbrauchte, der aber seinem Selbstbild schmeichelte. Er genoß seine Ausnahmestellung und oft auch geistige Überlegenheit, hielt damit jeden, mit dem er umging, auf Distanz, was ihm gewiß bewußt und wohl auch gewollt war. Seine Personalentscheidungen traf er wie jeder Potentat so, daß an seiner Seite keiner zu stark wurde. Später wunderte sich Markus Wolf, daß die von ihm Favorisierten und Geförderten ihn schnell fallenließen, in der Auseinandersetzung um einige unangepaßte Bemerkungen nicht zu ihm standen. Sie waren jene Apparatschiks, die unter seiner Regie nur funktionieren gelernt hatten und nun – unter anderem Befehl – das weiter taten. Unabhängige und unbequeme Geister, selbständige Denker, die auch einmal ein Widerwort wagten, zog auch er nicht heran. Insofern geht der weitere Niedergang der HVA nach seinem Ausscheiden aus der direkten Verantwortung nicht zum Geringsten auch auf sein Konto.

Der Weg in die Agonie

»Er beherrscht sein Handwerk in der täglichen Arbeit, hat sich aber in das System integriert.« Mit solch dürren Worten beschreibt Markus Wolf seinen Nachfolger Werner Großmann. Er vergißt hinzuzufügen, daß gerade er es war, der seinen langjährigen Stellvertreter und »Kronprinzen« ganz wesentlich zu diesem Opportunismus erzog.

Großmann, Jahrgang 1929, gehörte zu jenen Leuten, die 1952 im »Institut für wirtschaftswissenschaftliche Forschung« anfingen und so die Auslandsspionage der DDR von Anfang an mit aufbauten. Er war zuvor hauptamtlich in der FDJ tätig gewesen und diente sich unter Wolf allmählich hoch. Nie zeichnete er sich durch besondere Kreativität aus; seine Stärken waren die Fähigkeit zu fleißiger, penibler Arbeit, und der reiche Erfahrungsschatz, den er sich in fast vierzigjähriger Arbeit als Aufklärer erworben hatte, waren solche Eigenschaften wie Zuverlässigkeit, Ruhe und Besonnenheit. Er leitete lange Jahre die für Militärspionage zuständige Abteilung IV, später die Abteilung I, deren »Jagdgebiet« die Regierungsbehörden der Bundesrepublik waren. Als Wolfs Stellvertreter war er dann für die Anleitung jener Bereiche zuständig, die ihre Operationen auf den westlichen deutschen Staat konzentrierten. Dazu gehörte auch die besondere Beobachtung der von dort ausgehenden »politisch-ideologischen Diversion«.

Großmanns Werdegang prädestinierte ihn anscheinend für die Nachfolge Wolfs. Er kannte den Spionageapparat fast wie dieser und garantierte so die Kontinuität der Arbeit. Kaum jemand schien sich Gedanken darüber zu machen, daß inhaltliche wie methodische Impulse von ihm nicht zu erwarten waren. Der Übergang vollzog sich reibungslos; die Arbeit lief weiter, als sei Wolf gerade einmal in Urlaub oder zur Kur. Die DDR-Aufklärung war so in ihrem Fahrwasser festgelegt, daß Veränderungen niemandem erforderlich schienen. Sie hatte ihren Platz in der Bürokratie des Landes gefunden und sollte dort verbleiben, ohne viel aufzufallen oder gar Turbulenzen auszulösen. Insofern war ein Mann, der sich – Originalton Wolf – »in das System integriert« hatte, gerade recht.

Und Großmann war der typische Juniorpartner. Weniger flexibel als sein Vorgänger, weniger kompetent, wenn es um vorausgreifendes Denken ging, seinem Chef hörig, solange dieser die Befehlsgewalt hatte, dann schnell auf den neuen Herrn Mielke fixiert und diesem so zu Willen wie vordem Wolf. Das mußte nicht nur sein Vorgänger erfahren, von dem er sich schnell distanzierte, als Kritik an ihm laut wurde. Das zeigte sich auch in den Orientierungen und Festlegungen, die Großmann traf und mit denen er der Forderung Mielkes nach immer stärkerer Einbindung der HVA in die »Hauptaufgabe« des Ministeriums für Staatssicherheit, die Bekämpfung von Subversion, Diversion und »politischem Untergrund« Rechnung trug. Der Sekretär der SED-Kreisleitung des MfS, Horst Felber, bezeichnete das so: »Unter dem neuen Leiter hat Mielke ein bißchen mehr direkte Befehlsgewalt über die HVA gehabt als unter Wolf. Aber das war auch ein Prinzip seiner Kaderpolitik, daß er sich immer die Gefügigeren aussuchte.« Dabei waren es Wolf und sein langjähriger Stellvertreter Hans Fruck selbst gewesen, die Großmann als Nachfolger vorbereitet hatten. Mielke erkannte jedoch schnell, daß er mit diesem Mann besser klarkommen würde als mit dessen Vorgänger.

In den Jahren des Großmannschen Regiments seit Ende 1986 nahmen die Dienstleistungen der HVA für die Abwehrbereiche des MfS zu. Profane Verrichtungen der Abwehr wie Einsätze zum »Personenschutz« häuften sich. Noch mehr als schon zuvor standen Aufklärer auf den Straßen, saßen in den Stadien, um Politiker und auch die Dynamo-Fußballspieler vor Anschlägen des »Klassenfeindes« zu schützen. Auf Vorhaltungen seiner Abteilungsleiter, die nicht nur auf die umfangreiche zeitliche Belastung, sondern vor allem auf die Risiken für die Konspiration ihrer Mitarbeiter verwiesen, reagierte Großmann unwirsch: »Keine Diskussion! Wir haben uns den Erfordernissen der Hauptabteilung PS unterzuordnen.«

Die Kooperation mit bestimmten Diensteinheiten der Abwehr verstärkte sich. Das betraf vor allem die Hauptabteilung XX, deren Wünsche nach Unterstützung der Bekämpfung von Andersdenkenden Großmann veranlaßten, geeignete Abteilungen wie die IX

(Spionageabwehr), II (BRD-Parteien und -Organisationen) und VII (Auswertung) zu engerer Zusammenarbeit zu verpflichten. Die schon dargestellten Maßnahmen zum Vorgehen gegen »politische Untergrundtätigkeit« wurden von ihm befohlen. Er ordnete auch die intensivere Nutzung der Telefonaufklärung der Hauptabteilung III über Vorgänge in der BRD an. Während Wolf, der in klassischer Manier mehr auf die direkte menschliche Quelle setzte, der elektronischen Beschaffung deswegen, aber auch aus Konkurrenzgründen ziemlich skeptisch gegenüberstand, sah Großmann weniger Anlaß, diese effektive technische Möglichkeit nicht maximal zu nutzen.

Schließlich aktivierte sich auch die Kooperation mit der Hauptabteilung VI, die unter anderem für den »Polittourismus« zuständig war. Darunter verstand das MfS Reisen westlicher Politiker in die DDR, die sich dabei zunehmend nicht auf offizielle Treffen mit hochrangigen Partnern beschränkten, sondern Kontakt auch zu einfachen Leuten, vor allem aber zu Vertretern der Kirchen und vereinzelt auch oppositioneller Gruppen suchten. Dies unter Kontrolle zu halten, war ein vorrangiges Anliegen Mielkes, dem Großmann mit der Zuarbeit von Erkenntnissen über Reiserouten, geplante Kontaktaufnahmen und später Berichte über solche Gespräche und ihre Bewertung durch den bundesrepublikanischen Politiker noch größere Unterstützung gab, als dies schon Wolf getan hatte.

Bundeskanzler Kohl zum Beispiel reiste zu einer Zeit, als er noch Oppositionsführer war, einige Male ohne offizielle Ankündigung nach Leipzig. Das ließ er selbstverständlich unter der Hand signalisieren, und dann erfreute er sich – gewiß nicht ohne Einverständnis – der lückenlosen Kontrolle durch das MfS. Die darüber angefertigten Berichte enthielten bis zum Gang auf die Toilette (mit genauer Zeitangabe) tatsächlich jeden seiner Schritte, und da der Bezirkschef des MfS sogar den Ehrgeiz hatte, auch seine Tischunterhaltungen in einem Restaurant mitzubekommen, plazierte er seine Mitarbeiter an den Nebentischen. Sie hatten nichts anderes zu tun, als die Ohren aufzusperren. Die HVA beteiligte sich an solchen Spielchen nicht, denn die Berichte waren für ihre Arbeit kaum von Belang.

Mitunter übernahm die HVA aber sogar bestimmte Aufgaben des Abwehrbereichs zur Gänze. Das betraf zum Beispiel die frühere Abteilung III, die im MfS für die Planung und Vorbereitung von Sabotageakten im Falle einer militärischen Auseinandersetzung mit der BRD geschaffen worden war. Ihre Ineffektivität erwies sich schon bald; anstatt aber dieses Relikt des kalten Krieges zu liquidieren, wurde seine Aufgabenstellung der HVA übertragen, die dafür die Abteilung XVIII aufbaute.

Der Minister für Staatssicherheit beschränkte sich nicht darauf, seine Arbeitsschwerpunkte bei der HVA besser zur Geltung zu bringen. Er war zugleich bemüht, den Einfluß auf die stets beargwöhnte Aufklärung generell zu verstärken. Als bestes Mittel dazu erschien ihm die Kontrolle über deren Personal. Er hatte schon zu Zeiten Wolfs mehrfach versucht, die Leitung der für die HVA zuständigen Kaderabteilung mit einem seiner Gewährsmänner zu besetzen, doch war ihm das damals nicht gelungen. Wolf hatte immer wieder seine eigenen Personalvorstellungen durchgesetzt, aber nach Großmanns Amtsantritt veranlaßte die von Mielke an der kurzen Leine gehaltene Hauptabteilung Kader und Schulung bald einen Wechsel an der Spitze des HVA-Kaderbereichs. Ins Amt kam Wolfgang Kisch, ursprünglich zwar auch ein Mann der Aufklärung, nach einem Auslandseinsatz jedoch zum Referenten des Kader-Hauptabteilungsleiters, Generalleutnant Möller, berufen. Dieser aber hatte zuvor die Spionageabwehr geleitet und war ein enger Vertrauter seines Ministers. Kisch wurde übrigens bis Anfang 1992 vom Bundesminister des Innern besoldet, als Mitarbeiter des Bundesverwaltungsamtes.

Eine besondere Bedeutung hatte in der zweiten Hälfte der 80er Jahre die Parteiorganisation der HVA. Sie mußte mit dem Widerspruch fertig werden, daß sich in der KPdSU durch Gorbatschows Politik der Perestroika langsame Veränderungen vollzogen, während die SED stur an ihrer schon gescheiterten Linie festhielt. Nicht wenige von uns drängten – nicht zuletzt aus unserer genauen Kenntnis der Lage heraus – auf Unterstützung des sowjetischen Kurses und brachten das auch in den obligatorischen Parteiberichten zum Ausdruck, wenn auch mehr zwischen den Zeilen als im Klartext. Diese Berichte wurden jedoch auf dem Weg bis zur Spitze immer weiter relativiert, abgeschwächt, so daß am Ende in der Regel die gewünschten Zustimmungsschreiben standen. Die Leitung der Parteiorganisation, in ihren wichtigsten Funktionen seit Jahrzehnten im Amt, war weder bereit noch in der Lage, diese Signale aufzunehmen, geschweige denn weiterzugeben. Schon Markus Wolf hatte sie vorrangig als Erfüllungsgehilfen betrachtet; sie sollte seine Politik unterstützend begleiten. Dabei blieb es auch unter seinem Nachfolger.

Und wir als Parteimitglieder fanden fast nie die Kraft, uns gegen den apologetischen Kurs unserer Leitung zu stellen. Die von oben kommenden Weisungen wurden strikt erfüllt und damit auch all jene gemaßregelt, die doch einmal ein offenes Wort gewagt hatten. Indem wir in aller Regel unsere Zunge im Zaum hielten, erleichterten wir der Parteileitung ihre gewiß undankbare, aber doch nie in Frage gestellte Aufgabe.

So war es zwangsläufig, daß der Realitätsverlust auch in der Hauptverwaltung Aufklärung – obwohl gerade sie für wahrheitsgetreue Berichte zuständig war – um sich griff. Die Informationen aus dem Operationsgebiet ließen deutlich erkennen, daß auf nahezu allen Gebieten eine Rückwärtsentwicklung eingesetzt hatte und es nur noch eine Frage der Zeit war, wann die DDR in existentielle Schwierigkeiten kommen würde. In einer Analyse vom Sommer 1989 hieß es zutreffend, daß nach übereinstimmender Meinung zahlreicher westlicher Beobachter in der DDR »zahlreiche Probleme heranreiften bzw. sich schrittweise herausbildeten, die in absehbarer Zeit neue Lösungen erforderten, ohne daß seitens Partei und Regierung auf diese Herausforderungen in genügendem Maße reagiert werde. Aus diesem Widerspruch zwischen Notwendigkeiten und tatsächlichen Veränderungen erwachse ein Vertrauensschwund der DDR-Bürger in die Politik der Partei- und Staatsführung, der mit zunehmender Passivität bzw. Resignation breiter Bevölkerungskreise, ausgedrückt insbesondere in einem Anstieg der Anträge auf ständige Ausreise aus der DDR, verbunden sei. Diese Tendenz würde durch äußere Einflüsse, vor allem die Umgestaltung in der UdSSR, Teilreformen in anderen sozialistischen Ländern, den KSZE-Prozeß und die durch Besuchsreisen wesentlich erweiterten Möglichkeiten für DDR-Bürger, die Entwicklung ihres Staates mit der der BRD zu vergleichen, ständig verstärkt. Abgeleitete Ursachen für die von ihnen diagnostizierte innere Stagnation der DDR sehen westliche Analytiker im gegenwärtigen Funktionieren des rechtlichen Systems und den Formen der Machtausübung, im Stillstand bzw. einem teilweisen Rückgang des Lebensniveaus der Bevölkerung als Resultat rückläufiger Wachstumsraten in der Wirtschaft und einem sich daraus ergebenden Gefühl der Perspektivlosigkeit bei vielen DDR-Bürgern.«

Obwohl der Bericht mit konjunktivischer Vorsicht abgefaßt war, fand er aufgrund seiner vom Selbstbild der SED-Führung diametral abweichenden Aussagen nicht die Zustimmung Mielkes. Vor der Weitergabe mußte in beinahe jeden Satz eingefügt werden, daß diese Wertungen von feindlichen Kräften der Bundesrepublik stammten, daß Diversionseinrichtungen mit solchen Argumenten die DDR verleumdeten und daß es sich dabei um Behauptungen reaktionärer, antisozialistischer Kreise handelte. Indem wir diese verlangten Änderungen vornahmen, wurde das Feindbild der Führung bedient; für sie war selbstverständlich, daß der »Feind« so urteilte, weil er der »erfolgreichen« DDR am Zeuge flicken oder vielleicht gar von den eigenen »Gebrechen« ablenken wollte. Großmann, der jede dieser Informationen unterschreiben mußte, aber auch wir, die wir letztlich den Forderungen von oben nachkamen, fügten uns den Änderungswünschen des Ministers.

Die so gereinigten Endprodukte wurden denn auch nicht ernst genommen und, da sie noch ein wenig Kritik enthielten, in eine Reihe mit den Berichten der bundesdeutschen Medien gestellt. Erich Honecker selbst hat darüber berichtet: »Die Berichte vom MfS ... erschienen mir immer wie eine Zusammenfassung der Veröffentlichungen der westlichen Presse über die DDR ... Ich selbst habe diesen Berichten wenig Beachtung geschenkt, weil all das, was dort drin stand, man auch aus den Berichten der westlichen Medien gewinnen konnte.«

Im Oktober 1989 dann, als die Wahrheit absolut nicht mehr schönzureden war, wurden derartige Informationen nicht mehr weitergegeben. Der riesige Beschaffungsapparat der HVA fühlte sich gelähmt, da kein Interesse mehr an seinen Erkenntnissen bestand. Vorher jedoch war nach immer neuen Informationen gerufen worden, mußten alle Quellen pausenlos berichten, vor allem auch über abwehrrelevante Vorgänge. Die Diensteinheiten der Abwehr erstickten fast in Informationen, ihre Auswertung jedoch erfolgte dort ganz besonders mit den von der SED verordneten Scheuklappen. Und wenn sie selbst einmal Mißstände registrierten, blieben sie dabei stehen, konnten sie keinen Beitrag zu den notwendigen Veränderungen leisten. Immer öfter fragten Kundschafter aus der Bundesrepublik, was denn mit ihren Informationen werde, ob man sie nicht ernst nehme, warum die DDR-Führung – obwohl vom Geheimdienst ins Bild gesetzt – nicht reagiere. Die erste Selektion der unangenehmen Wahrheiten erfolgte – wie gesagt – schon im Hause der HVA; dies setzte sich fort bei der gegen jede »Diversion« (auch die der

DDR-Führung!) vorgehende Zentrale Auswertungs- und Informationsgruppe, die jedes weitergegebene Material in Mielkes Auftrag zensierte. Der Minister selbst legte mitunter auch noch Hand an, und selbst dieses geschönte Resultat wurde schließlich als unglaubwürdig ad acta gelegt. Die Ignoranz ging so weit, daß einfach nicht geglaubt wurde, was nicht ins eigene Bild paßte – nach dem Motto: Die Landschaft ist falsch, aber die Karte stimmt!

Ähnliche Erfahrungen hatte schon der für die Sowjetunion spionierende Deutsche Richard Sorge mit Stalin gemacht, der den Termin des faschistischen Überfalls auf die UdSSR als Unsinn abtat. Wer von der eigenen Unfehlbarkeit derart überzeugt ist, braucht auch den Nachrichtendienst nur noch zur Bestätigung der eigenen Meinung. Die Politik hatte sich mit ihren Einschätzungen bereits derart von der Wirklichkeit abgehoben, daß sie weder für Argumente und selbst nicht mehr für Tatsachen zugänglich war. Es häufte sich nutzloses Wissen an, zu dessen Beschaffung und Verwaltung jedoch ein immer größerer Aufwand betrieben wurde.

Im kleinen Kreis hatten die Leiter der Hauptverwaltung Aufklärung, Markus Wolf eingeschlossen, gelegentlich durchaus darüber sinniert, ob nicht weniger mehr sei. Wenn der große quantitative Aufwand auf wenige lohnenswerte Vorgänge konzentriert würde, so die Lesart, könnte das die Qualität erhöhen. Viele sahen, in welchem Maße Kapazitäten durch die sogenannte Tonnenideologie gebunden wurden, nach der die Ergebnisse der Arbeit von Zahlen abgelesen wurden, ohne genügend die dahinterstehenden Leistungen zu beachten. Dennoch konnte sich niemand zu Veränderungen durchringen. Überall in der Gesellschaft wurden »Erfolge« statistisch errechnet und ausgedrückt; wollte jemand anders vorgehen, so schien sein Scheitern vorprogrammiert. Auch in dieser Hinsicht paßte sich also die HVA den Gegebenheiten an – und mit dem Amtsantritt Großmanns mehr noch als zuvor.

Zum Beispiel mußten immer mehr und neue Werberkandidaten gewonnen werden, obwohl viele von ihnen zwar Arbeit, Zeit und Geld kosteten, jedoch wenig einbrachten. Manche stellten sich sogar auf diese Fehlorientierung der Zentrale geschickt ein und profitierten jahrelang davon. Die gleiche Zahlenspielerei wurde bei den beschafften Informationen betrieben. In den jährlichen Jahresauswertungen ging es zuerst um die absoluten Zahlen beschaffter Materialien, und kein Abteilungsleiter konnte es sich wagen, unter denen des

Vorjahres zu bleiben. Erst in zweiter Linie interessierte die Qualität, und Vorhaltungen der Auswerter, im Interesse des nachrichtendienstlichen Gehalts von Informationen auf diese Seite der Arbeit größeren Wert zu legen, waren zumeist in den Wind gesprochen.

Groteske Formen nahm dieses Haschen nach vordergründigem Erfolg besonders dann an, wenn in der Presse durchgesickert war, daß zum Beispiel die NATO ein neues militärstrategisches Papier erarbeite. Man konnte sicher sein, daß dann Mielke sofort beim Leiter der Aufklärung anrief und die unverzügliche Beschaffung dieses Dokuments befahl – so als könne man es an jedem Bahnhofskiosk kaufen. Ein Wettlauf zwischen den in Frage kommenden Abteilungen begann – mit allen Gefährdungen, die solcher Voluntarismus für konspirative Arbeit mit sich bringt. Schließlich lag das Material in mehrfacher Ausfertigung auf dem Tisch oder aber – und das war häufiger der Fall – es konnte nur bruchstückhaft, oft allein durch Abschöpfung, beschafft werden, und die Auswertungsabteilung hatte die Aufgabe, daraus etwas mit Hand und Fuß zu machen. Ehe dies gelang, stand es vielleicht schon in der Zeitung; oder aber es zeigte sich, daß der NATO-Berg nur mit einem Mäuslein schwanger gegangen war. Der gesamte Aufwand hatte sich als überflüssig erwiesen.

Dieses Vorgehen führte zugleich zu einer Fehlbewertung der legalen Residenturen. Sie waren es, die relativ schnell – durch Gespräche – etwas in Erfahrung bringen konnten, während die illegale Linie zur Beschaffung des entsprechenden Dokuments in der Regel länger brauchte, schon aus Gründen der Sicherheit ihrer Quellen. Andererseits waren die Abschöpfberichte natürlich weitaus weniger aussagekräftig, oft sogar verzerrt und irreführend. Die in den Auslandsvertretungen der DDR arbeitenden HVA-Mitarbeiter, zumeist »Offiziere im besonderen Einsatz« (OibE), wußten natürlich, was die »Partei- und Staatsführung« hören wollte. Sie paßten ihre Berichte oftmals diesen Wünschen an. Außerdem hatten sie meist Gesprächspartner, die zumindest ahnten, welchen Weg ihre Aussagen nahmen, und entsprechend vorsichtig formulierten. Kaum ein OibE war bereit, in seiner »Nebentätigkeit« für das MfS ein Risiko einzugehen – konnte das doch sofortigen Rückzug und das Ende einer vielleicht aussichtsreichen Karriere bedeuten.

All dies wirkte sich negativ auf Zuverlässigkeit und nachrichtendienstlichen Wert der Abschöpfinformationen aus. Da es jedoch vor allem auf Schnelligkeit ankam, übersah man das großzügig und gab sich mit solch minderer Qualität zufrieden. Das dann später eingehende Dokument fand kaum noch die gebührende Beachtung; mitunter wurde es sogar unterschlagen, weil auf seiner Basis frühere Aussagen hätten korrigiert werden müssen. Dennoch blieb in der HVA insgesamt die illegale Beschaffung von Dokumenten das Entscheidende, aber Qualitätseinbußen aufgrund des genannten Vorgehens waren nicht zu übersehen. Auf diese Weise wuchs auch die Fülle oftmals toten Papiers, das nach seiner Bewertung als Mittelmaß im Archivkeller landete, ohne jemals wieder angesehen zu werden, unaufhörlich. Die Schlußfolgerung lief jedoch nicht auf eine Reduzierung solch überflüssiger Makulatur hinaus, sondern es wurde darüber nachgedacht, wie sie mit Hilfe der modernen Technik besser verwaltet werden könne. Dazu schuf sich die HVA eine elektronische Datenbank, in die sämtlliche beschafften Informationen einzuspeichern waren. Mit Hilfe eines Thesaurus und der in ihm aufgeführten Schlagwörter sollte der Zugriff zum gesamten Material sichergestellt werden. Diese durchaus sinnvolle Einrichtung war jedoch durch den Umfang des Gespeicherten lediglich begrenzt nutzbar. Die Erfassung der Stichwörter konnte nur relativ oberflächlich gehandhabt werden, die Differenzierung zwischen den Informationen erwies sich als zu grob. Besonders absurd war die Vorstellung, durch den Speicher Werbevorgänge besser prognostizieren zu können. Man hatte begonnen, einige verfügbare Angaben über Personen im Operationsgebiet im Computer zu speichern. Sie wurden mitunter abgerufen und aus der Zusammenschau der Daten abgeleitet, ob, wie und in welchem Zeitraum eine Werbung möglich sein müßte. Dies erinnerte ein wenig an den Krieg der Sterne; einige HVA-Verantwortliche wollten offensichtlich den Kampf mit ihren Kontrahenten vom Computer aus führen.

Bei all dem soll nicht übersehen werden, daß natürlich auch in jenen Jahren das Bemühen vorhanden war, die geheimdienstliche Arbeit mit allen Mitteln zu qualifizieren, und dabei Ergebnisse erreicht wurden. So eignete sich selbstverständlich der Computer durchaus für eine Rationalisierung von Informationsprozessen. In den 80er Jahren bauten die Nachrichtendienste der damaligen sozialistischen Länder mit dem SUD-System ein Verbundnetz auf, in das vor allem geheimdienstlich interessante Personen, aber auch vermutliche Terroristen und internationale Waffen- und Rauschgifthändler eingespeichert wurden. So meldete sich eines Tages in Warnemünde ein Holländer, der mit der Fähre aus Dänemark gekommen war und angab, geheimes NATO-Material zu besitzen, da er bei den Allied Forces of central Europe (AFCENT) in Brunssum bei Maastricht gearbeitet habe. Zwei Spezialisten der HVA fühlten ihm auf den Zahn und stellten schnell fest, daß er die Gebäude des AFCENT in Brunssum noch nie von innen gesehen hatte, nicht einmal die Anzahl der Stockwerke wußte und seine eigene Zimmernummer dort überhaupt nicht vorkam. Er hatte sich schnell als Scharlatan entlarvt und wurde abgeschoben. Seine Personaldaten aber landeten im SUD-Computer. Nur zwei Wochen später erschien der gleiche Mann mit einem ähnlichen Angebot bei der polnischen Spionage in Gdansk; dank des Verbundnetzes war man dort über ihn sofort im Bilde.

Eine gewisse Entwicklung erfuhr in den 80er Jahren auch die Anwendung der Psychologie in der Spionagetätigkeit. Jahrelang war sie als Wissenschaft von der HVA unterschätzt worden, hatte man ihre Erkenntnisse lediglich intuitiv, empirisch genutzt. Nun aber, da die Anbahnung von Kontakten immer schwieriger wurde und die Informationsarbeit – zum Beispiel durch die Zunahme der legalen Beschaffung – auch teilweise anderen Gesetzen folgte, spielte sie eine immer größere Rolle. Für einige Aufklärer bot sie darüber hinaus die Möglichkeit, den ideologischen Vorgaben auszuweichen und das Professionelle in der Arbeit stärker zu betonen.

Insgesamt läßt sich der Übergang der Leitung der Hauptverwaltung Aufklärung von Wolf auf Großmann als kontinuierliche Fortsetzung des früheren Kurses, einschließlich seiner schon sichtbar werdenden Schwächen, charakterisieren. Viele Fehlentwicklungen waren lange vorprogrammiert; daß sie jetzt besonders sichtbar wurden, lag nur zum Teil an Werner Großmann, der durch seine Ergebenheit und Durchschnittlichkeit sowie die enge Verhaftung mit der jahrelang »bewährten« Linie weder in der Lage noch willens war, neue Akzente zu setzen. Die Stagnation der HVA war vor allem bedingt durch die Gesamtsituation der DDR in ihrer zunehmenden Agonie. Die DDR-Spionage als Teil des gesellschaftlichen Systems unterlag dessen allgemeinen Gesetzmäßigkeiten. Sie war im Prinzip den gleichen Weg gegangen wie der gesamte Machtapparat. Als der Herbst 1989 nahte, fand sie sich daher in der gleichen Verständnis- und Hilflosigkeit wie er.

Der Zusammenbruch

An zwei Tagen des Jahres herrschte im Ministerium für Staatssicherheit eine besondere Geschäftigkeit – um den 7. Oktober, den Tag der DDR-Gründung, und den 8. Februar, den Jahrestag der Bildung des MfS. Aus diesen Anlässen fanden in allen Abteilungen und Arbeitsgruppen Dienstversammlungen statt, bei denen Orden, Medaillen und andere Auszeichnungen verliehen wurden. Wie vieles im Ministerium verlief auch dieser Tag nach Ritual. Die Anzugsordnung war exakt vorgeschrieben: Gedeckter Anzug mit Parteiabzeichen und kleiner Ordensspange. Die Damen hatten etwas mehr Freiheit. Ein Beauftragter des Abteilungsleiters hielt eine Rede, für die es eine Reihe von Sprachregelungen gab, so daß sich die meisten das Manuskript des Vorjahres heraussuchen ließen und meist nicht viel mehr als Daten und konkrete Bezüge änderten. Der Abteilungsleiter überreichte die Ehrungen, der Parteisekretär gratulierte, und danach wurde gefeiert. So lief das Jahr für Jahr ab – auch im Oktober 1989.

Zu diesem Zeitpunkt waren auch schon die Vorbereitungen auf den 8. Februar 1990 in vollem Gange. Immerhin war das der 40. Gründungstag des MfS und sollte gebührend begangen werden. Die Diensteinheiten hatten bereits ihre Auszeichnungskandidaten gemeldet, Kommissionen bereiteten die Feierlichkeiten vor. Es schien undenkbar, daß an jenem Tag nicht gefeiert würde! Und doch kam es so. Das Ministerium für Staatssicherheit – in vier Jahrzehnten entstanden und zu einem Machtfaktor ersten Ranges geworden, brach in weniger als vier Monaten zusammen. Geschichte im Zeitraffer.

Um den 7. Oktober waren »Schild und Schwert der Partei« noch kampfbereit. Die Demonstranten der Montage wurden mit brutalen Mitteln auseinandergetrieben. Zu den dabei agierenden »Sicherheitskräften« gehörten auch Mitarbeiter der Hauptverwaltung Aufklärung – denn damals wurde alles mobilisiert, um den 40. Jahrestag der Gründung der DDR störungsfrei ablaufen zu lassen. Generalleutnant Wolgang Schwanitz, viele Jahre Leiter der MfS-Bezirksverwaltung Berlin, danach stellvertretender Minister und von manchem als denkbarer Nachfolger des greisen Erich Mielke gehandelt, übernahm die Leitung des Einsatzes zur Absicherung der Jubelfeiern zum 7. Oktober.

Angesichts der in der Bevölkerung seit Monaten grassierenden Unruhe und der gewachsenen Konfliktbereitschaft von immer mehr Menschen sah die Leitung des MfS nur eine Möglichkeit, wenigstens für diese Tage eine gewisse »Beruhigung« zu schaffen – die Isolierung der Unzufriedenen und die Abschreckung vor weiteren demonstrativen Handlungen. Darauf beruhte die Orientierung, Demonstranten »zuzuführen« und dabei nicht zimperlich vorzugehen. Ob es nun stimmt, daß Erich Mielke – wie verschiedentlich behauptet – am 7. Oktober kurzzeitig den Einsatz inspizierte und dabei zu noch mehr Härte aufrief, ist unerheblich; auf jeden Fall gingen seine internen Weisungen genau in diese Richtung und wurden ausgeführt.

Die Mitarbeiter der HVA, aber auch viele Stasi-Angehörige aus der Verwaltung und anderen administrativen Bereichen, wurden erstmals in dieser Weise mit der Bevölkerung konfrontiert. Nicht wenige empfanden Unbehagen, verhielten sich passiv, soweit es ihnen möglich erschien, versuchten, nicht im Zentrum des Geschehens agieren zu müssen. Dies verstärkte sich noch, als aus Berichten der westlichen Medien der Umfang und die Unerbittlichkeit der Aktionen gegen friedliche Demonstranten bekannt wurden. In der HVA gingen zu diesem Zeitpunkt bereits empörte Berichte von inoffiziellen Mitarbeitern ein, die aus eigenem Anschauen oder durch ihre Kinder Kenntnis vom Geschehen auf den Berliner Straßen erhalten hatten und ihre Ablehnung zum Ausdruck brachten.

Dies beschleunigte auch im MfS, das bis dahin im Prinzip wie ein Mann zur »Partei- und Staatsführung« stand, einen Differenzierungsprozeß, der spätestens mit den von Gorbatschow eingeleiteten Veränderungen in der Sowjetunion begonnen hatte. Für viele von uns wurde immer erkennbarer, daß die betriebene Politik letztlich nur scheitern konnte. Erstmals standen wir vor der Frage, ob wir uns mit in den Untergang reißen lassen wollten oder die Kraft finden würden, auf Veränderungen hinzuarbeiten. Die meisten von uns waren angesichts dieser Alternative wie gelähmt – weder fähig zu echtem Widerstand noch bereit, das zerbrechende Regime zu retten.

Die Ereignisse der folgenden Tage – Absetzung Honeckers, Mittags und Herrmanns; Versuche der SED, mit halbherzigen Maßnahmen wieder in die Offensive zu kommen – förderten diese Passivität. Wir warteten ab, wie sich die Dinge entwickeln würden. Dies zeigte sich sowohl in der dienstlichen Leitung, die in totaler Sprachlosigkeit verharrte, als auch in der SED-Parteiorganisation, die im militärischen Organ MfS der einzige Ort für eine gewisse Selbständigkeit hätte sein können. Letztere jedoch hatte sich durch ihre strenge Orientierung an den Auffassungen der Dienstvorgesetzten, was zuletzt gar die Verurteilung des früheren HVA-Chefs Markus Wolf einschloß, restlos diskreditiert. Wolf hatte auch in seiner früheren Wirkungsstätte aus seinem Buch »Die Troika« gelesen und über Diskussionen darüber berichtet. Der kritische Geist solcher Veranstaltungen mißbehagte manchem, und als er dann auch noch in einem westlichen Fernsehsender das Verbot des Vertriebs der sowjetischen Zeitschrift »Sputnik« in der DDR kritisierte, war das Anlaß zu offener Maßregelung. Der Parteisekretär der Aufklärung, Generalmajor Otto Ledermann, hielt ihm vor: »Es kämen Anrufe vom Zentralkomitee, der Zentralen Parteikontrollkommission und vielen anderen; im Sekretariat der Kreisleitung des Ministeriums müsse etwas gesagt werden, auch vor der Kreisleitung selbst.« So berichtete Wolf später selbst darüber und verschwieg dabei nicht, daß er letztlich teilweise einlenkte. »Wenn es euch hilft«, so empfahl er Ledermann, »dann sagt einfach, ich wäre der Meinung, daß die Frage zum ›Sputnik‹ besser nicht gestellt worden wäre.«

Derselbe Otto Ledermann klebte nun an seinem Sekretärsessel. Und als er ihn dann verließ, folgte er damit auch wieder nur einem Befehl von oben, der aber diesmal durch die Proteste von unten erzwungen wurde. Als sein Nachfolger war der schon lange für diese Funktion Auserkorene, Generalmajor Tauchert, vorgesehen, aber die HVA-Mitarbeiter lehnten diesen Vertreter der gescheiterten alten Linie sofort ab – und auch er selbst hatte schließlich wenig Neigung, die undankbare Funktion zu übernehmen. Ein junger Oberstleutnant wurde zum Sekretär der SED-Organisation gewählt. Gegen den verknöcherten Apparat jedoch kam er nicht an, zumal nicht einmal die Parteiführung wußte, wie es weitergehen sollte. Das neue, für Sicherheitsfragen zuständige Politbüromitglied Wolfgang Herger konnte bei seinem Antrittsbesuch Ende Oktober 1989 auch nur mit Achselzucken auf die vielen Fragen der Aufklärer antworten. Die Lethargie des Apparates war vollständig.

Inzwischen aber handelte das Volk. Die Proteste gingen weiter, verstärkten sich. Forderungen an die Führung wurden immer unmißverständlicher und dringender formuliert. Am 4. November versammelten sich in Berlin 500.000 oder mehr und zeigten, wer zum Souverän in der DDR geworden war. Die vier Wochen zuvor noch so aktiven »Sicherheitskräfte« erwiesen sich nun schon als machtlos. Wir verfolgten die Massendemonstration am Fernsehgerät, denn der noch amtierende Minister für Staatssicherheit hatte für alle Mitarbeiter Anwesenheit in den Diensträumen befohlen, verbunden mit »erhöhter Einsatzbereitschaft«. Dabei wollten viele – zumindest aus heimlicher Sympathie – auf dem Alexanderplatz dabeisein.

Manche hatten damals noch die Hoffnung, es könne zumindest für die Hauptverwaltung Aufklärung eine Zukunft geben. Immerhin gehörte ihr langjähriger Chef Markus Wolf zu den Rednern auf dem Alexanderplatz, war die Aufklärung erstmals aus ihrer Konspiration getreten und hatte sich der Öffentlichkeit gestellt. Am 17. November gab die Regierung Modrow dem Ministerium für Staatssicherheit einen neuen Namen – Amt für Nationale Sicherheit (AfNS) – und einen neuen Chef – eben jenen Wolfgang Schwanitz, der sich in den Oktobertagen einschlägig ausgezeichnet hatte. Für die Leitung des fortbestehenden Apparates und damit auch der HVA war das Grund, an eine nahtlose Fortsetzung der bisherigen Arbeit zu glauben. Das aber stand in scharfem Widerspruch zu den Erwartungen des Volkes, aber auch vieler MfS-Mitarbeiter und ihrer inoffiziellen Partner. Nicht zuletzt aus dem Operationsgebiet trafen auf verschiedenen Wegen dringende Anfragen ein, die Zweifel und Unverständnis ausdrückten – und zugleich Forderungen nach radikaler Kursänderung. So schrieb ein Kundschafter, er sei 1970 aus politischer Überzeugung bereit gewesen, für die HVA zu arbeiten. Er habe das Ideal einer anderen, besseren Gesellschaft und wollte dafür etwas tun. Die Unterstützung der Politik der DDR sei für ihn eine solche Möglichkeit gewesen; jetzt aber fürchte er, einem riesigen Irrtum aufgesessen zu sein. Er wolle nicht, daß sein

Ideal zerbricht. Er flehe darum, daß die HVA mit ihren Mitteln etwas tut, damit die Alternative auf deutschem Boden nicht untergeht. Dies war eine legitime Erwartung; zugleich aber wurden die Möglichkeiten der HVA in tragischer Weise überschätzt.

Viele Mitarbeiter fühlten sich dennoch angesprochen und formierten einen vorsichtigen Widerstand, der sich jedoch vor allem gegen Mißstände im eigenen Haus richtete. Mit ihrer Kritik an den seit langem mißbilligten Privilegien der Leiter hatten sie sogar Erfolg. Die Sonderläden zur besseren Versorgung der »Nomenklatur-Kader« wurden schnell abgeschafft, die dienstlichen West-Pkw (Volvo und Fiat) gegen Lada-Modelle ausgewechselt, die medizinische Sonderbetreuung aufgehoben. Plötzlich aßen alle MfS-Angehörigen – ungeachtet des Dienstgrades – im gleichen Saal zu Mittag. Über diesen lächerlichen Erfolgen verschwand beinahe das Hauptanliegen, die Änderung der Politik. Doch die ersten Erklärungen ihres neuen Amtschefs wie auch der letzte Auftritt ihres früheren Ministers holten sie schnell in die Wirklichkeit zurück – und die lautete für die MfS-Führungsriege, wenn vielleicht auch unbewußt: Kleine Zugeständnisse machen und damit das große Ganze retten!

Während Mielke am 13. November, in seiner ersten und letzten Rede vor der Volkskammer, vehement und zugleich grotesk seine Arbeit verteidigte, bei der »die Vertretung der Interessen der Werktätigen stets oberster Auftrag« gewesen sei, tat Schwanitz so, als beginne er beim Punkt Null. Mielke habe ihm nur zwei leere Stahlschränke hinterlassen. Zugleich aber strapazierte er die alten Schlagwörter von der unverzichtbaren staatlichen Sicherheit. Tatsächlich neue Ideen waren nirgends zu entdecken.

Die Mitarbeiter der HVA reagierten mit einer Demonstration auf ihrem Dienstgelände. Nach Feierabend, in der Dunkelheit versammelten sich einige Mutige gegen den dringenden Rat der meisten ihrer Vorgesetzten und stellten die Frage, ob der neue Name nur die Beibehaltung der alten Inhalte kaschieren sollte. Denn in ihren Augen versuchte das AfNS, seine alten Machtpositionen zu erhalten; auch die Richtung seiner Arbeit – die Opposition, welche mittlerweile das gesamte Volk erfaßte – blieb, von einigen kosmetischen Korrekturen abgesehen, unverändert. Weder wurde offen und selbstkritisch zu den Gesetzesverletzungen der ferneren und jüngsten Vergangenheit Stellung genommen noch fand überhaupt eine Auseinandersetzung mit der Vergangenheit des MfS statt. Mit Pauschalverweisen auf eine »falsche Sicherheitsdoktrin«, die das Politbüro und namentlich Mielke zu verantworten hätten, schien es manchem getan. Auch für die »internen Demonstranten« gab es keine Antworten. Schwanitz versicherte lediglich, Tag und Nacht zu arbeiten. Als er ausgepfiffen wurde, zog er sich zurück.

Seine wie auch die Arbeit vieler anderer Generäle lief offensichtlich darauf hinaus, angeblich neue Strukturen zu schaffen, mit denen aber das alte Denken konserviert werden sollte. Auch in der HVA wurden derartige Pläne geschmiedet. Und sie schienen sogar nicht chancenlos, akzeptierte doch die Bürgerbewegung die Aufklärung als besonderen Teil des MfS, der – wie dargestellt – weitgehend in Ruhe gelassen wurde. Doch auch diese – objektiv wohl schon damals unrealistische – Chance wurde nicht genutzt.

Inzwischen waren die Mitarbeiter immer aufsässiger geworden. Als Ende November der SED-Sonderparteitag näher rückte und überall die Delegierten für die Vorbereitungskonferenzen der verschiedenen Ebenen gewählt wurden, geschah es erstmals, daß die Regie von oben nicht klappte. Statt sorgsam ausgesiebter Delegierter – wie in den Vorjahren – wählten die Parteimitglieder weitgehend ihre eigenen Kandidaten. Das Abonnement der hohen Dienstgrade auf einen solchen »Ehrenplatz« war vorbei. Das galt auch für den Parteitag. Hier konnte zwar Großmann noch knapp über die Hürde kommen, aber sein Vorgänger Wolf bekam bedeutend mehr Stimmen als er. Doch Konzepte, wie es weitergehen sollte, waren noch immer nicht zu vernehmen. Selbst der »Hoffnungsträger« aller Aufklärer, Markus Wolf, hielt sich bedeckt. »Ich habe dem ZK meine Vorstellungen schriftlich vorgelegt«, beschied er Frager.

Tatsächlich brüteten zu jener Zeit Leiter der HVA intensiv über ihre Zukunft. Dabei konnten sie sich aber von alten Doktrinen nicht befreien, und für die neuen Herausforderungen wußten sie keine praktikablen Antworten. Sie dachten weiter in den alten, zementierten Bahnen der Vergangenheit. Die Ausgangsüberlegung war: Ein Nachrichtendienst wird immer gebraucht. Er müßte von allem ideologischen Ballast befreit werden und sollte gewissermaßen als professionelles Dienstleistungsunternehmen fungieren. Schon beim Dienstherrn aber schieden sich die Geister. Die meisten – sie glaubten damals noch an ein Überleben der DDR – sahen deren Regierung in dieser Funktion; ihr wurde Interesse an internen

Informationen aus dem Ausland a priori unterstellt. Einige aber ahnten die kommende Entwicklung und wollten aufs vermeintlich richtige Pferd setzen. Sie dachten vor allem an die erkleckliche Mitgift, die die HVA in Form von Personen und konspirativem Wissen in jede Ehe einbringen konnte und wollten die Positionen im Ausland dem Bundesnachrichtendienst übergeben; die Quellen im Westen Deutschlands sollten natürlich stillgelegt und amnestiert werden. Wenige setzten diese Variante auf eigene Faust sofort selbst um.

Nicht ganz klar war bei beiden Modellen, gegen wen sich künftig die Spionage richten sollte. Bei der zu erwartenden engen Zusammenarbeit mit der BRD war eine Fortführung ihrer Ausspähung, zumal in der bisherigen Größenordnung, undenkbar. Sie würde also eingestellt werden; an ihre Stelle sollte eine verstärkte Geheimdienst-Tätigkeit in der dritten Welt und in den wichtigsten westlichen Staaten treten. Bei der Variante eines Zusammengehens mit dem BND waren auch diese Vorstellungen nur begrenzt realisierbar, denn der bundesdeutsche Nachrichtendienst brauchte vor allem Quellen im Osten. Die der HVA saßen jedoch ausschließlich im Westen, allenfalls noch in Dritte-Welt-Staaten.

Über diesem Pläneschmieden ging die Entwicklung außerhalb der Normannenstraße stürmisch weiter. Am 3. Dezember wurde als erste MfS-Bezirksverwaltung die in Erfurt besetzt. In der Nacht auf den 4. Dezember begann auch in Leipzig – nach einer der berühmten Montags-Demos – die Sicherung der dortigen Stasi-Unterlagen. Weitere Bezirksstädte folgten. Der zentrale Runde Tisch, der sich am 7. Dezember konstituierte, mußte sich gleich in seiner ersten Sitzung mit dieser Entwicklung befassen. Er verlangte als erstes die Sicherung aller Unterlagen und forderte dazu die Ablösung der Objektbewachung, soweit sie noch in der Verantwortung des Wachregiments »Feliks Dzierzynski« lag, durch Kräfte des Ministeriums des Innern. Die zweite Forderung betraf die Auflösung des Amtes für Nationale Sicherheit unter ziviler Kontrolle. Während die Bewachung durch die Deutsche Volkspolizei unmittelbar einsetzte, folgte die Regierung Modrow dem Verlangen nach Auflösung des Geheimdienstes am 14. Dezember nur zögernd. Denn zugleich wurde der Aufbau zweier neuer Dienste bekanntgegeben – eines Verfassungsschutzes und eines Auslandsnachrichtendienstes. Die Trennung der HVA vom Abwehrapparat, die auch im Herbst 1989 trotz zahlreicher entsprechender Vorschläge der Aufklärer nicht zustande gekommen war, sollten nun vollzogen werden.

Die Leitung der HVA und auch eine Reihe von Mitarbeitern schöpften neuen Mut. Als am 21. Dezember Ministerpräsident Modrow mit den Vertretern der Armee, des Innenministeriums und des in Auflösung befindlichen AfNS das weitere Vorgehen beriet, forderte Großmann für den künftigen Auslandsnachrichtendienst mit 4.000 Mann kaum weniger, als er zu jenem Zeitpunkt offiziell umfaßte. In der gesamten vorherigen Diskussion hatte sich niemand zu radikalen Kürzungen des Personalbestandes durchringen können. Noch aber hatte die HVA eine Gnadenfrist. Die Arbeitsgruppe Sicherheit des Runden Tisches sprach sich zwar am 27. Dezember gegen einen Verfassungsschutz aus, äußerte aber zu dem geplanten Spionagedienst keine Meinung. Für die Sitzung des Runden Tisches am 15. Januar bereitete man ein Konzept vor, das das Überleben der HVA faktisch sicherstellen sollte.

Wolf, Großmann und andere führende Vertreter der Leitung hofften, daß die unsichere Haltung der Bürgerrechtler, wie die Aufklärung zu bewerten und zu behandeln sei, ihnen ein Comeback ermöglichen würde. Sie hatten ein leidliches Verhältnis zu den Vertretern der Bürgerbewegung hergestellt, das seitens letzterer gewiß aus dem Respekt vor den Aufklärern im Operationsgebiet herrührte, aber wohl auch aus der Unkenntnis über die Verquickung der HVA mit dem Gesamtorganismus des MfS. Je mehr darüber bekannt wurde, desto kritischer wurde auch die Haltung der Bürgerrechtler gegenüber dem Spionagebereich des Ministeriums. Und insofern war die Hoffnung auf ein Weiterbestehen von vornherein Illusion; sie basierte darauf, daß die eigenen Sünden verschwiegen werden könnten oder aber eine differenzierte Betrachtung des Gesamtphänomens Staatssicherheit Platz greift. Beides war kaum zu erwarten, das Ende der DDR-Aufklärung somit vorprogrammiert.

Heute wird von ehemaligen Mitarbeitern der Hauptverwaltung Aufklärung oft darüber spekuliert, ob ein klügeres, die kommende Entwicklung weitsichtiger einbeziehendes Vorgehen den Zusammenbruch der DDR-Spionage hätte verhindern können – ein angesichts der Gesamtentwicklung wohl müßiges Unterfangen. Sinnvoller ist da schon die Frage, inwieweit mehr Offenheit, mehr Schonungslosigkeit gegenüber der eigenen Vergangenheit und weniger Taktieren im Umgang mit der Bürgerbewegung und der Modrow-Regierung zwar nicht den ohnehin obsoleten Apparat hätte retten, aber vielleicht uns Mitarbeitern der Aufklärung einen besseren Abgang hätte verschaffen können. Das Zögern und Zaudern, die nutzlose Suche nach einem Ausweg, der manchem von uns wohl die radikale Selbstbefragung ersparen sollte – all das hat wohl nicht ganz zu Unrecht das ohnehin latent vorhandene Mißtrauen gegenüber der HVA anwachsen lassen. Und auf der anderen Seite wurde versäumt, vorurteilsfrei auf die Aufklärung zu blicken, sie differenziert mit ihren Verstrickungen in den MfS-Apparat, aber auch ihren Unterschieden von diesem zu betrachten. All das hat schließlich jene chaotische Hinterlassenschaft bewirkt, über deren Aufarbeitung noch viel Zeit ins Land gehen wird.

Die Hinterlassenschaft

»Kluge« – so stellte sich der grobknochige Mann an jenem naßkalten Spätwintertag am Potsdamer Platz vor, und er kam sogleich zur Sache. Geschäftsmäßig fragte er seinen Gegenüber aus, wollte die Namen von DDR-Spionen in der Bundesrepublik wissen, forschte nach den verbliebenen Strukturen der HVA, nach etwaigen Kontakten zum sowjetischen KGB. Er war ein Abwehrmann des Verfassungsschutzes – beauftragt, einem Offizier der sich in Auflösung befindlichen Hauptverwaltung Aufklärung des MfS, der dem einstigen Gegner ein vorsichtiges Angebot zur Kooperation gemacht hatte, auf den Zahn zu fühlen und soviel wie möglich aus ihm herauszuholen. Das Bundesamt für Verfassungsschutz – in der jahrzehntelangen Auseinandersetzung mit der HVA nicht eben erfolgreich – gedachte die nun entstandene desolate Situation des DDR-Spionagedienstes zu nutzen, um einige späte Siege zu erringen.

Aber jener »Kluge« hatte mit seinem Gesprächspartner weitaus mehr gemein, als man angesichts dieser Zielstellung vermuten könnte. Er hieß nämlich mit bürgerlichem Namen Klaus Kuron und war der schon genannte Mitarbeiter der BfV-Abteilung IV, zuständig für die Führung von Doppelagenten, der bereits seit acht Jahren für die HVA spionierte. Seine Stellung im Amt hatte ihm jetzt diese Aufgabe beschert, denn er war natürlich prädestiniert für die Betreuung der Überläufer aus der HVA. So redete er nicht lange drumherum, bot stattdessen »Kopfgelder« für jede wichtige Quelle in fünfstelligen D-Mark-Beträgen. Er war eben ein Profi, der seinen Job verstand.

Hernach jedoch landeten seine Berichte nicht nur auf dem Schreibtisch seines Chefs in Köln, sondern noch bis weit ins Jahr 1990 hinein ebenfalls in Ostberliner Amtsstuben, konkret denen des HVA-Chefauflösers Bernd Fischer und seiner Leute.

Seit dem Herbst 1989 war jedoch auch für Klaus Kuron eine Wende eingetreten. Plötzlich waren – wenn auch ohne eigenes Zutun – seine eigentlichen Dienstherren die Sieger, und sein Nebenjob stellte eine tödliche Gefahr dar.

Das Beispiel zeigt, wie vielfältig und kompliziert die Hinterlassenschaft war, die nach dem Ende der HVA zurückblieb. Auf der einen Seite Tausende Mitarbeiter in der Berliner Zentrale und ihren zahlreichen Außenstellen, in den Bezirksverwaltungen, wo jeweils die Abteilung XV für die Spionage zuständig war, und auch in den Kreisdienststellen. Andererseits eine bislang unbekannte Zahl von Aufklärern und Spähern im Operationsgebiet, dessen Schwerpunkt in der Bundesrepublik Deutschland lag, das sich aber allmählich auf beinahe die ganze Welt ausgedehnt hatte. Da es für diese Personen keine zentrale Registratur gab, sondern jede Abteilung sie selbständig führte, wird ihre Zahl auch im nachhinein nicht mehr zu ermitteln sein.

Von den hauptamtlichen Mitarbeitern waren bis Mitte Januar erst etwas mehr als 15 Prozent entlassen, zum Teil auf eigenen Wunsch, zum Teil, um den immer drängenderen Forderungen nach Reduzierung des Personalbestandes Rechnung zu tragen. Was aber sollte mit den vielen Tausenden von inoffiziellen Mitarbeitern in der BRD, im Ausland und nicht zuletzt in der DDR geschehen?

Von den toten Gegenständen hatte man sich noch relativ leicht trennen können. Neben dem weitläufigen Gebäude an der Ecke Frankfurter Allee/Ruschestraße verfügte die HVA allein in Berlin über Hunderte Objekte verschiedenster Art, nicht gerechnet die etwa gleiche Zahl von »konspirativen Wohnungen«, in denen sich die Führungsoffiziere mit ihren IM trafen und wo immer wieder die Verwandlung eines unauffälligen DDR-Bürgers in einen »Kämpfer an der unsichtbaren Front«, also einen Instrukteur, einen Werber, einen Kurier im weitläufigen Operationsgebiet stattfand. Neben diesen Wohnungen, überall im Stadtgebiet verstreut, existierten etliche Villen im Berliner Umland, meist komfortabel ausgebaut, in denen häufig Treffen mit den Quellen aus dem Operationsgebiet stattfanden, die nicht selten in Feiern endeten. Solche Objekte konnte man in Karolinenhof und Schildow, in Wandlitz und Zeuthen finden. Schließlich hatten sich der Leiter der HVA, seine Stellvertreter und einige besonders ehrgeizige Abteilungsleiter exquisite Häuser in attraktiven Gegenden der DDR, zum Beispiel auf dem Weißen Hirsch in Dresden, in Radebeul, Saalburg und anderswo, ausbauen lassen. Auch hier empfingen sie Kundschafter oder hielten Beratungen mit ihren Kollegen aus dem Ausland ab.

Zur Ausstattung der HVA gehörten auch 700 Kraftfahrzeuge, davon 400 bis 500 Pkw, eine im Aufbau befindliche Computeranlage im Stadtbezirk Hohenschönhausen, ein großes Fotolabor, technische Werkstätten zur Herstellung falscher Papiere, von »Containern« zum Materialtransport und anderer Spionagewerkzeuge. Sie verfügte über Ferieneinrichtungen in und um Berlin sowie in allen Bezirken der DDR, die in der Regel zugleich als Ausweichobjekte für den Ernstfall eines Krieges dienen sollten.

Vor allem aber befanden sich in der HVA ungeheure Aktenbestände. Sie setzten sich aus den über fast vierzig Jahre beschafften Informationen, den Angaben über Personen und Objekte und den zahlreichen Weisungen und administrativen Papieren zusammen, die in solch einem bürokratischen Apparat anfallen. Die Mehrzahl der Informationen war bereits in den Jahren zuvor auf Mikrofiches verfilmt worden; ihr Volumen hielt sich dadurch in Grenzen. In den Panzerschränken der von den HVA-Mitarbeitern verlassenen Diensträume befand sich aber soviel Material, daß damit später etwa 100 Lkw beladen werden konnten.

Ende Januar und den ganzen Februar 1990 über sammelten mit Zustimmung des Bürgerkomitees kleine Gruppen von HVA-Mitarbeitern das gesamte Schriftgut und konzentrierten es in wenigen Räumen. Gleichzeitig begann die Vernichtung, wobei davon auszugehen ist, daß zuerst besonders brisante Akten in den Reißwolf kamen. Dazu gehörten die Unterlagen über Spione im Operationsgebiet, dazu gehörten Weisungen und Befehle, aus denen auf Schwerpunkt-Standorte geschlossen werden konnte, dazu gehörten aber auch all jene Papiere, die Aufschluß über die Zusammenarbeit von Aufklärung und Abwehr gaben. Den ganzen Tag über – und auch nachts bei verdunkelten Fenstern – wurde das Papier zerschnipselt, verkollert, in Säcken eingelagert. Der Abtransport war damals noch nicht möglich, so daß sich schließlich die Papiersäcke bis zur Decke stapelten. Die Mikrofiches wurden verbrannt.

Als weitaus schwieriger erwies sich, die personellen Probleme zu lösen. Ging es doch dabei nicht nur um die Beschreibung konspirativer Vorgänge in der DDR, sondern vor allem um die geräuschlose, unauffällige Auflösung der vielfältigen Verbindungen ins Operationsgebiet. Als erstes wurden die Karteikarten der HVA aus der zentralen Registratur der Abteilung XII des MfS abgezogen. In dieser Abteilung waren sämtliche Personen festgehalten, die in irgendeiner Weise mit dem Ministerium für Staatssicherheit zu tun hatten – ob als Täter, wie auch immer, oder als Opfer. Die Abteilung XII gab auf der Basis der bei ihr gespeicherten Grunddaten einen ersten Hinweis auf eine angefragte Person – wie sich oftmals zeigte, zu undifferenziert und holzschnittartig. Heute verfügt die Gauck-Behörde über die verbliebenen Karteikarten der Abteilung XII und wertet mitunter auf der Grundlage dieser unzureichenden Daten, wie erste Beispiele bereits zeigten.

Die Sicherstellung der Personaldaten war nur der Anfang; vieles andere war zu bedenken – und dieser komplizierte Prozeß konnte mit dem schnellen Ablauf der Auflösung nicht Schritt halten. Daher vereinbarten die Arbeitsgruppe Sicherheit des Runden Tisches und die Reste der HVA die Auslagerung der Materialien der Aufklärung an einen anderen Ort. Die Arbeitsgruppe Sicherheit beschloß am 23. Februar 1990, daß die HVA-Unterlagen in der ersten Märzdekade in das Objekt Roedernstraße 30, wo sich bislang Werkstätten befunden hatten, gebracht und dort von etwa 200 Mitarbeitern endgültig aufgelöst werden. Bis zum 15. März war die Normannenstraße zu verlassen, zum gleichen Zeitraum auch die Schule der HVA, erst vor etwa anderthalb Jahren bezogen, zu räumen. Der Umzug verlief unter der wachsamen Kontrolle der Bürgerbewegung und der Kirche. Jeder Transport wurde von zwei Kirchenvertretern begleitet, die auch Stichproben machten. Von der Roedernstraße aus wurde dann die Vernichtung der HVA-Akten organisiert. Das geschah ebenfalls unter den Augen der Bürgerkomitees und ihrer Auflösungsgremien, die dazu ihre volle Zustimmung gaben. Sie ließen sich davon überzeugen, daß sowohl das operative Netz in der Bundesrepublik als auch das Hilfs-Netz in der DDR vor unbefugtem Zugriff zu schützen seien. Sicher sind dabei auch Unterlagen vernichtet worden, die für eine historisch wahrhaftige Aufarbeitung des Kapitels Staatssicherheit von Wert gewesen wären, und mancher hat gewiß Papiere beiseite gebracht, die er ungern in den Händen der Bürgerrechtler gesehen hätte, zum Beispiel sie betreffende Dossiers für die Abwehr. Wie sich seit Anfang 1992 zeigt, ohne großen Nutzen, denn natürlich sind die von der HVA zum

Beispiel an die Hauptabteilung XX gegangenen Berichte in deren Hinterlassenschaft aufzufinden. Das könnte helfen, Umfang wie Stoßrichtung dieses Teils der Tätigkeit der HVA weitgehend zu rekonstruieren.

Ungeachtet dessen dürfte aber die weitere Entwicklung auch gezeigt haben, wie richtig die Entscheidung zur Vernichtung der HVA-Akten im Grundsatz war. Denn es ist ziemlich sicher, daß diese hochbrisanten Papiere sämtlich – und wahrscheinlich ausschließlich – den Geheimdiensten zugänglich gemacht worden wären; das seit 1. Januar 1992 geltende Stasi-Akten-Gesetz bietet dafür genügend Handhabe. Jene Materialien jedenfalls, die die HVA-Auflöser – dem Beschluß des Runden Tisches folgend – für eine zentrale Archivierung zur Verfügung stellten und die im Juni 1990 von Vertretern des Bürgerkomitees, darunter der gegenwärtige Sprecher der Gauck-Behörde, David Gill, gesichtet wurden, sind bisher der Öffentlichkeit nicht zugänglich.

Es handelt sich dabei um ganze Jahrgänge von Ausgangsinformationen der Auswertungsabteilung der HVA, die sich mit den politischen, militärischen und ökonomischen Vorgängen in der Bundesrepublik und anderen beobachteten Ländern befaßten. Aus den Beständen der früheren Abteilung IX wurden Analysen zu Struktur und Arbeitsweise des Bundesnachrichtendienstes, die komplette Kartei der hauptamtlichen BND-Mitarbeiter sowie Dossiers über eine größere Anzahl von ihnen übergeben, weiter Materialsammlungen über das Bundesamt und die Landesämter für Verfassungsschutz sowie Dossiers über deren Mitarbeiter, schließlich eine Aufstellung der Bediensteten des Militärischen Abschirmdienstes (MAD). Auch Unterlagen über den CIA – so die wichtigsten zentralen Richtlinien für die Organisierung seiner weltweiten Spionage, für die elektronische Überwachung, eine Kartei mit Angaben über alle Dienststellen des USA-Geheimdienstes in der damaligen Bundesrepublik und West-Berlin, aber auch die komplette Dokumentation des schon genannten Vorgangs »Ronny« – befanden sich seitdem beim Auflösungskomitee und sind jetzt wohl beim »Bundesbeauftragten für die Unterlagen des Staatssicherheitsdienstes der ehemaligen Deutschen Demokratischen Republik« archiviert. Gleiches gilt für Analysen über Struktur und Arbeitsweise der Geheimdienste aller anderen NATO-Staaten sowie weiterer europäischer Länder.

Die genannten Materialien wurden in einer spektakulären Aktion – unter dem Begleitschutz mehrerer Funkstreifenwagen – in den Archivtrakt der Normannenstraße überführt. Wo sind sie jetzt?

Die restlose Beseitigung der übrigen Unterlagen erwies sich als ein hartes Stück Arbeit. Fast unaufhörlich rollten die Lkw zur Papiermühle in der Orloppstraße. Im Westteil Berlins mußten größere Posten von Papier- und Plastesäcken eingekauft werden; dazu Büro-Reißwölfe zur Zerkleinerung der Akten. Ein letztes Mal bereitete die »Tonnen-Ideologie«, die Manie, über jedes Detail ein Papier anzulegen, den Aufklärern Verdruß. Schon wenn erste Kontakte mit einem ins Auge gefaßten IM sich als vielversprechend erwiesen und ihre Fortsetzung beschlossen wurde, bekam er einen Aktenvorgang, registriert mit einem Decknamen. Der »Kandidat« entwickelte sich mehr oder minder gut – aber auch dann, wenn sich aus ihm nichts machen ließ, wurde der Vorgang archiviert. All diese Unterlagen fanden sich nun in den Stahlschränken der Mitarbeiter, zum Teil vergilbte und staubige Schnellhefter mit Namen, deren Träger in der operativen Arbeit der HVA nie eine Rolle gespielt hatten. Dazu kamen massenhaft Weisungen, Ordnungen, Vorschriften, Dienst- und Belehrungsbücher aus Jahrzehnten, Parteimaterialien und all das Papier, das man sich nicht wegzuwerfen getraute, weil es vielleicht doch noch einmal zu brauchen war.

Außerhalb der HVA waren sämtliche »konspirative Wohnungen« aufzulösen, mußte ihr Personal entlassen werden. Die materiellen Werte gelangten teilweise zum Verkauf, teilweise wurden sie auch kostenlos weitergegeben, so an die Hohenschönhausener Pfarrgemeinden, die für manches Verwendung fanden.

Von besonderer Brisanz war der Umgang mit den Finanzmitteln. Bereits im November 1989 war die Finanzplanung 1990 vorbereitet worden; dabei sollte das »Anlegen zentraler operativer Finanzreserven« geprüft werden. Ein Teil dieser Mittel wurde für die Abwicklung der im Auflösungsprozeße unumgänglichen operativen Maßnahmen benötigt; so gab Klaus Kuron im Prozeß gegen ihn an, noch im Frühjahr 1990 für seine Informationen knapp 60.000 D-Mark erhalten zu haben. Über den Verbleib der restlichen Gelder ist bisher zuverlässig nichts bekannt.

Parallel zur Vernichtung der Akten und der »Abwicklung« der materiellen und finanziellen Güter begann die Herauslösung der Menschen aus dem Apparat der HVA. Dabei war die Entlassung der hauptamtlichen Mitarbeiter noch die einfachere Aufgabe – ganz im Unterschied zur Trennung von den Spionen im Operationsgebiet. Diese hatten auf ihr weiteres Schicksal zumeist keinen Einfluß, fragten sich aber gerade deshalb wohl oft bange: »Wer wird wie mit mir verfahren?« Begonnen wurde mit den Meldeakten in der DDR. Die ausführlich beschriebene Übersiedlungsvariante hatte es mit sich gebracht, daß einige frühere DDR-Bürger über eine Zweitidentität in der Bundesrepublik verfügten, die nun ohne Gefährdung der Betreffenden nicht mehr aufgegeben werden konnte. Daher war es notwendig, deren Daten aus den DDR-Speichern zu tilgen.

Vereinzelt kamen auch DDR-Bürger zweimal in den Meldekarteien vor. Bei der Bereinigung dieser Fälle zeigte sich das Ministerium des Innern sehr kooperativ – sowohl Minister Peter-Michael Diestel als auch Vertraute der HVA in den Datenspeichern und bei den Meldekarteien.

Bereits Ende 1989 waren alle unwichtigen Treffs abgesagt worden, wurden Quellen des Operationsgebietes, die von minderer Bedeutung waren, »abgeschaltet«. Sie erhielten auf den festgelegten Verbindungswegen, oft über Funk, die Mitteilung, daß die Zusammenarbeit beendet wird und alle operativen Materialien rückstandslos zu beseitigen sind. Darüber bestand im damaligen Amt für Nationale Sicherheit wie auch im späteren Auflösungskomitee Konsens. Unterschiedlich waren die Meinungen jedoch, wenn über die Spitzenquellen der HVA nachgedacht wurde. Im Herbst 1989 waren viele Aufklärer noch davon überzeugt, daß es ein »Leben nach dem Tode« geben könne. In dem schon genannten Dokument der HVA vom 22. November hieß es: »Mit dem Ziel der langfristigen Sicherung der wichtigsten Quellen ... sind Vorschläge zur Beendigung der Zusammenarbeit, Konservierung, Veränderung der operativen Aufgabenstellung sowie zur langfristigen Sicherung der Funktionsfähigkeit zu unterbreiten.« Für alle IM-Kategorien wurden konkrete Anregungen unterbreitet, bis hin zum schnellen Einstellen auf die veränderten Bedingungen: »Neue Möglichkeiten, die sich aus den aktuellen gesellschaftlichen Veränderungen in der DDR ergeben, sind kurzfristig auf ihre Anwendbarkeit und Wirksamkeit zu prüfen.«

Im Januar und Februar 1990 waren solche Pläne schon zur Illusion geworden. Dennoch wurde über Möglichkeiten nachgegrübelt, wie das Faustpfand, das die verbliebene HVA-Führung mit dem operativen Netz im Westen besaß, genutzt werden könne. Dafür gab es verschiedene Modelle. Solange die DDR bestand und mit ihr die Nationale Volksarmee, die auch unter der Regie von Minister Rainer Eppelmann zunächst über die Fortsetzung der konspirativen Militäraufklärung nachdachte, ehe diese später ohne viel Aufsehen verschwand, war eine der Möglichkeiten, daß zumindest geeignete Quellen an sie übergeben wurden. Doch die NVA fürchtete, daß der schlechte Ruf der HVA als eines Bestandteils der Stasi ihr schaden könne; sie winkte beizeiten ab.

Dann war da natürlich die naheliegende Variante, das HVA-Netz zur Gänze oder zumindest in großen Teilen dem Komitee für Staatssicherheit der UdSSR zu übergeben. Markus Wolf selbst schien über diese Möglichkeit – geht man von einigen seiner Äußerungen in jener Zeit aus – nachgedacht zu haben, und von seiner Vita her bot er sich als Vermittler geradezu an. Auch bei einzelnen Vertretern der HVA-Auflösungsgruppe war eine entsprechende Bereitschaft vorhanden – und das traf sich mit den Absichten der KGB-Residentur in Berlin-Karlshorst. Diese erhoffte sich von der Übernahme ehemaliger HVA-Quellen eine Verbesserung der eigenen Möglichkeiten, hatte sie sich doch schon in der Vergangenheit ab und zu mit den fremden Federn ihrer »tschekistischen Kampfgefährten« in der DDR geschmückt.

Wenn es schließlich doch nicht zu einer solchen Übergabe kam, dann zum einen wegen der zögernden Haltung der KGB-Zentrale in Moskau und zum anderen, weil die Ex-Chefs der HVA eine gewisse Eigenständigkeit wahren wollten. Moskau war zurückhaltend, weil es davon ausgehen mußte, daß jede der übergebenen Quellen wenigstens einem halben Dutzend ehemaliger DDR-Aufklärer bekannt war und damit als unzureichend konspiriert ein ständiges Risiko darstellte. Außerdem dürfte die jähe Wendung, die ihr Leben – und das gilt für Spione wie für ihre Führungsoffiziere gleichermaßen – durch den Zusammenbruch der DDR und des Sozialismus erfahren hatte, kaum ein Anreiz gewesen sein, auf diesem gefährlichen Grund weiter zu agieren. Wolf hat insofern recht, wenn er das HVA-Netz »einen demotivierten, deprimierten Haufen« nennt, den ein weitsichtiger Geheimdienstchef kaum übernehmen würde.

Und dennoch hat es solche Bemühungen gegeben, die allerdings zusätzlich dadurch erschwert wurden, daß die HVA-Führung sie unter Kontrolle halten wollte. Diese führte zwar mit einigen wenigen Spitzen-Aufklärern im ersten Halbjahr 1990 letztmalige Treffs durch, bei denen Einzelheiten für ihr »Untertauchen« erörtert wurden – einschließlich der Möglichkeit einer Reaktivierung zu gegebener Zeit. Die dabei getroffenen Festlegungen enthielten auch die in der Geheimdienstarbeit übliche Verhaltensmaßregel, auf Kontaktversuche anderer als der vereinbarten Personen nicht einzugehen. So war eine Verbindungsaufnahme seitens des KGB nur über die Vertrauenspersonen der Quellen möglich – ein angesichts der Dekonspirierung aller HVA-Mitarbeiter äußerst riskantes Unterfangen. Im Prozeß gegen den Ingenieur Anton Steppan – eine Quelle, die auf dem Rüstungssektor der Bundesrepublik arbeitete – wurde mitgeteilt, daß Anfang Januar ein KGB-General versucht haben soll, Steppans Führungsoffizier auf eine Übergabe des Spions anzusprechen. Der HVA-Mitarbeiter informierte jedoch den Verfassungsschutz.

Unter solchen Bedingungen ist eine erfolgversprechende Geheimdienstarbeit kaum zu leisten; die gebetsmühlenartig wiederholten Warnungen vor einer Übernahme von HVA-Kundschaftern durch den KGB in Größenordnungen entlarven sich so als eine aktive Maßnahme zur Verunsicherung der eigenen Bevölkerung, als Versuch, auf diese Weise die Daseinsberechtigung bundesdeutscher Geheimdienste weit in die Zukunft hinein zu belegen. Generalbundesanwalt Alexander von Stahl, der selbst durch seine Äußerungen dabei mitwirkt, kann zwar kaum Beweise nennen, dafür aber um so mehr Vermutungen: »Das liegt doch sehr nahe, weil KGB und MfS sehr eng zusammengearbeitet haben, das MfS ein Kind des KGB ist und die internationale Solidarität auch zur engeren Zusammenarbeit verpflichtet. Die Gefahr ist sehr deutlich.« Mehr hat er bis heute nicht ans Licht gebracht, wobei nicht verschwiegen werden soll, daß es gewiß Einzelfälle gibt, wo der eine oder andere DDR-Spion tatsächlich einen neuen Herrn gesucht und gefunden hat. Doch nicht einmal diese werden genannt, vielleicht deshalb, weil sie – wie noch darzustellen sein wird – teilweise vom Verfassungsschutz provoziert wurden.

Eine dritte Variante des Umgangs mit dem brachliegenden Spionagenetz war der frühzeitige Übergang auf die andere Seite, die Kooperation mit dem bisherigen Gegner. Einige entschieden das für sich persönlich, andere wollten auf diese Weise die HVA als Ganzes übergeben – nicht zur Fortsetzung geheimdienstlicher

Arbeit, sondern zu ihrer geregelten Beendigung. Die Vorstellung war, einerseits alle bisherigen HVA-Angehörigen von ihrer gegenüber der DDR geleisteten Verpflichtung zu entbinden und gleichzeitig zu verpflichten, keinerlei nachrichtendienstliche Handlungen mehr zu unternehmen – ganz gleich für wen. Die gleiche Verpflichtung sollten alle Quellen im Operationsgebiet gegenüber dem Auflösungskomitee abgeben. Als Gegenleistung hätte die Bundesregierung einen Verzicht auf Strafverfolgung unter der Voraussetzung aussprechen sollen, daß sich die Aufklärer in Ost wie West daran halten. Derart abgesichert, hätten den bundesdeutschen Organen die Namen der Ex-Spione offenbart werden können, um ihr die Kontrolle der Vereinbarung zu ermöglichen.

Diese Überlegungen fanden auf beiden Seiten wenig Gegenliebe. Bei der Rest-Truppe der HVA spukte noch immer die Hoffnung auf Fortsetzung der Arbeit herum; nicht zuletzt deshalb wurde verfügt, daß ins Auflösungskomitee niemand eingestellt werden dürfe, der für diesen hypothetischen Fall als Führungsoffizier ins Operationsgebiet in Frage kam. Dies drängte Mitarbeiter der HVA befristet in eine neue Konspiration, anstatt ihnen die Möglichkeit zu geben, sich sofort von ihrem gescheiterten Spionage-Job zu trennen.

Aber auch auf der anderen Seite konnte man sich von den alten Feindbildern nicht lösen. Zwar befürworteten weitsichtige Politiker wie der damalige Innenminister Schäuble, sein Kollege im Justizressort, Kinkel, damals aber auch noch Generalbundesanwalt von Stahl und der jetzige Verfassungsschutz-Präsident Werthebach, seinerzeit Berater für Geheimdienstfragen bei DDR-Innenminister Diestel, eine Amnestie für die HVA-Mitarbeiter und eventuell auch für ihre westlichen Quellen, wenn dadurch die innere Sicherheit der Bundesrepublik gefördert werden könne. In einem Gesetzentwurf der Bundesregierung vom Sommer 1990 hieß es: »Mit dem Zusammenwachsen der beiden deutschen Staaten hat die gegenseitige nachrichtendienstliche Aufklärung aufgehört. Sie war stark geprägt von der Teilung Deutschlands und der Frontstellung der beiden deutschen Staaten. Für den Rechtsfrieden und damit für die Zukunft des geeinten Deutschlands erscheint es sinnvoll, unter die damit verbundenen Straftaten einen befriedenden Schlußstrich zu ziehen und mit Wirksamwerden des Beitritts in begrenzter Weise Straffreiheit zu gewähren.«

Die Autoren dieses Entwurfs berücksichtigten dabei, daß natürlich auch seitens der Bundesrepublik Spionage gegen die DDR stattgefunden hatte. So führte der BND nach Presseberichten 500 Agenten im Osten Deutschlands, darunter hohe Offiziere der Staatssicherheit ebenso wie einen stellvertretenden Minister und andere führende Vertreter des Staatsapparates. Sie bleiben straflos, und Juristen – wie der Rechtsanwalt Gunter Widmaier aus München – monieren, »daß die selbstverständliche und rechtmäßige Befreiung der Mitarbeiter des Bundesnachrichtendienstes von jeder strafrechtlichen Behandlung wegen ihrer früheren Spionagetätigkeit gegen die DDR nicht in derselben Weise auch auf die Mitarbeiter der HVA des MfS wegen deren früherer Spionage gegen die Bundesrepublik ausgedehnt worden ist«.

Dies gelang damals, als dafür noch Zeit war, nicht, weil sowohl die CSU als Koalitionspartner als auch die SPD-Opposition aus ideologischen Erwägungen eine solche faktische Amnestie ablehnten. Sie provozierten damit die beträchtlichen juristischen Probleme, die heute jedes der angestrengten Strafverfahren begleiten und auf die noch einzugehen sein wird. Seinerzeit führte das Verhalten der BRD-Behörden zu einer Verunsicherung der kooperationswilligen Mitarbeiter der DDR-Aufklärung. Sie wurden hingehalten und immer wieder aufgefordert, ihr Wissen auch ohne eine förmliche Vereinbarung zu offenbaren. Lediglich sie selbst sollten natürlich davon profitieren – sei es durch die Zusage von Straffreiheit, sei es durch beträchtliche Geldzuwendungen. Ein stellvertretender Abteilungsleiter der Militäraufklärung bekam für jede enttarnte Quelle 25.000 Mark geboten; dem Leiter der die USA bearbeitenden Abteilung wurden nach eigenen Angaben sogar eine Million Dollar in Aussicht gestellt, wenn er seine gesamten Netze komplett übergäbe. Solche Angebote erfolgten natürlich ohne Zeugen; daß es sie gab, beweisen jedoch die inzwischen namhaft gemachten Überläufer der HVA.

Bei ihrem Vorgehen zogen die westlichen Abwehrorgane die unterschiedlichen Positionen unter den ehemaligen HVA-Mitarbeitern ins Kalkül und versuchten, daraus maximalen Gewinn zu ziehen. Sie konfrontierten die Aussagen einzelner Führungsoffiziere miteinander, pokerten mitunter auch mit Behauptungen, die Verunsicherung und Mißtrauen schaffen sollten. Fakten und Erfindungen wurden gemischt, insbesondere Vorgesetzte immer wieder als angebliche Informanten genannt. Natürlich hielten die Ermittler die Namen der Überläufer so lange wie möglich geheim. Das ermöglichte ihnen, Enttarnungen nach Bedarf anderen HVA-Vertretern anzulasten. Erst allmählich sickerte durch, wer jeweils dahinter steckte; dazu trug Kuron mit seinen Informationen bei. Dennoch setzten die Ermittlungsbehörden diese Methode weiter ein und verdächtigten zum Beispiel noch nach dem Spuhler-Prozeß den Gegenspionage-Chef Harry Schütt der Kollaboration. So begründete Generalbundesanwalt von Stahl das realtiv milde Bewährungsurteil von zwei Jahren gegen Schütt damit, daß er sich sehr kooperativ gezeigt und »in sehr großem Umfang an der Schadensbegrenzung mitgewirkt hätte«.

Trotz aller Bemühungen blieb jedoch die Ausbeute solcher Operationen begrenzt. Gemessen an der großen Zahl der hauptamtlichen Mitarbeiter der HVA ist die der Abtrünnigen gering, was nicht heißt, daß diese mit ihrem Wissen nicht wichtige Quellen enttarnen konnten.

Bisher betraf das vor allem Spione der Abteilung IX, an denen die bundesdeutschen Geheimdienste naturgemäß auch das größte Interesse haben. Bereits 1989 lief ein Mitarbeiter der Fotostelle der Hauptverwaltung Aufklärung zum BND über. Er war wegen Sicherheitsbedenken, die in seiner Person lagen, aus dem MfS entlassen worden und hatte damals Kopien von den Original-Mikrofilmen aus dem BND und dem BfV mitgenommen. Sie enthielten weitaus mehr Hinweise auf die Quelle als die später der Auswertung übergebenen, teilretuschierten Kopien. Die Sache wurde zwar bekannt, und der Mann wurde festgenommen, kam jedoch bei einer der ersten Amnestien nach der Wende wieder frei und offenbarte sich nun den Diensten der Bundesrepublik. So erhielt der Verfassungsschutz zum Beispiel erste Hinweise auf die Gebrüder Spuhler. Durch weitere Überläufer konnten sie später verifiziert werden. Zu ihnen gehörte der schon genannte Oberst Busch, aber auch Oberst Werner Roitsch, stellvertretender Leiter der für die Beobachtung des Sicherheitsregimes im Operationsgebiet zuständigen Abteilung VI, vor allem jedoch Oberst Karl Großmann, stellvertretender Abteilungsleiter in der Spionageabwehr der HVA.

Roitsch hatte seinen Coup mit größter Vorsicht und streng konspirativ vorbereitet und mag sich gewundert haben, daß er schon nach kurzer Zeit von seinen Kollegen in der Auflösungsgruppe enttarnt wurde. Verantwortlich dafür war auch hier niemand anderer als Kuron. Bei ihm war der Vorgang Roitsch gelandet, und er hatte sofort die Roedernstraße informiert. Diese entließ den Oberst »wegen Verrats« am 15. April 1990 fristlos. Da er vor seiner Tätigkeit in der Abteilung VI Referatsleiter in der den Bonner Regierungsapparat bearbeitenden Abteilung I gewesen war, kannte er einige der von dort aus geführten Spione und trug zu deren Enttarnung bei.

Noch gravierender war der Übertritt Großmanns. Im Jahre 1977 kam der Namensvetter des späteren HVA-Chefs mit seinem Gönner Harry Schütt, als dieser zum Leiter der Spionageabwehr der HVA berufen worden war, in die Abteilung IX und stieg dort zum stellvertretenden Abteilungsleiter mit Zuständigkeit für die illegale Linie A (im Unterschied zu der die HVA-Leute in den DDR-Botschaften betreuenden Linie B) auf. Er hatte seine Fähigkeiten als äußerst phantasievoll und mit hohem Risiko arbeitender Geheimdienstmann bewiesen, diese Eigenschaften jedoch nicht selten auch für die Befriedigung persönlicher Bedürfnisse eingesetzt. Das schuf ihm immer wieder Probleme, aber seine Erfolge als Agentenführer veranlaßten seine Chefs stets zu Nachsicht. Erst als er mit dem Sohn von Alexander Schalck-Golodkowski zusammen einige anrüchige Geschäfte gemacht hatte, verlor er seinen Leitungsposten, wurde jedoch zum »Sonderoffizier« ernannt und konnte im Prinzip ungestört weiterarbeiten. Der BND, der ihn schon lange im Visier und bereits vor Jahren einen Konteragenten auf seine Frau angesetzt hatte, wußte durch eigene Recherchen, aber wohl auch durch Schalck um diese Schwächen und zögerte nicht, Großmann »umzudrehen«. Dieser lieferte dann nicht nur die letzten Beweise für die Enttarnung der Gebrüder Spuhler, sondern er gab auch die entscheidenden Hinweise auf die Ende 1991 zu sechseinhalb Jahren Haft verurteilte Gabriele Gast, die aus dem Bundesnachrichtendienst wichtige Analysen sowie die regelmäßigen Lageeinschätzungen für den Bundeskanzler verraten hatte. Andere ehemalige DDR-Spione in den bundesdeutschen Abwehrbehörden haben ihm ebenfalls ihre Festnahme zu verdanken.

Karl Großmanns Aussagebereitschaft besiegelte schließlich auch das Schicksal des wohl kaltblütigsten HVA-Maulwurfs Klaus Kuron. Als das Ende der HVA offenkundig geworden war, beschloß er, nicht wie das Kaninchen vor der Schlange sitzen zu bleiben, sondern weiter mitzumischen. Das Verhängnis, so es denn kam, sollte ihn nicht unvorbereitet treffen. Und zunächst ging tatsächlich alles gut. Er empfing die HVA-Überläufer, forschte sie aus und prüfte vor allem die Gefahr für sich selbst. Seine Chefs erfuhren nur, was ihm nicht schaden konnte. Zugleich meldete er die Abtrünnigen ihrem ehemaligen Arbeitgeber, damit dieser ihn vor deren Mitteilsamkeit schützte. So erfuhren die HVA-Auflöser aus erster Hand, was das BfV gegen die HVA plante, welche Offiziere übergelaufen waren, was sie ausgesagt hatten und welche sonstigen Angebote an den Verfassungsschutz gemacht worden waren. Kurons fortgesetzte Spionagetätigkeit für die HVA half dieser beträchtlich dabei, Quellen im »Operationsgebiet BRD« systematisch abzuschalten und viele von ihnen aus der Gefahrenzone zu bringen. Der Verfassungsschützer bestärkte aber auf diese Weise auch die alte HVA-Führung, gegenüber den Behörden der Bundesrepublik sehr reserviert aufzutreten und Möglichkeiten einer frühzeitigen Bereinigung des deutsch-deutschen Spionagekapitels ungenutzt zu lassen. Seine Informationen ermöglichten über lange Zeit die Verunsicherung und damit die Disziplinierung solcher HVA-Mitarbeiter, die einen endgültigen, aber zugleich verantwortbaren Schlußstrich unter ihre Vergangenheit ziehen wollten.

Wenige Tage nach dem Vollzug der deutschen Einheit aber bekommt Kuron Wind von jenem hochrangigen DDR-Überläufer, der jedoch – im Unterschied zu allen vorherigen – ihn und seine langjährige Doppelkonspiration kennt – Karl Großmann. Und er kann sich ausrechnen, wann er nun selbst an der Reihe ist. Jetzt tut er das, was er schon lange ins Kalkül gezogen hat – er tritt die Flucht nach vorn an. Nachdem die HVA verschwunden ist, so glaubt er, bleibt ihm nur noch der KGB. Schon zuvor hatte er einige Male versucht, diese Karte ins Spiel zu bringen. Aktenkundig ist dies im Fall des schon genannten Ingenieurs Steppan. Dessen Führungsoffizier wurde von Kuron aufgefordert, auf das sowjetische Angebot einzugehen und den Mitarbeiter der Friedrichshafener Firma Motoren- und Turbinen-Union (MTU) für den KGB arbeiten zu lassen – natürlich unter seinen Augen. Jetzt stellte Kuron über seinen früheren Führungsoffizier Stefan Engelmann einen Kontakt zur Karlshorster Dependance des sowjetischen Geheimdienstes her und versuchte zugleich, den Ex-Aufklärer der

DDR mit auf die Reise zu nehmen. Engelmann lehnte ab, und auch die KGB-Leute blieben reserviert. Sie boten Kuron zwar die Ausschleusung aus Deutschland an und ein Refugium im weiten Sowjetland; mehr aber versprachen sie nicht. Das war dem Geheimdienstler aus Passion zu wenig. Er pokerte zum letzten Mal, machte sich auf den Weg zurück und rief von unterwegs, aus einer Telefonzelle in Königslutter, den Verfassungsschutz an. Er bot seiner Dienststelle die Aussicht auf eine Doppelagenten-Operation gegen den KGB und verlangte im Gegenzug Nachsicht gegenüber dem eigenen Doppelspiel. Köln lehnte ab; soviel Chuzpe war nie Sache des Amtes.

Unmittelbar nach dem 3. Oktober 1990, dem Tag der deutschen Einheit, gingen die Strafverfolgungsbehörden und Geheimdienste in breiter Front gegen die ehemaligen Widersacher aus der HVA vor. Dabei interessierten weder Strukturen noch Arbeitsweisen; an eine inhaltliche Aufarbeitung der HVA-Tätigkeit war nicht gedacht – hätte sie doch die ganz ähnlichen Praktiken der westlichen Dienste allzusehr ins Blickfeld gerückt. Allein Namen waren gefragt – Namen der Top-Spione der DDR-Aufklärung vor allem, aber auch die Personalien der sogenannten kleinen Fische. Nach lange vorbereiteten Listen begannen die Befragungen der Führungsoffiziere, jedoch auch des sonstigen Personals der HVA, vom Auswerter über den Verwalter einer »konspirativen Wohnung«, die Sekretärin, den Kraftfahrer, bis hin zum Fotolaboranten, der übermittelte Mikrofilme im Original gesehen hatte. Jedes Stück Papier, jede noch greifbare Karteikarte wurden ausgewertet. Aus vielen kleinen Bausteinchen sollten die Mosaiks zusammengesetzt werden, die schließlich zum unsichtbaren Kundschafter führen würden.

Mit begrenztem Erfolg, denn die meisten Mitarbeiter der HVA erwiesen sich denn doch nicht als so skrupellos, daß sie – um den eigenen Kopf zu retten – ihre Quellen unverzüglich preisgaben. Die ersten, außerordentlich harten Urteile gegen Aufklärer aus dem Operationsgebiet taten ein übriges. Wenn auch oft unterstellt, ist es für viele Führungsoffiziere nicht einerlei, daß Leute, die ihnen über eine lange Zeit hinweg vertraut hatten, nun vielleicht mit ihrer Hilfe für zehn Jahre hinter Gitter wandern. Hinzu kommt, daß die Offenbarung einer Quelle in aller Regel auch unvorhersehbare Konsequenzen für deren persönliches Umfeld, für Verwandte, Bekannte und Arbeitskollegen haben kann. »Ich halte die Preisgabe von Personen, die sich mir anvertraut haben, von uns angehalten wurden, nachrichtendienstlich tätig zu werden, für absolut verwerflich«, hatte Markus Wolf immer wieder öffentlich betont, und er sprach damit für die übergroße Mehrzahl seiner früheren Mitarbeiter. Wolf selbst war mit solchen Angeboten ebenfalls konfrontiert worden: »Im Beisein meiner Frau malten freundliche Herren von der anderen Seite angesichts des mir drohenden Haftbefehls unsere Zukunft in den düstersten Farben. Voller Respekt und Verständnis zeigten sie danach einen passablen Ausweg mit gesichertem Schutz und Wohlstand, natürlich bei entsprechender Gegenleistung.« Auf diese Weise hatten die Bundesbehörden die Chance verpaßt, durch einen seriösen und emotionslosen Umgang mit diesem das ganze Deutschland betreffenden Erbe eine sachdienliche Lösung zu finden. Nun, da mehr als tausend Ermittlungsverfahren laufen und die ersten Urteile gesprochen sind, ist eine restlose Aufklärung in weite Ferne gerückt.

Zu dieser Entwicklung trugen aber auch die früheren Chefs der HVA und ihre Vertreter im Auflösungsstab durch den illusionären Glauben an eine wie auch immer geartete Weiterarbeit bei. Nachdem sie – wie dargestellt – im ersten Halbjahr 1990 alle diesbezüglichen Bemühungen blockiert hatten, begriffen sie nach der deutschen Vereinigung endlich, daß ihre Hoffnungen auf Sand gebaut waren. Am 17. Januar 1991 wandten sich fünf Stasi-Generale, darunter der letzte HVA-Chef, an Innenminister Schäuble, um ihm nun selbst das Angebot zu machen, das sie im Jahr zuvor noch torpediert hatten. Nun erklärten sie plötzlich ihre »Bereitschaft zum Offenlegen von noch nicht enttarnten Quellen des MfS im Gebiet der ehemaligen BRD sowie im NATO-Bereich; zur Offenlegung der tatsächlichen Zusammenhänge zu dem Komplex ›Übergabe von Quellen an das KGB der UdSSR im Zusammenhang mit der Auflösung des MfS‹; mitzuwirken an der realen Bewertung des Handelns von IM in der ehemaligen DDR; Zusammenhänge von operativen Vorgängen und Aktionen des MfS aufzudecken, sofern dafür insbesondere im Zusammenhang mit Maßnahmen der Strafverfolgungsbehörden sowie zur Rehabilitierung Betroffener Handlungsbedarf besteht; auf Führungsoffiziere und andere Angehörige Einfluß zu nehmen, sich in diesen Prozeß einzubringen; Einfluß geltend zu machen, daß von den ehemaligen Angehörigen des MfS keine rechtswidrigen Handlungen gegen den Bestand der Bundesrepublik Deutschland begangen werden«. Als Gegenleistung sollte die Bundesregierung »auf der Grundlage entsprechender Rechtsvorschriften den Weg für eine Selbststellung unter Zusicherung der Straffreiheit« ebnen. Die Führungsoffiziere, die ein Jahr zuvor auf Weisung ihrer ehemaligen Leiter mit den Quellen noch Kontaktwege für eine spätere Reaktivierung vereinbaren mußten, sollten diese nun nutzen, um die Spione zur Selbststellung zu bewegen.

Am 15. Februar 1991 fand dazu in Berlin ein geheimes Treffen statt, an dem der damalige Verfassungsschutz-Präsident Boeden und sein designierter Nachfolger Werthebach teilnahmen. Im März wurde der Vorgang öffentlich bekannt und sogleich als »Kuhhandel« abqualifiziert. Während sich das Innenministerium vorerst ausschwieg, dementierte HVA-Generaloberst Großmann das Ganze, doch vier Wochen später gab die Regierung die Begegnung zu. Die fünf Generale hätten ihre Vorstellungen und Wünsche vorgetragen, die Verfassungsschützer ihrerseits erneut auf bedingungslose Offenlegung der Quellen gedrungen. »Der Erwartungshaltung der ehemaligen Mitarbeiter des MfS konnte dabei nicht entsprochen werden«, hieß es lakonisch aus dem Innenministerium. Dieser letzte und zu späte Versuch, eine einvernehmliche Lösung des Problems zu erreichen, war von vornherein zum Scheitern verurteilt, denn die MfS-Generale hatten in völliger Verkennung der Situation längst ihre Trümpfe verspielt. Nun setzte die Bundesregierung auf die Ermittlungen des Staatsschutzes und auf die Gerichte; die ersten »Pilotverfahren« waren schon eingeleitet. Eine Koalition der Unvernunft – bestehend aus unbelehrbaren Stasi-Führern auf der einen Seite und rachedurstigen Parteipolitikern andererseits – hatte Deutschland ein Problem beschert, das Öffentlichkeit und Justiz noch einen langen Zeitraum beschäftigen wird, ohne je zu einem guten Ende zu kommen.

Zu den ersten, die das zu spüren bekamen, gehörten diejenigen Spione, die in den vergangenen Jahren aus eigenem Antrieb oder auf Anraten der Zentrale aus dem Operationsgebiet in die DDR zurückgekehrt waren, um sich dort der Strafverfolgung zu entziehen. In der DDR hatten sie – wie dargestellt – vielfältige Ehrungen erfahren und sich leidlich eingerichtet, wenn auch die wenigstens von ihnen glücklich waren. Wer seine Strafe in der Bundesrepublik abgesessen hatte, wie die Guillaumes oder Lothar Lutze und Renate Wiegel, ging lediglich einiger Privilegien verlustig; wer jedoch für die Strafverfolgsbehörden ein noch ungeklärter Fall war, mußte mit seiner Verhaftung rechnen. Das betraf von den bekannteren Kundschaftern Hansjoachim Tiedge, Ursel Lorenzen oder Sonja Lüneburg.

Tiedge setzte sich schon im Sommer 1990 in die Sowjetunion ab, muß aber fürchten, daß diese ihn irgendwann ausliefert. Ursel Lorenzen ist nach ihrer Verheiratung unter dem Namen ihres Mannes ebenfalls und wiederum auf der Flucht. Sie, die im NATO-Hauptquartier in Brüssel gearbeitet hatte, war 1979 in die DDR geflohen, da sie sich gefährdet fühlte. Am 17. Januar 1980 präsentierte sie auf einer internationalen Pressekonferenz in Ost-Berlin Dokumente, die die Bereitschaft der NATO zum Einsatz von Atomwaffen in einem Krieg in Europa belegten. Die meisten der vorgelegten Geheimpapiere hatte sie gar nicht beschafft, sondern stammten aus anderen Quellen sowohl der HVA als auch des militärischen Nachrichtendienstes der Nationalen Volksarmee, die bei der NATO tätig gewesen waren. Sie wurden vom damaligen Leiter des Instituts für militärpolitische Forschung bei der NVA, Oberst Charisius, präsentiert, der sie zuvor mit dem für die Auswertung der militärpolitischen Informationen der HVA zuständigen Oberst Busch ausgewählt hatte. Nun aber wird Ursel Lorenzen durch ihr damaliges Auftreten schwer belastet; auf dieser Grundlage will ihr die Bundesanwaltschaft den Prozeß machen. Sie irrt mit ihrem Mann durch diejenigen Länder Europas, die kein Auslieferungsabkommen mit der Bundesrepublik haben.

Noch schlimmer ist es Sonja Lüneburg ergangen. Die ehemalige Sekretärin des FDP-Bundestagsabgeordneten William Borm, die nach dessen Tod zum damaligen Generalsekretär der Liberalen, Martin Bangemann, überwechselte und diesem dann auch ins Wirtschaftsministerium folgte, hatte sich im August 1985 zu einer Wochenendreise abgemeldet und war nicht wieder aufgetaucht. Ermittlungen ergaben, daß sie unter einer Doppelgänger-Legende für die HVA gearbeitet haben soll. Nach der Vereinigung Deutschlands wurde in einem östlichen Vorort Berlins die 64jährige Johanna O. festgenommen, unter der man Sonja Lüneburg vermutet.

Die Strafverfolgungsbehörden der Bundesrepublik konzentrieren gegenwärtig all ihre Kraft auf die juristische Abrechnung mit den ehemaligen Spionen der DDR. Sie bringen dazu nicht nur jene

Agenten vor Gericht, die in jüngster Zeit enttarnt wurden, sondern eben auch sogenannte Altfälle, bei denen sich nach der Vereinigung plötzlich doch noch die Möglichkeit eröffnet, strafend tätig zu werden, auch wenn das offensichtlich keinen tieferen Sinn mehr hat. Außer Ursel Lorenzen und Sonja Lüneburg betrifft das auch Inge Goliath und andere. Bei einigen, die nach Verbüßung ihrer Strafe in die DDR kamen und hier Vorträge vor MfS-Angehörigen hielten, schuf das einen neuen Straftatbestand der »Beihilfe zu geheimdienstlicher Agententätigkeit«. Ihnen wurden zum Teil neue Verfahren angedroht, wie dem früheren Vorsitzenden des Bundes Deutscher Kriminalbeamter, Grunert, der 1978 zu zweieinhalb Jahren Freiheitsstrafe verurteilt worden und danach in die DDR übergesiedelt war. Von Anfang an wurden in die gerichtlichen Verfahren auch die Führungsoffiziere einbezogen, die vom Gebiet der DDR aus die Kundschafter anwarben, steuerten und entlohnten. Dieses undifferenzierte Vorgehen löste unverzüglich eine intensive Debatte über Prinzipien des demokratischen Rechtsstaats aus, die durch diese Praxis offensichtlich verletzt werden.

Vom abstrakten Gerechtigkeitsempfinden her erscheint die weitgehend gleichartige Verfolgung der Aufklärer – unabhängig ob erst vor kurzem gefaßt oder schon seit längerem bekannt, ob in der alten BRD tätig oder vom Territorium der früheren DDR aus agierend – durchaus denkbar. Gerade deswegen gab es ja die Bemühungen um eine Amnestie oder einen ähnlichen Schlußstrich unter die deutsch-deutsche Spionagetätigkeit, jenes zwangläufige Kind der Spaltung und des mit ihr verbundenen Kalten Krieges. Denn die juristisch gebotene Differenzierung veletzt den Gerechtigkeitssinn, die aus dieser Sicht logische Gleichbehandlung aber kollidiert mit rechtsstaatlichen Grundsätzen. Der genannte Gesetzesentwurf der Bundesregierung sah deshalb vor, nicht nur die spionierenden DDR-Bürger straffrei zu stellen, sondern Gnade auch gegenüber jenen bisher nicht erkannten Agenten auf dem früheren Bundesgebiet walten zu lassen, die sich innerhalb eines Jahres offenbaren. Sein Scheitern zwang die Behörden zum Handeln, als sich vom 3. Oktober 1990 an die juristische Gewalt der Bundesrepublik auch auf das Gebiet der früheren DDR erstreckte. Am Morgen des Wiedervereinigungstages klingelte an der Pforte der Hohenschönhausener Villa des Ex-Generalobersten Werner Großmann in Berlin die Polizei und nahm den letzten HVA-Chef fest. Sie stützte sich dabei auf einen Beschluß des 3. Senats des Bundesgerichtshofs, der Großmann der geheimdienstlichen Agententätigkeit als dringend verdächtig ansah. Damit setzten die Karlsruher Richter eine Diskussion in Gang, die sich schon bald als äußerst facettenreich erwies und zwangsläufig zur Anrufung des Bundesverfassungsgerichts führte.

Ihr Ursprung liegt jedoch nicht bei jenem 3. Oktober 1990, sondern einige Monate zurück. Ursache für das nun eingetretene Dilemma war ein – zufälliges oder gewolltes? – Versäumnis des Einigungsvertrages, der grundsätzlich von der Übertragung des Bundesrechts auf das Gebiet der früheren DDR ausgeht, jedoch eine Reihe von Bestimmungen und Gesetzen der alten Bundesrepublik aufzählt, die ausdrücklich nicht anzuwenden sind. In dieser Aufzählung fehlen die Straftatbestände der »geheimdienstlichen Agententätigkeit«; mithin – so folgerte der Bundesgerichtshof in einer ersten Stellungnahme zu dieser Problematik vom 30. Januar 1991 – »kann und muß die Strafverfolgung ihren Fortgang nehmen«. Die obersten Gesetzeshüter standen damit in Übereinstimmung mit der Auffassung der Bundesregierung, die in ihrem – nicht weiterverfolgten – Gesetzentwurf vom 13. September 1990 zu einem Amnestiegesetz unmißverständlich feststelle: »Nach Wirksamwerden des Beitritts unterliegen die Angehörigen und Agenten der Auslandsnachrichtendienste der Deutschen Demokratischen Republik uneingeschränkt unserer Staatsgewalt. Ihre bisher in der Deutschen Demokratischen Republik legitime Tätigkeit wird ohne Änderung ihres Charakters auch dort strafbar.« (Der Einigungsvertrag hat übrigens einen ganz ähnlichen Mangel für die Spione der alten BRD, die in der DDR rechtskräftig verurteilt wurden. Indem er alle rechtskräftigen Urteile der DDR-Gerichte in die neue gesamtdeutsche Rechtsordnung übernahm, bleiben sie zunächst vorbestraft; nur über komplizierte Rehabilitierungsverfahren könnte daran etwas geändert werden.)

Die Anwendung des BRD-Rechts zur Spionage auf frühere DDR-Bürger, die von ihrem Staat ausdrücklich mit der Ausspähung der Bundesrepublik beauftragt waren, löste in der juristischen Fachwelt Kritik aus. Sie wurde erstmals ausführlich vom Verteidiger Großmanns, Dr. Gunter Widmaier, im Dezember 1990 in der »Neuen Juristischen Wochenschrift« formuliert. Dieser nennt sowohl verfassungsrechtliche als auch völkerrechtliche Argumente gegen die Bestrafung der DDR-Aufklärer. Zum einen verstoße ein solches Vorgehen gegen den Gleichheitssatz in Artikel 3 des Grundgesetzes, wenn – wie schon dargestellt – »aufgrund der rechtlichen Konstruktionen des Einigungsvertrages die in der DDR tätig gewesenen früheren Mitarbeiter der HVA des MfS wegen damals begangener Spionage zum Nachteil der Bundesrepublik bestraft werden sollen, während umgekehrt für die Mitarbeiter des Bundesnachrichtendienstes eine Strafbarkeit wegen ihrer früheren Spionage zum Nachteil der DDR mit Selbstverständlichkeit nicht einmal zur Diskussion steht«. Widmaier räumt ein, daß die DDR beim Einigungsvertrag möglicherweise »schlecht verhandelt« habe, doch könne die Geltungskraft des Artikels 3 »nicht von der Güte und Sorgfalt staatsvertraglicher Verhandlungen abhängen«.

Hinsichtlich des Völkerrechts verweist Widmaier auf die Haager Landkriegsordnung vom 18. 10. 1907, die folgende Bestimmung enthält: »Ein Spion, welcher zu dem Heere, dem er angehört, zurückgekehrt ist und später vom Feinde gefangen genommen wird, ist als Kriegsgefangener zu behandeln und kann für früher begangene Spionage nicht verantwortlich gemacht werden.« Was im Kriege gelte, müsse im Frieden *erst recht* zuerkannt werden: »Wäre – eine schlimme Vorstellung – die Wiedervereinigung Deutschlands mit militärischen Mitteln und durch eine Annexion der DDR herbeigeführt worden, so stünde die Straflosigkeit der im Auslandsnachrichtendienst der DDR tätigen DDR-Bürger kraft geschriebenen Völkerrechts ohne weiteres fest. Es ist undenkbar, nach der Wiedervereinigung in Frieden, in Freiheit und gleichberechtigter Brüderlichkeit zu anderen Ergebnissen zu kommen.«

Beiden Argumentationen wollte der Bundesgerichtshof nicht folgen. In der schon genannten Stellungnahme vom 30. 1. 1991 hebt er zunächst darauf ab, daß eine Gleichbehandlung der Spione beider Seiten offensichtlich von den Verhandlungspartnern des Einigungsvertrages »nicht gewollt oder nicht durchsetzbar war«. Zugleich bringt er aber damals noch sein Unbehagen über diese Entwicklung zum Ausdruck, denn die Mitarbeiter der HVA hätten »aus ihrer Sicht eine legitime Tätigkeit ausgeübt, die auch völkerrechtlich nicht anstößig zu bewerten war«. Daher könne »der bisherige Rechtszustand kaum zu einem befriedigenden Interessenausgleich beitragen«; eine sachgerechte Lösung erscheine »deshalb nur durch ein Straffreiheitsgesetz möglich«.

Um aber den eigenen Spruch – es ging um die Fortdauer des Haftbefehls gegen Großmann – einigermaßen stützen zu können, begibt sich der BGH im weiteren auf das Feld der Spekulation. Zwischen den Spionen von DDR und BRD müßten doch Unterschiede gemacht werden, weil »die äußere Sicherheit der BRD durch das frühere Tun dieser nachrichtendienstlich tätigen Personen *möglicherweise* weiterhin betroffen wird, da die Auswirkungen dieser Tätigkeit durch den Eintritt der DDR in die BRD nicht weggefallen sind. Es ist allgemein bekannt, daß die Erkenntnisse der Spionagebehörden der DDR wegen deren Einbindung in den Warschauer Pakt und wegen des engen Kontakts zu den sowjetischen Geheimdiensten, vor allem zum KGB, weitergegeben worden sind an Dienststellen außerhalb der DDR. *Es ist nicht auszuschließen*, daß auch ›Quellen‹ nicht nur für den Geheimdienst der DDR, sondern gleichzeitig auch für andere Staaten des Warschauer Pakts tätig gewesen sind. *Möglicherweise* sind auch frühere ›Quellen‹ der Geheimdienste der DDR von Geheimdiensten der anderen Staaten des Warschauer Pakts, vor allem der UdSSR, übernommen worden.« (Hervorh. – d. Verf.) Und die logische Schlußfolgerung: »Eine ›Gleichstellung der Spione der BRD und der DDR‹ ist schon aus diesem Grund nicht ohne weiteres gerechtfertigt.« Generalbundesanwalt von Stahl bringt den Pragmatismus, der hier waltet, auf den Punkt: »Im Staatsschutzrecht gibt es eine Mischung aus Gerechtigkeit, Zweckmäßigkeit und Staatsinteresse. Alle drei Punkte sind hier wohl berührt.«

So ermutigt, wird der Bundesgerichtshof in seiner nächsten Äußerung zum Sachverhalt noch weitaus deutlicher. In der Sache Harry Schütt bestätigt er am 29. Mai die Eröffnung der Hauptverhandlung wie den damals noch bestehenden Haftbefehl mit dem Argument: »Nur bei ausschließlich formaler Betrachtung lassen sich die Tätigkeiten der Nachrichtendienste der Bundesrepublik und der früheren DDR einander gleichsetzen, nicht aber vom legitimen Standpunkt der ihrer Identität nach fortbestehenden Bundesrepublik aus. Der entscheidende Unterschied liegt darin, daß die Nachrichtendienste der Bundesrepublik, auch wenn sie operative Auslandsaufklärung betreiben, letztlich zu deren Schutz tätig wurden und werden, während die gegen die Bundesrepublik gerichtete Tätigkeit der Nachrichtendienste der DDR zur konkreten oder doch abstrakten Gefährdung der äußeren Sicherheit dieses

Staates führte mit unter Umständen bis in die Gegenwart reichenden, im einzelnen jedoch nicht faßbaren und abschätzbaren Folgen, die sich aus der Weitergabe von nachrichtendienstlichen Informationen und Informanten an andere Staaten des früheren ›Ostblocks‹ ergeben können.« Was im Januar noch im Konjunktiv stand, die Gefährdung durch Weitergabe an eine dritte Macht, ist nun ohne Einschränkung vorausgesetzt – wenn auch die Definition dieser »dritten Macht« (Sowjetunion, Ostblock, KGB?) jetzt schwerer fällt als je zuvor. Schon am 31. Juli 1991 sah der Sprecher der Bundesregierung in der Spionage der DDR nachträglich keine Gefahr mehr für die Sicherheit der Bundesrepublik. Vor Journalisten bewertete er einen möglichen Schaden als gering, zumal Geheimdienstaktivitäten immer mehr zurückgingen und an Bedeutung verlören.

Neben solcher Gelassenheit der Politiker steht die Skepsis von Juristen hinsichtlich der Position des BGH. Das Berliner Kammergericht, zu dem die Anklage gegen Großmann und andere abverfügt worden war, setzte am 22. Juli 1991 sogar das Verfahren aus und rief das Bundesverfassungsgericht an. Es stellte dazu auch den gravierenden Mangel des Einigungsvertrages fest, »daß die gegen die Bundesrepublik Deutschland ausgeübten nachrichtendienstlichen Tätigkeiten strafbar bleiben; die Angehörigen und Agenten der Aufklärungsdienste der Bundesrepublik Deutschland sind dagegen straflos«. Dies sei eine Ungleichbehandlung, denn: »Die Bewertung, ob eine Spionagetätigkeit ›offensiv‹ oder ›defensiv‹ ausgeübt worden ist, läßt sich rechtlich nicht fassen.« Das Kammergericht stellt die Tätigkeit beider Spionageapparate ausdrücklich gleich und differenziert zudem zwischen der DDR-Spionage und dem Stasi-Unterdrückungsapparat: »Daß die Angeschuldigten als Angehörige des MfS in Bereiche eingebunden gewesen wären, in denen es zu Menschenrechtsverletzungen oder zu ähnlich schwerwiegenden strafbaren Handlungen gekommen ist, oder daß sie durch die Weiterleitung von Erkenntnissen an den Inlandsapparat des MfS dessen Unterdrückungsmaßnahmen *strafrechtlich* zu verantworten hätten, haben die Ermittlungen nicht ergeben.«

Mit dem Zitieren dieser Feststellung soll keineswegs das zurückgenommen werden, was in diesem Buch bereits über die Verquickung von Aufklärung und Abwehr, ihr gegenseitiges Geben und Nehmen ausgeführt worden ist. Hier kam es zu einer Kooperation, die gewiß noch weiterer Ermittlungen bedarf und bei der wir nicht ausschließen können und wollen, daß – zu denken ist zum Beispiel an Briefkontrolle oder Telefonüberwachung – auch strafbare Handlungen vorliegen. Insgesamt jedoch zeigt sich, daß gerade die Verletzung von Menschenrechten zwar einer starken moralischen Ächtung unterliegt, strafrechtlich aber kaum aufzuarbeiten ist. So unbefriedigend das sein mag: In dieser Hinsicht ist der Rechtsstaat ungeübt und unsicher; nicht immer erfahren die Opfer die von ihnen erwartete Genugtuung.

Das belegten die ersten Prozesse gegen frühere DDR-Größen, das kommt aber auch in hilflosen Äußerungen von Justizminister Kinkel oder des Generalbundesanwalts zum Ausdruck. Auf die Frage, wie die Bespitzelung des Volkes durch die Stasi geahndet werden könne, sagte Alexander von Stahl: »Das ist strafrechtlich nur sehr schwer zu fassen.« Konkret fiel ihm nur der Tatbestand der »politischen Verdächtigung« ein. Und es ist Tatsache, daß die Chefs der Abwehr – Mielkes Stellvertreter Mittig und Schwanitz oder der Leiter der »Untergrundtätigkeit« bekämpfenden Hauptabteilung XX, Generalmajor Kienberg, sowie viele andere – bisher juristisch nicht belangt wurden. Kinkel, der es als ehemaliger Chef des Bundesnachrichtendienstes wissen muß, stellt resignierend fest: »Jeder Nachrichtendienst zahlt und arbeitet irgendwie mit Erpressungsmethoden.« Und Markus Wolfs Verteidiger verweist sogar darauf, daß mit den ehemals nationalsozialistischen Offizieren Reinhard Gehlen und Gerhard Wessel jahrelang Leute bundesdeutschen Geheimdiensten vorstanden, die bis 1945 in »ein Unrechtsregime eingebunden waren«.

Diese grundsätzliche Expertise zur Spionagetätigkeit vervollständigt das Berliner Kammergericht mit einer ebenfalls von der Sicht der Karlsruher Bundesrichter abweichenden Interpretation der Haager Landkriegsordnung. Hatten diese den entsprechenden Artikel als »eine kriegsrechtliche Sondernorm« bezeichnet, aus der eine Anwendung in Friedenszeiten nicht abzuleiten sei, so erkennt jenes darin einen übergeordneten Gedanken, der generell dann greift, wenn »sich der Spion ohne sein Zutun in einem anderen Hoheitsverhältnis wiederfindet, auf dessen Entwicklung er keinen Einfluß gehabt hat, und nunmehr dem Zugriff des anderen Staates ausgesetzt ist«.

Schließlich argumentiert das Berliner Kammergericht auch mit dem Rückwirkungsverbot. Demnach kann eine Tat nicht rückwirkend verfolgt werden, wenn sie zum Zeitpunkt ihrer Begehung nicht unter Strafe gestellt war. Formalrechtlich ist dies zwar der Fall gewesen, aber das Gericht sieht eine sogenannte unechte Rückwirkung. Sie liege dann vor, »wenn ein Gesetz auf gegenwärtige, noch nicht abgeschlossene Rechtsbeziehungen für die Zukunft einwirkt und damit zugleich betroffene Rechtspositionen nachträglich ändert«. Da die DDR-Aufklärer mit den eingetretenen Wandlungen nicht rechnen konnten, ergäben sich durch ihre Bestrafung verfassungsrechtliche Probleme.

Inzwischen hat sich die hessische Staatsanwaltschaft derartigen Bedenken angeschlossen. Eine Anklageerhebung gegen fünfzehn ehemalige Spione der HVA wurde ausgesetzt, um das Urteil der Karlsruher Verfassungsrichter abzuwarten.

Als einer der pragmatischen Gründe für die Verfolgung der ehemaligen HVA-Mitarbieter gilt die Erwartung, daß sie unter dem Druck der Strafandrohung zur Aussage über ihre frühere Tätigkeit bereit seien und vor allem die untergetauchten Quellen im Operationsgebiet offenbaren könnten. Für Alexander von Stahl zählt nur die Frage: »Kriegen wir die Leute, die hier gearbeitet haben und potentiell wieder für andere arbeiten können?« Es erweist sich jedoch, daß er auf diese Weise seinem Ziel nicht näher kommt. Selbst das Berliner Kammergericht hielt ihm vor: »Ein derartiges Aufklärungsinteresse ist zwar berechtigt; die Durchführung eines Strafverfahrens ist aber nicht geeignet, dieses Interesse durchzusetzen. Denn der Beschuldigte braucht sich nicht zu äußern (...). Von diesem Recht, die Angaben zur Sache zu verweigern, haben die Angeschuldigten weitgehend Gebrauch gemacht. Sie waren insbesondere nicht bereit, Namen und Erkenntnisse zu offenbaren, an denen die Strafverfolgungsbehörden gerade interessiert sind.«

Die mangelnde Bereitschaft zu einer für beide Seiten bindenden Vereinbarung veranlaßt viele Führungsoffiziere, gegen die selbst ermittelt wird, zu einer solchen Verweigerungshaltung. Und auch jene, die lediglich als Zeugen verhört werden, sind angesichts der bereits ausgesprochenen drakonischen Strafen gegen ihre früheren Informanten kaum bereit, zu einer solchen Art von »Rachejustiz« ihre Hand zu leihen. Sie können in überlangen Haftstrafen keinen Sinn sehen, droht doch bei den Tätern weder der Rückfall noch ist

Abschreckung auf andere vonnöten. Die Sozialisierungsfunktion der Strafe wird dabei völlig mißachtet.

Ungeachtet dessen gehen die Ermittlungen und die Einleitung von Strafverfahren gegen frühere Spione und ihre Hintermänner in der HVA weiter. Mit Stand von Ende November 1991 waren 1.691 Ermittlungsverfahren wegen Spionage eingeleitet, von denen jedoch die meisten nur sehr schleppend vorankommen. Lediglich in 89 Fällen konnte bisher Haftbefehl erlassen werden: nur vereinzelt ist Anklage erhoben oder gar die gerichtliche Hauptverhandlung eröffnet; wenige Verfahren sind abgeschlossen – und auch da ist vor dem Urteil des Bundesverfassungsgerichts das letzte Wort noch nicht gesprochen. Der Generalbundesanwalt aber will mehr. Er kündigte insgesamt etwa 5.000 Ermittlungsverfahren an und sprach von 400 weiteren Spionen, deren er noch habhaft werden will.

Die Diskrepanz zwischen Anspruch und Wirklichkeit zeigt das Dilemma, in das die Rechtsprechung durch die Versäumnisse der Verhandlungspartner des Einigungsvertrages, aber auch durch die starre Uneinsichtigkeit sowohl der früheren HVA-Führung als auch ideologisch und populistisch denkender politischer Kräfte der Bundesrepublik geraten ist. Anfang 1991 schien dies auch dem Bundesgerichtshof noch bewußt, als er empfahl, im vorliegenden Fall des Beitritts eines Staates bei völliger Aufgabe der staatlichen Souveränität den nach seiner Auffassung legitimen Strafanspruch des übernehmenden Staates nicht in allen Fällen durchzusetzen. »Das ist aber«, so resümierte er, »eine politische Entscheidung, die die Gesetzgebungsorgane zu treffen haben.« Die Entwicklung nahm eine andere Richtung, und es bleibt abzuwarten, ob eine für alle Seiten befriedigende Lösung noch gefunden werden kann.

Geheimdienste passé?

Spionage wird gern als das zweitälteste Gewerbe der Welt bezeichnet, wird doch bereits in der Bibel davon gesprochen. Heute jedoch bangt die Zunft der Spione um ihre Zukunft. Denn der Untergang der Hauptverwaltung Aufklärung erweist sich vielleicht nicht nur als Spezifikum der deutschen Genesis, erklärbar aus dem Verschwinden eines ganzen Staates und damit auch seiner staatlichen Organe. Auch andere Geheimdienste müssen sich zunehmend Fragen nach ihrer Daseinsberechtigung stellen – im Osten wie im Westen. Dabei mag man die faktische Auflösung des sowjetischen KGB wie die armseligen Mutationsversuche der Dienste anderer osteuropäischer Staaten noch dem Umbruch im Osten, dem Einsturz des sozialistischen Systems zuschreiben; für die neu aufgeflammte Diskussion um die großen westlichen Geheimdienste genügt das zur Erklärung nicht. Zwar ist es richtig, daß ihnen im Gefolge all dieser Entwicklung der »Feind abhanden« gekommen ist, wie es oft griffig heißt, aber die wahren Ursachen für die verbreitete Geheimdienst-Müdigkeit dürften tiefer liegen.

In diesem Jahrhundert war die Weltpolitik im wesentlichen durch den Gegensatz der beiden Systeme Kapitalismus und Sozialismus geprägt. Dieser Widerspruch entwickelte sich in aller Schärfe bis hin zur apokalyptischen Gefahr eines thermo-nuklearen Krieges. Damit einher ging eine gewaltige Propagandaschlacht, die sich aller erdenklichen Mittel bediente und mit dem Begriff des Kalten Krieges besser beschrieben war als mit dem späteren, gefälligeren der »ideologischen Auseinandersetzung«. Die beiden Weltsysteme, jeweils angeführt von ihren Supermächten USA und Sowjetunion, waren nur noch auf sich bezogen, betrachteten ihren Konflikt als »Knackpunkt« der Menschheitsgeschichte – und das war er lange Zeit wohl auch. Geheimdienste hatten in diesem Diadochenkampf ihre selbstverständliche Funktion.

Dabei übersahen beide Seiten, daß sich im Schatten der Systemauseinandersetzung völlig neue und viel bedeutsamere Widersprüche herausbildeten: der sogenannte Nord-Süd-Konflikt als Kürzel für die Verelendung der Dritten Welt, hervorgerufen von deren Ausbeutung durch die beiden anderen Welten; die ökologische Herausforderung mit im Grunde den gleichen Ursachen; das Erfordernis, die rasante wissenschaftlich-technische Entwicklung so zu gestalten, daß sie dem Menschen zum Nutzen gerät und nicht seinen Untergang programmiert. All dies ist nicht im scharfen Gegensatz unterschiedlicher ideologischer Konzepte zu bewältigen, sondern nur in enger Zusammenarbeit. Damit steht die Kooperation auf der Tagesordnung – und diese kann nur in einer Atmosphäre des Vertrauens gedeihen.

Da objektiv bedingt, haben sich Elemente einer solchen »Politik des neuen Denkens« in den vergangenen Jahren bereits durchsetzen können. Der KSZE-Prozeß machte den Anfang, indem er neben materielle Bereiche eines Interessenausgleichs (Sicherheit und Ökonomie) erstmals gleichgewichtig die ethisch-moralische Problematik der Menschenrechte stellte. Die deutsche Vereinigung war ein beredtes Beispiel für die partielle Überwindung von Blockdenken. Und auf dem besonders sensiblen Sicherheitsbereich wurden »vertrauensbildende Maßnahmen« vereinbart – erste Schritte zu mehr Transparenz und Ehrlichkeit. Ihre Realisierung wiederum erhielt Impulse aus den sprunghaft zunehmenden weltweiten Kommunikationsmöglichkeiten – sowohl durch Mediennutzung als auch im privaten Bereich.

Wer – wie wir – Spionage von innen her kennt, weiß, daß sie diesen Tendenzen im Wege steht. In einem Feld gegenseitig vorteilhafter Zusammenarbeit muß sie kontraproduktiv wirken. Ihre Absichten und Methoden verdienen tiefstes Mißtrauen – wie alles, was jemand hinter seinem Rücken heimlich vorbereitet, während er mir vorn lächelnd die Hand entgegenstreckt. Spionage als Kind alten Denkens in den Kategorien der Blöcke, der antagonistischen Ideologien, kann globale Kooperation nicht befördern, sondern sie nur stören. Diese Erkenntnis setzt sich immer mehr durch – und sie ist der wahre Hintergrund für die sich verstärkenden Forderungen nach restloser Beseitigung dieser Relikte einer überholten Zeit. Die neue Weltordnung, die heute auf der Tagesordnung steht, bedarf konspirativer Maßnahmen nicht; im Gegenteil – sie kann nur gelingen, wenn Täuschung, Verschleierung, Übervorteilung auf dem Felde der Politik restlos ausgemerzt werden.

Wie schwer es aber ist, sich aus den Fesseln einer obsoleten Weltsicht zu lösen, zeigten gerade die von den diversen KSZE-Folgetreffen vereinbarten vertrauensbildenden Maßnahmen. Dazu gehörte die Beobachtung militärischer Manöver, die alle beteiligten Staaten sofort dazu veranlaßte, die jeweiligen Geheimdienste mit der Ausgestaltung dieser Vereinbarung zu betrauen.

So kam es dann, daß sich die Agenten der beiden Seiten auf dem Manöverfeld gegenüberstanden – die einen als Gastgeber mit dem Ziel, das wirklich Interessante vor den Augen des »Gegners« zu verbergen, die Gäste hingegen mit der Absicht, die günstige Gelegenheit zur Aufklärung optimal zu nutzen. Während erstere zum Zwecke der Camouflage lange Erklärungen abgaben und ausgedehnte Bankette in den Stabszelten am Rande der Manöverzonen organisierten, um die Beobachter besoffen zu reden und zu machen, hatten diese den Auftrag, mehr zu sehen und zu hören als erwünscht, und sich dazu statt mit Sektkelchen mit ausgefeilter Peil- und Lauschtechnik auszustatten. Fast noch absurder mutet die geheimdienstliche Begleitung des deutschen Vereinigungsprozesses an. Während das MfS seine Beobachtung der Bundesrepublik nach dem Januar 1990 notgedrungen fast völlig einstellte und damit auch die elektronische Telefonüberwachung ihr Ende fand, setzte der BND die diesbezüglichen Aktivitäten ungehemmt fort. Er machte dabei auch nicht vor der Bespitzelung des CDU-Vorsitzenden und späteren Ministerpräsidenten Lothar de Maizière halt – lange bevor er in Stasi-Verdacht geriet. Tröstlich zu hören, daß nach der Wahl vom 18. März das Anzapfen von DDR-Telefonen »sukzessive heruntergefahren« und mit der Wahl der neuen Regierung am 12. April »endgültig eingestellt« wurde. Die formelle Weisung zur Beendigung aller Abhöraktionen über Richtfunk erging jedoch erst am 4. Mai. Auch danach hat aber der BND seine Quellen im Osten Deutschlands weiterberichten und sich – wie geschildert – durch seinen Spitzen-Informanten Schalck-Golodkowski sogar Tips für erfolgversprechende Anwerbungen geben lassen. Großzügig stellte er seine Top-Quelle auch für die dilettantische Befragung durch einen Möchtegern-Kundschafter der neuen Regierung zur Verfügung, der auf diese Weise – in wessen Auftrag? – Material gegen seinen eigenen Regierungschef sammelte.

Die grotesken Folgen dieser Art von Geheimdienst-Spielen könnten zum Lachen verleiten, wenn der Hintergrund nicht so ernst wäre. Er verrät nämlich, daß die Konsequenzen des oft beredeten »neuen Denkens« von vielen noch gar nicht begriffen oder aber überhaupt nicht erwünscht sind. Jetzt, da es an eigene liebgewordene Machtinstrumente geht, erweisen sich viele frühere Erklärungen als platonisch. So kann man gegenwärtig landauf, landab – von Moskau bis Langley, von Paris bis Brüssel, von Köln bis Pullach – immer wieder hören, wie unverzichtbar gerade heute Geheimdienste seien. In den Entwicklungen in Osteuropa sieht BND-Chef Konrad Porzner offensichtlich vor allem Gefahren: »Aber bedenken Sie auch, daß durch die Auflösung des sowjetischen Zentralstaats unsere Arbeit schwieriger geworden ist. Jetzt genügt es nicht mehr zu wissen, was in Moskau geschieht. Nun müssen wir auch wissen, was in Kiew, Alma-Ata und St. Petersburg passiert.« Verfassungsschutz-Vizepräsident Peter Frisch wird noch deutlicher: »Unser neuer Hauptgegner sind die Staaten der Sowjetunion.« Und darüber hinaus: Rumänien, Bulgarien, Polen, China, der Nahe Osten. Gefahr drohe Deutschland auch von »kubanischen, nordkoreanischen und anderen Diensten«. Ein weites Betätigungsfeld – doch nicht nur die deutschen Geheimdienste malen neue Bedrohungen an die Wand.

Mitten in die Auflösung des KGB hinein sagte dessen damaliger Chef Wadim Bakatin, es brauchten »auch demokratische Staaten Geheimdienste. Deshalb heißt unsere Aufgabe nicht Auflösung, sondern Reform und Dezentralisierung«. Und der amerikanische CIA räumt zwar ein, daß das Rüstungspotential der UdSSR künftig weniger bedrohlich sei; dafür stelle aber die wirtschaftliche Konkurrenz Japans und Europas eine Gefahr dar. Der ehemalige CIA-Chef Stansfield Turner gab die Linie vor: »Wirtschaftliche Stärke muß mehr in den Vordergrund gerückt werden, und das bedeutet, daß wir bessere ökonomische Aufklärung brauchen.« Und er verschweigt auch die Zielrichtung dieser Wirtschaftsspionage nicht: »Nachdem wir mittlerweile mehr Nachdruck auf die Sicherung des wirtschaftlichen Knowhow legen, müssen wir auch die weiterentwickelten Länder ausspionieren – unsere Verbündeten und Freunde, mit denen wir wirtschaftlich konkurrieren.«

Nach solcher Argumentation bestätigt jedes weltpolitische Ereignis die Notwendigkeit von Geheimdiensten. Die Auflösung der UdSSR macht sie ebenso erforderlich wie die »neuen Krisenherde« sie verlangen. Sie müssen das jeweilige Land vor den »neuen Großmächten« (für die USA Japan und Europa) schützen, aber auch vor Terrorismus, Rechtsextremismus, Waffenhandel, Umweltkriminalität und Drogenverbrechen. Ungeniert greifen die Nachrichtendienste in polizeiliche Kompetenzen ein – nur um ihre Unersetzlichkeit nachzuweisen. Ehemalige Spionage-Praktiker begründen die Unverzichtbarkeit von konspirativer Aufklärung gleich für alle Ewigkeit und sind in ihren Gedankengängen nahezu identisch. So sei zwar die Satellitenerkundung auch nicht schlecht, aber – so der ehemalige CIA-Mitarbeiter George Carver: »Die Stimmung im Basar kann ein Satellit aus 160 Kilometern Entfernung im Weltall nicht ausmachen.« Und Markus Wolf teilt diese Skepsis gegenüber der Elektronik: »Aber damit läßt sich nur feststellen, was geschehen ist oder was passieren könnte – nicht aber, was in den Stäben und Regierungen geplant wird, welche Entwicklungen in den Forschungslabors laufen oder ob ein Staatsstreich bevorsteht, der die ganze Situation verändern kann.«

Hier offenbart sich ein tiefes und offenbar unausrottbares Mißtrauen, das zwar durch die bisherige Weltgeschichte bestätigt zu werden scheint, dennoch aber nicht in eine Zeit paßt, in der man eine völlig neue Weltordnung bauen will. Wer so denkt, taugt nicht zum »Erneuerer«, ist kein »Hoffnungsträger«, sondern verharrt in einem Denken, das seine Gefährlichkeit in unserem Jahrhundert immer wieder nachgewiesen hat und nun endgültig über Bord geworfen werden muß.

Hinzu kommt, daß der hohe Anspruch der Spionage, durch das Ermitteln der »ganzen Wahrheit« segensreich zu wirken, bisher kaum je eingelöst werden konnte. Hingegen sind die Fehleinschätzungen der Auslandsnachrichtendienste Legion und damit – oft berechtigt, mitunter zwar auch unberechtigt, aber es ändert nichts am Ergebnis – die Mißachtung ihrer Prognosen. Fast alle Politiker lesen zwar gern die Dossiers ihrer Geheimdienste, aber kaum einer hat darüber ein positives Wort verloren. Und tatsächlich gehen Analysen und Einschätzungen der geheimen Nachrichtendienste in aller Regel nicht über das hinaus, was kluge Zeitgeschichtler, Politologen und Journalisten mit ihren Mitteln zusammentragen und formulieren. Brisante Einzelinformationen jedoch finden oft nicht die erforderliche Beachtung, vor allem dann nicht, wenn sie nicht ins eigene Kalkül passen und vielleicht dazu zwingen könnten, die gerade betriebene Politik zu überprüfen.

Selbst Wolf, der 40 Jahre lang die deutsch-deutsche Entwicklung in all ihren Verästelungen verfolgen konnte, sah im Herbst 1989 nicht das baldige Ende der DDR voraus. Auch er unterlag letztlich der Scheuklappensicht, die uns in diesen Jahren anerzogen worden war und aus der wir trotz optimaler Informiertheit nicht ausbrechen konnten oder wollten. Noch im Sommer 1991 setzte Wolf auf seine alten Vertrauten in der KPdSU-Führung – unfähig zu der Einsicht, daß es auch mit dieser und der von ihr geschaffenen Sowjetunion zu Ende ging. Er wie die gesamte Hauptverwaltung Aufklärung sind auch daran gescheitert, daß wir das objektive Wissen, das sich in unserem Speicher ansammelte, nicht vorurteilsfrei zu interpretieren vermochten.

Diesen Mangel hatte jedoch die DDR-Spionage mit allen anderen einschlägigen Diensten gemein. Der CIA lief den Entwicklungen in Osteuropa ständig hinterher, da das Ende des Kommunismus in seinem stabilen Feindbild nicht vorgesehen war. Ähnlich hat der BND nicht ein einziges Mal in seinen Papieren der letzten beiden Jahrzehnte die Vereinigung Deutschlands vorausgesagt oder auch nur eine solche Möglichkeit noch in diesem Jahrhundert angedeutet. Entsprechend unvorbereitet war die Bundesregierung, als der unwahrscheinliche Fall eintrat. Der Verfassungsschutz bezog noch 1989 ein großzügiges neues Gebäude in Köln-Chorweiler, weil auch er das Ende der weltweiten Konfrontationspolitik nicht denken konnte. Die KGB-Reste, die sich heute den exsowjetischen Republiken andienen, sind in ihrer Mehrzahl noch immer der Meinung, der Wandel der letzten drei Jahre sei das Resultat ausländischer Dienste und ihrer Agenten und Saboteure. Weil die Geheimdienste überall nur Anhängsel der Politik waren und sind, diese in ihren Auffassungen bedienen, statt unabhängig ihre Schlußfolgerungen aus den internen Materialien zu ziehen, bleiben sie weitgehend wirkungslos – ein weiteres Argument für ihre Überlebtheit.

Und ein drittes, wohl noch bedeutsameres, kommt hinzu. Die Geheimdienste haben mit einem demokratischen Staatswesen nichts zu tun. Die Entwicklung der Auslands-Spionageapparate demonstriert im Gegenteil, daß sie der Versuchung, ihre konspirativen Mittel und Methoden auch bei Operationen im Inland anzuwenden, nie widerstehen konnten und können. War auch die Kooperation zwischen Spionage und Bereichen der inneren Abwehr bei der Hauptverwaltung Aufklärung besonders eng, so ist zugleich nicht zu bestreiten, daß auch die altbundesdeutschen Dienste in dieser Hinsicht eine lange schmutzige Tradition haben, die erst vor einiger Zeit mit der sogenannten Panzeraffäre – dem heimlichen Verschieben von Kriegsgerät der Bundeswehr, das ursprünglich aus NVA-Beständen stammte, nach Israel – einen neuen Höhepunkt erreichte.

Begonnen hatte das innenpolitische Spiel des Auslandsdienstes aber bereits mit Reinhard Gehlen, der es für geradezu unerläßlich fand, durch den BND auch die »inneren Feinde« der Republik zu bearbeiten. Als der ehemalige Nazigeneral 1968 ausschied, fand sein Nachfolger Gerhard Wessel »sechs, sieben Leitz-Ordner, über den Daumen geschätzt«, mit Dossiers über 54 Politiker vor – von Heinemann bis Barzel, von Wehner bis Strauß (!). Weniger Aufhebens machte der langjährige Gehlen-Stellvertreter von den Akten über Kommunisten, Linke, Pazifisten, Sowjetunion-Freunde und andere unzuverlässige Kantonisten in den Augen seines Ex-Chefs. Das ganze Ausmaß der Spitzeltätigkeit im Innern wie auch des ungesetzlichen Vorgehens des BND war mit der »Spiegel«-Affäre offenkundig geworden. Danach versuchte man, den Nachrichtendienst stärker unter Kontrolle zu halten, doch mit mäßigem Erfolg, wie die immer neuen Skandale zeigten. Der gescheiterte Kanzleramtsminister Stavenhagen brachte es 1991 auf den Punkt: »Die Frage, wie man Nachrichtendienste, die ja etwas andere Behörden sind, richtig kontrolliert, ist eine Frage, die mich schon lange bewegt.«

Bei aller Unterschiedlichkeit in Ausmaß und Perfektionierung sind es – wie in der DDR – auch in der Bundesrepublik stets Machtinteressen gewesen, die den Einsatz des Geheimdienstes zur Bekämpfung innenpolitischer Gegner veranlaßten; nicht selten wurden sogar parteipolitische Fehden mit seiner Hilfe ausgetragen. Da ist es kein Wunder, wenn alle Versuche, das Treiben der Dienste demokratischen Regeln zu unterwerfen, scheitern mußten. Und es sieht so aus, daß das künftig noch weniger möglich sein wird. Die Tendenz der Geheimdienste, sich neue Felder zu erschließen, bringt zwangsläufig mit sich, daß konspirative Methoden nicht etwa eingeschränkt, sondern im Gegenteil noch ausgeweitet werden.

»Das Gebot der Trennung von Polizei und Nachrichtendienst wird nicht mehr sauber eingehalten«, gesteht BfV-Präsident Werthebach ein. Und BND-Chef Porzner stellt sogar Forderungen nach Aushöhlung gegenwärtiger Rechtsgrundlagen: »Nach Artikel 10 des Grundgesetzes darf das Brief-, Post- und Fernmeldegeheimnis nur mit Zustimmung eines Parlamentsgremiums durchbrochen werden. Dieses Gesetz muß allerdings überdacht werden.« Die nach der Panzeraffäre erneut in Gang gekommene Diskussion über erweiterte parlamentarische Kontrollmechanismen gegenüber den Geheimdiensten wird so schon im Ansatz unterlaufen. Es ist sicher, daß auch sie ausgehen wird, wie alle vorherigen – ohne greifbares Ergebnis.

Geheimdiensten ist ein undemokratisches Element inhärent. Es ergibt sich aus dem Grundessential ihrer Arbeit – nämlich das Auge der Öffentlichkeit zu scheuen und demokratische Mitsprache über ihre Aktivitäten nicht zuzulassen. Würden hingegen Offenheit und wirkliche Transparenz auch im Wirken der Geheimdienste durchgesetzt, wäre ihnen ihr Wesen genommen; sie würden automatisch aufhören zu existieren. Wer jedoch Spionage und all die anderen klandestinen Verrichtungen verteidigen und verewigen will, plant nichts Gutes. Nach außen setzt er weiter auf die überholte Machtpolitik weniger Großer und Starker gegenüber Kleineren und Schwächeren, nicht jedoch auf das kooperative Zusammenwirken gleichberechtigter Völker. Im Inneren will er ganz ähnlich vorgehen – Kabinettspolitik betreiben statt die optimale Mitwirkung der Bürger an den Staatsgeschäften zu ermöglichen, die Demokratie in ihrer formalisierten Form zementieren statt neue Wege zu mehr Mitsprache und Mitentscheidung vieler zu beschreiten.

Nach jahrzehntelanger Arbeit in einem Geheimdienst kommen wir zu dem Schluß, daß die Tätigkeit derartiger »Organe« keine Daseinsberechtigung mehr hat. Der Widerspruch ihrer Praktiken zu den heute erforderlichen Formen kooperativer, vertrauensvoller Arbeit ist so groß, daß sie sich endgültig überlebt haben. Wie die Saurier der Urzeit erweisen sich die Geheimdienste als nicht mehr lebensfähig, weil ihre einstige Funktion in die heutige Zeit nicht paßt. Sie können nur noch Schaden anrichten, indem sie notwendige Entwicklungen der Weltgesellschaft verzögern. Und sie kosten viel Geld, das wahrlich nutzbringender angelegt werden könnte.

Die Hauptverwaltung Aufklärung, einst gerühmt wegen ihrer Effizienz und Professionalität, hat schon den Preis ihres Zusammenbruchs entrichten müssen; andere Dienste werden auf diesem Weg gewiß folgen – auch wenn es noch etwas dauert.

Und eines Tages wird die Zeit kommen, da Spionage nur noch das Thema spannender Bücher und Filme ist.

Nachwort des Verlages

Mit diesem Buch melden sich erstmals zwei ehemalige Mitarbeiter des früheren DDR-Auslandsgeheimdienstes öffentlich zu Wort: Klaus Rösler gehörte von Anfang an dazu, fast vierzig Jahre lang – mehr als die Hälfte davon als Leiter der Abteilung, die für die Ausforschung der NATO und der EG-Gremien zuständig war. Peter Richter kam 1977 zur Hauptverwaltung Aufklärung (HVA). Er bewertete und analysierte, was die »Kundschafter an der unsichtbaren Front« beschafften; zuletzt war er stellvertretender Leiter der Auswertungsabteilung.

Die Autoren geben Auskunft über ihre Dienstjahre beim Auslandsspionagedienst der DDR. Über dessen Anfänge, Entwicklung und Ende, über Ergebnisse und Niederlagen, über Verantwortlichkeiten und Schuld. Doch das Buch ist keine vollständige Chronologie und kein umfassendes Werk über die DDR-Spionage. Peter Richter und Klaus Rösler geht es vor allem um Aufklärung über das System der Spionage und damit auch um ihre persönliche Verstrickung. Als Autoren haben sie sich auf das beschränken müssen, was sie wissen, was sie erfahren haben und überblicken konnten. Nicht alles, was sie beschreiben, haben sie selbst erlebt. Ehemalige Mitarbeiter der HVA haben Informationen und Wertungen beigesteuert. Verlag und Autoren danken ihnen, auch wenn sie – noch? – nicht namentlich genannt sein möchten. Aus diesem Herangehen ergibt sich die mitunter als distanziert erscheinende Art der Darstellung, die objektivierende dritte Person statt der bekennenden ersten.

Das Bemühen der Autoren einerseits um subjektiv ehrliche und andererseits sachlich richtige Aufarbeitung ist kein Rückzug aus persönlicher Verantwortung. Im Gegenteil. Sie verschweigen weder ihre Motive, weshalb sie in den Spionageapparat der DDR freiwillig eingetreten sind, noch, weshalb sie jahre- bzw. jahrzehntelang eifrig und bewußt mitgemacht haben. So unterschiedlich beider

Biographien sind, so stehen sie doch für zahlreiche ehemalige Mitarbeiter der HVA: Der eine erlebte als junger Mann – zurückgekehrt aus Kriegsgefangenschaft und Antifa-Lager, ein paar Monate als Gewerkschafts- und Parteifunktionär in der Provinz tätig, beseelt vom Geist des Antifaschismus und der Lehren von Marx, Engels, Lenin und Stalin – die Geburtsstunde des DDR-Spionagedienstes. Der andere begann zu einem Zeitpunkt, als zwar erste deutliche Zeichen für den Niedergang des »real existierenden Sozialismus« auf deutschem Boden erkennbar wurden, wo aber der »Parteiauftrag« für ihn keinen Widerspruch aufkommen ließ und er sich gewiß auch geschmeichelt fühlte, zu den »Auserwählten« zu gehören, die einen nicht alltäglichen Posten einnehmen ...

Beide Verfasser kannten sich bis zur gemeinsamen Autorenschaft in diesem Buch nur vom Sehen. Sie betrachten aber das Zusammenwirken aus unterschiedlichen Tätigkeitsbereichen als nützliche Synthese, um durch verschiedene Betrachtungsweisen – und Standpunkte – zu gültigen Aussagen zu kommen.

Richter und Rösler wollen nicht verschweigen, wie sie heute urteilen, was ihnen früher eines Urteils nicht wert war oder worüber sie damals den Mut zum eigenen Urteil nicht fanden. Sie machen keinen Hehl daraus, daß auch sie zu feige waren, sich gegen die »Diktatur des Proletariats« in der DDR aufzulehnen. Trotz des Erkennens vieler Mißstände und Fehler, nicht zuletzt auf Grund der ihnen bekannten und von ihnen beschafften Informationen, fanden sie nie den Mut, den Dienst zu quittieren oder gar Leiden und Verfolgungen auf sich zu nehmen, wie es mancher getan hat.

Heute scheint die Betrachtung damaliger Umstände und jener, die sie installierten, leicht. Deshalb machen sich die Autoren mit ihrem Buch immer wieder auch ihr eigenes früheres Versagen bewußt. Der unvoreingenommene Leser spürt, daß sie mit dem Nachdenken über die eigene Vergangenheit noch nicht fertig sind. Es ist wohl zum Teil die eigene Befangenheit, die sie noch jetzt daran hindert, alles offenzulegen, was sie wissen, über alles zu urteilen, was sie erlebten. Die Selbstüberprüfung braucht Zeit, soll sie nicht an der Oberfläche bleiben. Schnelle und leichtfertige Schlüsse sind selten die besten.

Zu berücksichtigen ist ferner die derzeitige persönliche Situation der Autoren (wie aller ehemaligen HVA-Mitarbeiter): Solange die Strafandrohung über ihnen, vor allem aber über den von ihnen geworbenen, instruierten und immer wieder motivierten Spionen hängt, können und wollen sie nicht alles aussprechen.

Gewiß hält vieles, was sie taten, moralischen Wertmaßstäben nicht stand. Wollen sie aber einen Neuanfang, so dürfen sie nicht schon wieder moralisch versagen, indem sie Menschen preisgeben, die ihnen vertrauten, indem sie um ihres eigenen kleinen Vorteils willen – der ihnen durchaus in Aussicht gestellt wurde und wird – andere opfern, die sich ihnen und der DDR ausgeliefert hatten.

Auch aus diesem Grunde werden den unzähligen Sensationsgeschichten der Boulevardpresse keine neuen hinzugefügt.

In diesem Zusammenhang soll auch nicht verschwiegen werden, daß der Titel des Buches nicht völlig den Intentionen der Autoren entspricht. Markus Wolf stand zwar jahrzehntelang an der Spitze der DDR-Spionage und prägte sie wesentlich, aber nach Auffassung der Autoren keinesfalls so, daß eine simple Personifizierung zu rechtfertigen oder alle Spione und Mitarbeiter als seine Jünger zu betrachten wären. Wenn sein Name erwähnt wird, dann vor allem deshalb, weil es ihm für die HVA gelang, trotz Einverleibung in das MfS, relative Selbständigkeit zu bewahren.

Natürlich ist der Untergang der Hauptverwaltung Aufklärung zunächst ein singuläres Ereignis, bedingt durch den Zusammenbruch aller »realsozialistischen« Strukturen der DDR. Peter Richters und Klaus Röslers eigene Erfahrungen bedingen jedoch nicht nur, daß sie persönliche Lehren ziehen, sondern provozieren für alle denkenden Menschen weiterreichende Fragen, besonders zur künftigen Daseinsberechtigung von Geheimdienst-Tätigkeiten überhaupt: Die Bewältigung der heutigen und kommenden Aufgaben verträgt sich nicht mit Lug und Trug im Umgang miteinander. Im 21. Jahrhundert bedarf die Menschheit einer vertrauensvollen Zusammenarbeit, die durch hinterhältiges Konspirieren der Geheimdienste, durch Geheimpolitik und Geheimdiplomatie nicht gestört werden darf. Bliebe wenigstens das als Erfahrung aus Richters und Röslers Jahren im Dienst der DDR-Spionage – es wäre schon viel!

ELEFANTEN PRESS
Berlin, im Januar 1992